국정원 간첩수사 제일검의 구구절절 회고록

우리가 몰랐던 간첩 잡는 이야기

저자 하동환

글·삽화 하동환, **일러스트** 하연석

필자는 부산대학교에서 영문학을 전공했으며,
졸업 후 국가정보원 대공수사국에 입사했다.

간첩 잡는 수사관으로만 30년을 근무하였고
굵직한 사건들을 처리한 베테랑으로서 필력뿐만 아니라,
미술과 음악에도 정통한 감성이 풍부한 수사관이다.

2016년부터 1년간 미국 워싱턴주립대 로스쿨 과정을 수료했다.

또한, 재직 시절 풍부한 간첩수사 경험을 바탕으로 검찰 공안검사와
보안경찰을 대상으로 간첩수사 사례 특강도 수차례 하였다.

2022년 3월 국정원 대구지부장을 끝으로 퇴직했다.

일러두기

첫째, 이 책의 내용은 필자가 수사관으로서 근무한 경험을 토대로 작성하였고, 국정원 수사권 폐지 이후의 대안 제시는 필자의 개인적 견해이므로 국정원의 공식 입장이 아니다.

둘째, 본문의 삽화는 필자가 직접 그렸으며 일부 사진파일은 무료 사용이 가능한 웹사이트를 활용하였다

셋째, 2023년도 국정원이 수사한 간첩사건들에 대해서는 해당 검찰청의 언론 보도 자료를 그대로 인용하였고, 여타 간첩사건들은 인터넷에 공개된 자료를 참고하였으며 사건 속에 등장하는 인물이나 단체에 대해서는 모두 가명으로 기재하였다.

프롤로그 1

별이 흐르는 밤

 천재화가 고흐는 '별이 빛나는 밤'이라는 명작을 남겼는데 평온한 마을 이미지 위에 세상의 혼란을 암시하는 듯한 푸른 하늘에다 혼돈 속의 구름과 별빛을 표현했다.

 그는 가난하고 불행했던 인생의 질곡 속에서 자신의 암울한 미래를 예견이라도 한 듯 고향 네델란드의 밤하늘을 상상하며 프랑스의 한 요양원에서 위 그림을 그렸다.

"소리 없이 별로 남은 그대들의 길을 좇아…"

 임무를 수행하다 순직한 국정원 요원들은 통상 '이름 없는 별'이라고 불리며 지금까지 총 19명의 요원들이 이름 없는 별이 되어 떠나갔다.

 그들은 지금 어둠 속의 대한민국을 지켜보고 있다. 단지 바라보기만 하는 것이 아니라 작금의 현실 앞에 가슴을 치고 통탄하며 흐느끼고 있지 않을까 심히 안타깝다.

프롤로그 2

항복문서 vs 수사권

"항복문서를 찢는 사람도 있어야 하지만, 다시 붙이는 사람도 있어야 한다"

병자호란 당시 항복문서를 작성하던 주화파 최명길에게 달려들어 그 문서를 갈기갈기 찢은 척화파 김상헌에게 최명길이 찢어진 종이들을 다시 풀로 붙이며 했던 말이다.

국정원 수사권에 대한 입법 폐지가 진행되던 시절, 나는 1급으로 재직했고 그것을 막지 못했다. 공무원 1급이 국회의 입법을 어떻게 막겠냐마는 이제와서 돌이켜 보면, '국가'라는 존재 앞에 죄스러운 심정이고, 개인적으로는 수사국 후배들에게 너무나 미안할 따름이다.

다행히, 병자호란 때처럼 나라가 송두리째 적국에게 넘어 가지는 않았다.

폭풍우 휘몰아치던 시절, 대세를 거스르지 못해 수사권을 지키기 위한 저항의 몸부림조차 제대로 하지 못한 자책감이 크다. 그래서 늦었지만 오랜 고민 끝에 이와 관련된 글을 쓰기로 결심했다.

수십 년간 증거와 그에 입각한 사실관계만을 수사서류로 작성해 온 직업병적 습관에 따라 글 내용은 어떠한 과장이나 왜곡 없이 내가 직접 체험한 사실들만을 바탕으로 최대한 객관적으로 썼다.

국정원 수사권이 이미 사라졌으니 지나온 환경을 탓하거나 원망하는 것은 소용이 없지만 그 과정이 이루어진 배경과 수사권 폐지의 부당성에 대해 상세히 되짚어 볼 필요가 있다.

이제는 만시지탄(晩時之歎)이나, 지난 과정을 냉철하게 복기하고 반성해야만 이와 비슷한 형태의 또 다른 '국가안보 자해행위'가 재발되는 것을 막을 수 있기 때문이다.

이 책을 통해 국가의 건강한 에너지가 다시 창대해지기를 기원하며, 글을 읽는 모든 분들께 가정의 행복이 깃들기를 진심으로 소망한다.

집사람과 딸에게 감사하다. 또한 책 내용에 대해 아낌없는 조언과 더불어 모든 사진자료를 창의적으로 제작해 준 아들 연석이가 고맙다.

끝으로 책 내용을 세심하게 감수해 준 선·후배님들과, 든든한 동반자 강구민 박사, 월간조선 박지현 기자, 그리고 이 책을 출간해 주신 출판사 SM디자인에게도 감사드린다.

2024년 4월 아침햇살을 맞으며, **하동환**

추천사

나는 지난 20년간 저자 하동환의 직속상관이었다. 그는 여타 수사관들과는 달리 수사에 임하는 업무 방식이 남달랐는데, 확보된 증거를 바탕으로 피의자의 범죄사실을 국가보안법에 적용시키는 창의적 수사 기법이 타의 추종을 불허했다.

특히 그는 수사과장 시절, 수십 년간의 국정원 업무 관례를 깨고 수사의견서에 사진을 넣어서 사건을 설명하는 파격적인 방법을 도입하여 담당검사로부터 극찬을 받았는데 그만큼 그는 표현방식이나 전달력에 있어 누구라도 쉽게 이해시키는 비범한 능력의 소유자다.

게다가 탁월한 필력과 전문 만화가를 뺨치는 재미있는 삽화까지 보태어 그간 국정원 수사관들이 가슴앓이 하며 묻어 두었던 아픈 이야기들을 너무나 속 시원하게 표현해 놓았기에 이 책을 읽으며 울컥한 감동마저 느꼈다.

조직 선배로서 한때 저자와 동고동락했다는 것이 자랑스럽고, 이 책이 지금 이 순간에도 국가를 위해 불철주야 헌신하고 있는 국정원 후배들에게 희망의 메시지가 되기를 바란다.

前 국가정보원 대공수사국장
설 경 원

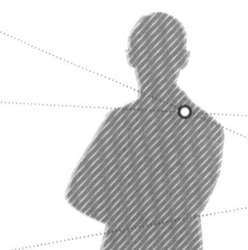

추천사

저자 하동환은 30년간 공안사범 수사에 몸담아 온 국정원 간첩수사의 제일검입니다. 그가 청춘을 바쳐 헌신해 온 조직에서 비밀스럽게 쌓아온 가슴 속의 해묵은 소회들을 이렇게 글로 털어놓았다는 것이 반갑기만 합니다.

평소 저자는 넉넉하고 유쾌했지만 어떠한 정치적 견해나 소신을 밝힌 적이 없었고, 오로지 묵묵하게 자신의 일에 열중하며 국가안보 수호에만 전념해 왔습니다. 그래서 그가 책을 출간했다는 소식에 더욱 기대가 큽니다.

그런데 일반 국민들에게 '간첩 수사'라는 주제는 매우 무겁고 이해하기도 힘들어 그 속 깊은 배경과 정확한 실상을 알기는 사실상 어려울 것입니다.

이 책은 저자가 오랜 기간 체험한 수사경험을 바탕으로 간첩 사건들과 국정원 수사권 폐지의 부당성, 베일 속의 수사국 등 일반인의 접근이 불가능한 분야를 저자 특유의 간결하고 위트 있는 필체와 직접 그린 삽화 등으로 재미있게 표현하고 있습니다.

또한, '국가 안보'라는 무형의 자산을 스토리텔링 방식으로 쉽고 명쾌하게 설명하고 있어 대단히 유익한 국민적 필독서라고 확신합니다.
아무쪼록 이 책이 대한민국의 건강한 국가 좌표를 찾아가는 지침서가 되고 국민들의 안보의식 함양에도 밑거름이 되기를 진심으로 소망합니다.

前 광주고등검찰청 검사장
現 법무법인 흰뫼 대표변호사
조 종 태

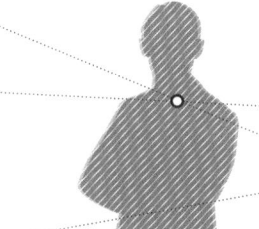

추천사

하동환 지부장은 30년간 현장에서 간첩수사 실무와 지휘를 담당한 수사통으로서, 그 과정에서 체득한 경험과 소회를 이 책을 통해 진솔하고 담담하게 표현하고 있습니다.

간첩수사는 일반수사와 달리, 장기간의 내사과정을 거쳐야 하고 피의자들의 일거수일투족을 추적하면서 심지어 그들의 범죄적 사상이 형성된 과정까지의 조사를 포함하는 지난한 작업의 연속입니다.

또한, 간첩수사는 증거 수집, 증거 분석, 조사 기법, 법률 적용까지 필요로 하는 그야말로 전문적인 영역이라고 하지 않을 수 없습니다.

뿐만 아니라, 수사 보안이라는 이유로 숨겨진 스토리들도 많았을 것입니다. 그 이야기들을 공개함으로써 국민들에게 꼭 필요하고도 강한 메시지를 줄 수 있기를 기대합니다.

간첩수사 전문가인 저자는 지금까지 공개되지 않았던 국정원 수사의 진면목들을 생생하고 재미있게 설명하고 있어 본문 전체가 처음부터 끝까지 술술 쉽게 읽힙니다. 이 책이 계기가 되어 대한민국의 튼튼한 안보 기반이 마련되기를 바랍니다.

前 대검 중수부 및 서울중앙지검 검사
現 김앤장 법률사무소 변호사
이 병 석

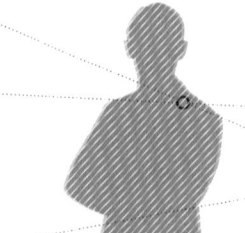

추천사

　대학시절 '먼나라 이웃나라'라는 만화책을 보면서 세계사 지식을 쌓았던 기억이 납니다. 그만큼 그 만화의 가독성과 전달력은 역사책 몇 권보다 훨씬 더 탁월했습니다.

　이 책은 저자가 30년간 풍부한 수사경험을 바탕으로 간첩사건의 디테일한 설명과 더불어 국가안보 수호라는 딱딱한 주제를 맛깔난 글솜씨와 재미있는 自作 삽화까지 곁들여 흥미진진하게 풀이해 주는 국정원판 '먼나라 이웃나라' 입니다.

　표현방식은 쉽고 재미있지만, 메시지는 묵직하고 울림이 있습니다. 건강한 대한민국의 미래를 위한 필독서로서 많은 분들이 꼭 읽어 보시기를 권장합니다.

前 서울고등검찰청 검사장
現 법무법인 로백스 대표변호사
김 후 곤

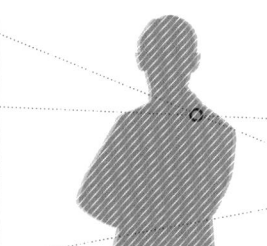

추천사

2021년 영남일보 사장 시절, 국정원 대구지부장 하동환을 처음 만났다.

그는 장신의 강렬한 이미지와는 달리, 유쾌한데다 음악적 낭만도 즐길 줄 아는 따뜻한 심성의 소유자였기에 지난 30년간의 험난했던 국정원 수사관 생활을 그가 어떻게 견뎌 냈을까 하는 생각이 가끔 들었다.

그런데 수십 년간 보안을 생활화해 온 사람이 자신의 직무와 관련된 책을 썼다고 하니 과연 그것이 어떤 내용일까 매우 궁금했다.

이 책은 여태껏 우리가 접할 수 없었던 대한민국 간첩사건들의 속 깊은 내막과 배경지식들을 공개하고 있으며, 국가안보라는 무형의 가치를 마치 한 편의 영화를 보는 것처럼 재미난 비유와 비밀스러운 에피소드로 몰입감 있게 설명한 희소가치 높은 도서다.

특히, 국가의 미래를 책임질 청년들에게 이 책 필독을 권한다. 왜냐하면 우리는 지금까지 학교나 직장에서 '국가'라는 가치에 대해 유익하면서도 깊이있게 배울 수 있는 서적을 제대로 접할 기회가 없었기 때문이다.

각고의 노력 끝에 이런 좋은 책을 발간하신 저자에게 축하와 감사를 함께 드린다.

前 한국신문협회 이사 및 영남일보 사장
노 병 수

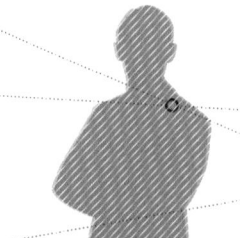

차례

프롤로그 1 _ 별이 흐르는 밤   003
프롤로그 2 _ 항복문서 VS 수사권   004

1부   사랑과 절망과 회한

- **사랑**   **국정원에서 맞이한 '가을의 전설 (The Ludlows)'**   018
  - 암보다 더 싫었던 잔소리 폭탄   018
  - 사무실 막내의 작은 일탈   020
  - 세상살이는 선택의 연속   022
  - 인생은 촉촉하게 살아야 한다   022
  - 지금 눈앞에 펼쳐진 안타까운 현실   024

- **절망**   **사라진 국정원 수사권, 살아갈 우리의 생존권**   025
  - 촉촉하지 않은 가슴 아픈 2024년   025
  - 사랑하는 조직 후배들에게   026

- **회한**   **타산지석 아닌 반면교사**   028
  - 당대 최고의 명장 오자서의 유언   028
  - 월남 부통령 쭝딘주의 위장평화 전술   029
  - 국정원 수사국의 존재감   032
  - 역사속으로 사라진 국정원 수사권   033
  - 2024년부터 국정원 수사권은 완전히 폐지되고 경찰이 전담   034
  - 양궁과 수사   034
  - 잘못된 처방 검수완박법   036
  - 더욱 잘못된 처방 국정원 수사권 박탈   037
  - 국가 수사기관을 대하는 미국과 한국의 차이점   038

2부   국가를 지탱하는 뜨거운 심장

- **대한민국**   **위험속의 국정원 요원, 이름 없는 별**   040
  - "소리 없이 별로 남은 그대들의 길을 좇아 조국을 지키는 데 헌신하리라"   040
  - 국가를 위해 요원들이 죽었고, 지금은 국가를 가슴에 묻은 채 조직이 죽었다.   041

- **미국**   **화염속의 소방관, 그라운드 제로**   042
  - 허망하게 공격당한 미국, 폐허가 된 뉴욕 무역센터   042
  - 화염 속의 소방관   043
  - 내부갈등이 격화되면 국가는 피로해진다.   044

● 비교 우위	**국가 가치를 최우선으로 생각하는 나라 미국**	046
	제복이 우대받는 사회	046
	짧은 역사에도 불구, 위대한 대통령이 즐비한 나라	047
	대한민국도 누구나 존경하는 위대한 대통령이 나왔으면 좋겠다.	049
	오로지 국가와 국민 만을 위하는 정책이 실행되어야 한다.	050

3부　혼신의 힘을 다해 간첩과 맞서다

● 간첩 유감	간첩에 대한 국민들의 인식	052
	현재 간첩규모 추산	053
	진화하는 간첩	053
	요즘 시대에 간첩이 어디 있냐?	056
	NL주사파뿐만 아니라 일반인까지도...	056
	소위 진보정권 시절의 간첩수사	057
● 국정원의 간첩수사	**남한조선노동당 사건 (1992년 10월 발표)**	059
	국내 최대 규모의 간첩단	
	민족민주혁명당 사건 (약칭: 민혁당, 1999년 9월 발표)	064
	일심회 사건 (2006년 10월 발표)	071
	왕재산 사건 (2011년 7월 발표)	075
	잊지말자 수령님, 상기하자 접견교시	
	RO사건 (2013년 9월 발표)	082
	현직 국회의원이 북한 남침에 대비해 내란폭동을 기도	
	전칠성(가명) 사건 (2013년 12월 발표)	093
	충북동지회 사건 (2021년 9월 발표)	097
	충청 지역에서 지하당 간첩조직 자생	
	자주통일민중전위 사건 (이하 자통, 2023년 발표)	100
	자통 창원조직 사건 (2023년 3월 발표)	102
	자통 제주조직 사건 (2023년 4월 발표)	108
	민○총 지하조직 사건 (2023년 5월 발표)	115
	국정원의 마지막 수사	
● 소름 끼치는 북한의 지령문	이 정도일 줄이야	131
	미래를 대비해야 하지만, 뚜렷한 한계가 보인다.	135
● 놀라운 대북보고문	이 정도까지 왔나?	136

● 공안사범들은 　사법부도 투쟁 대상	공안사범 재판은 신속해야 한다	143
	공안사범들의 새로운 투쟁방식... '재판 끌기'	144
	농락당하는 대한민국 사법시스템	145
	2023년도 국보법 위반 사건들의 경우	146
	공안사건 재판시스템 개선 절실	146

4부　악화가 양화를 구축하다

● 사회주의는 왜 생겼을까?	역사적 태동 배경	148
	왕을 비롯한 상위 2%의 특권층과 결탁한 자본가들	149
	마르크스의 등장	150
	공산당 선언으로 계급투쟁론 제시	151
	소련의 탄생	152
● NL주사파란?	**주체사상을 신봉하는 자들**	153
	주체사상의 탄생	153
	주체사상을 만든 황장엽	154
	대한민국 주체사상의 대부 김영환	155
	대한민국 운동권의 두 뿌리, PD와 NL	155
	퇴화되었지만 위험한 NL주사파	157
	북한에 대해서는 단호해야 한다.	157
	대한민국의 자충수, '대북전단 금지법'	158
● NL주사파들의 역습, 　국가보안법 폐지 운동	북한에게 눈엣가시는 국가보안법, 두려운 존재는 국정원 수사국	159
	지금까지 총 8차례에 걸쳐 국가보안법 위헌 제소가 있었다.	161
	국보법 폐지가 안되니 이제는 국정원 수사권 박탈인가?	163
	우리는 월남의 패망 교훈을 반드시 기억해야 한다.	163
● 오욕의 순간	치명적인 실수, 화교 간첩 증거위조 사건(2014년 4월 발표)	164
	교각살우(矯角殺牛) : '간첩 수사권' 이라는 뿔이 그렇게 싫던가요?	165
	12.12 군사쿠데타 때문에 군대를 해산해야 하는가?	166
● 국정원 수사권 폐지과정	국정원 수사권이 폐지될 수 있는 최적의 여건 조성	167
	국정원 수사권 폐지 완료	168
	국정원 수사권 폐지 주장의 문제점	168

	유사한 사례, 검찰 수사권 폐지의 후유증	170
	국가안보에 대해 아예 관심이 없는 사람들	170
	쇠귀에 경 읽기	171
	결국 수사권을 폐기시켜 버린 입법권자들	171
	국가안보를 대하는 선진국들의 자세	172

5부 　 군복을 입지 않은 전사들

● 국정원 수사국은 왜 강한가?	일당백의 국정원 수사관들	174
	간첩수사에 특화된 국정원 수사관	176
	63년간 축적된 간첩수사 노하우	176
	간첩수사의 신경망 조직	178
	세계 최고수준의 증거화 기법 역량	179
	국정원 내 모든 부서들과 협업·공조가 가능한 업무 시너지의 주체	180
● 대공수사국 토라	수사국 조직문화	184
	수사국의 정신	186
	왜 피아노를 연주했는가?	189
	선배수사관의 덕목	194
	후배수사관의 덕목	199
● 우리의 정신		205

6부 　 돌아올 수 없는 강

● 법이란 무엇인가?	투키 윌리엄스 사건	206
	터미네이터가 고수한 법의 원칙	207
	대한민국의 법 문화	208
	입법 폭력이 자행되는 나라 대한민국	209
	2020년 국회는 왜 국정원 수사권을 공격했을까?	210
	적군의 독화살보다 더 치명적인 반간계(反間計)	211
● 주는 자와 받는 자	경찰의 일반형사범 수사와 국정원의 간첩수사는 뭐가 다른가?	215
	간첩을 수사하려면 해박한 법률 지식과 풍부한 수사경험은 필수	216
	2024년부터 대한민국 간첩수사 활동의 공백은 없을까?	218

	軍 방첩사령부(前기무사)가 간첩수사 활동의 보완적 역할을 할 수는 없는가?	219
	이스라엘에 모사드가 없다면	219

● **사라진 국정원 수사권에 대한 반추**
수사권 복원 가능성은 없는가? 220

● **한동훈 前법무부장관의 촌철살인 명언** 222

● **국정원 수사권 폐지 이후 대안**
지혜로운 다윗왕 223
수사권을 폐지한 입법권자들에게 바라는 사항 224
입법권자들이 해야 할 의무 225
앞으로 어떻게 해야 할까? 226
FBI '안보수사청'과 같은 한국형 간첩수사 독립 전담기관을 만들어야 한다. 226
독립 수사기관이 아닐 경우, 수사결과에 대해 정치 외풍에 시달린다. 227
이런 부담을 덜어주기 위해서라도 독립 수사청이 반드시 필요하다. 228
간첩수사 전담조직을 꾸리고 있는 경찰이 잘해주길 바란다. 228
대한민국 국민들께 드리는 말씀 229

● **개인적 소회**
국가안보는 정쟁(政爭)의 대상이 아니다. 제발 좀 가려서 먹자 230
십자가에 못 박은 로마병사가 나쁜가? 사람들을 선동한 바리새인들이 더 나쁜가? 231
사회 지도층 바리새인들의 위선 233
일은 사람이 도모하지만 그 성사여부는 하늘에 달려 있다. (謀事在人, 成事在天) 234
나라를 구한 잔다르크도 마녀로 간주되어 화형 당했지만 3년 뒤 명예 회복 235
간첩수사권이 정쟁의 대상이 될 줄은 꿈에도 몰랐다. 236
화려한 공직과 은퇴한 야인 237
잊을 수 없는 첫사랑 238

에필로그 _ 서서히 증폭되는 위험에는 개구리가 반응하지 못한다. 240
부   록 _ 북한지령문 및 대북보고문 241

사랑과 절망과 회한

사랑 국정원에서 맞이한 '가을의 전설(The Ludlows)'

암보다 더 싫었던 잔소리 폭탄

1992년 12월 나는 국가안전기획부 수사관으로 첫 출근을 했다. 지금은 국정원으로 명칭이 바뀌었지만 당시 남산 안기부 대공수사국(이하 수사국)은 공포 그 자체였고 업무 특성상 야근이나 휴일 근무는 물론, 며칠간 퇴근을 못하는 경우도 많았다. 무시무시한 업무 강도였고, 말석인 나는 업무의 긴장도가 최고였다.

경찰이든, 검찰이든, 국정원이든 간첩수사 업무는 팀 단위로 이루어진다. 팀원들이 각자 갖고 있는 특화된 능력과 전문성을 유기적으로 결합하여 과중한 업무를 함께 분담해 나가는 전통적 시스템이다.

그래서 팀워크가 중요하며, 팀플레이를 주도해 나가는 팀장의 역할이 막중하다. 1992년 당시 내 직속상관은 4급 서기관인 J계장님이었고, 나는 수사팀의 막내였다.

팀원들 간 분위기는 좋았지만 문제는 J계장님이었다. 제법 업무역량도 있는 분이셨지만 어찌나 잔소리가 심한지 퇴근 후에도 환청이 들릴 정도였다.

오죽하면 별명이 "좁쌀영감"이었을까.

특히 막내였던 나는 잔소리 폭탄에 노이로제 직전이었다. 28년간 부모님께 들었던 잔소리 보다 계장님의 3년간 잔소리가 더 웅장했다.

1995년 봄날 어느 월요일, 출근한 좁쌀님의 꽹과리 소리가 타이슨의 주먹처럼 강렬했다. 그날은 정말 견디기 힘들었고 이 직장에서 비폭력 무저항 간디주의로 살다가는 내 머리가 터져버릴 것 같았다.

불현듯 미당 서정주 선생의 '국화 옆에서'가 생각났다. 한 송이 국화꽃을 피우기 위해 봄부터 소쩍새가 울고 천둥도 먹구름 속에서 그렇게 울어댈 수 있겠지만 오늘만큼은 국화꽃이 아니라 부처님이 강림하는 연꽃이 만개한다 해도 참기 힘들었다.

당시 나는 내근요원이었지만 그날만큼은 구내식당 오찬을 마다하고 외근 나가는 입사 동기생과 함께 11시 30분쯤 무작정 명동으로 나와 버렸다.

사무실 막내의 작은 일탈

그날따라 화창했던 봄날, 나는 동기생과 함께 돈가스를 먹고 혼자 충무로를 걷다가 당시 대한극장에서 상영하던 영화 "가을의 전설"을 관람했다. 브래드 피트와 줄리아 오몬드가 주연한 대작이었는데 문제는 2시간 20분이나 되는 긴 상영시간, 우여곡절 끝에 어둑어둑할 무렵 사무실로 복귀했다.

당시 제대로 숨 쉴 틈도 없었던 빡빡한 업무환경 속에서 사무실 말단직원이 일과 시간 중에 이렇게 장시간 자리를 비운 것은 용납될 수 없는 일탈이었다

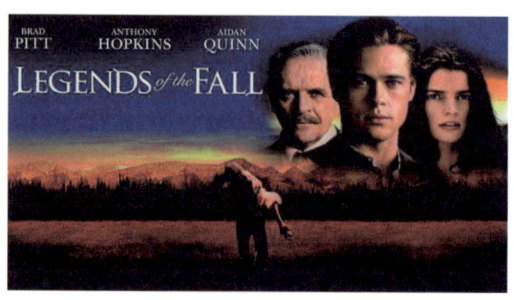

그리고 하필 그날은 현안이 폭주하는 월요일이었는데 막내인 내가 오후 일과를 송두리째 땡땡이 쳤으니 각 부서간 업무 전달이 제대로 되지 못했고 현안들을 교류해야 하는 타부서의 항의성 불만전화도 빗발쳤다.

오후 5시가 넘어 사무실 문을 열고 들어가니 후지산 용암처럼 끓어오른 계장님은 내게 사자처럼 포효했다. "야! 도대체 지금이 몇 시인데… 어디 갔다 왔어?"

이에 나도 질세라 지난 3년간 잔소리 벽돌에 억눌려 왔던 울분을 토해내며 망설임 없이 대답했다. "영화 보고 왔습니다" 그러자 좁쌀님은 울부짖는 맹수처럼 딱 두 마디 사자후를 토했다. "당장 나가!"

대부분 조직에서 아랫사람에게 미주알고주알 하는 간부들은 자기 고집이 강하거나 내성적인 분들이 많다. J계장님도 예외는 아니었다.

잔소리가 많은 데다 조곤조곤하게 사람 뼈를 발라먹는 피곤한 스타일이지, 호탕하고 외향적인 분은 아니셨다. 그런데 그날만큼은 조조의 백만대군도 때려잡을 장판교 위의 장비 같은 모습이셨다.

조조가 장비의 사천왕 같음을 보고 곧바로 퇴각명령을 내렸듯이 나 역시 그 사례를 그대로 따랐다. "예, 알겠습니다." 대답을 하고 곧바로 사무실에서 퇴근했다.

조기 퇴근 후 영화 속 주인공 트리스탄처럼 마음 가는 대로 후회 없이 살아야겠다는 생각으로 평소 짝사랑하던 여성에게 곧바로 프러포즈를 했다. 그런데 퇴짜를 맞아야 정상인데 그녀는 줄리아 오몬드처럼 이 무모한 대시를 받아주었다.

그래서 상당한 미인에다 배려심 많고 검소하며 겸손하기까지 한 그 여성과 나는 지금까지 27년간 한 지붕 밑에서 같은 이불을 쓰고 있다. 최고의 행운이다.

세상살이는 선택의 연속

지금 생각해 보니 좁쌀계장님께 감사하다. 그런 환경적 고단함이 없었다면 어떻게 사무실 막내에 불과했던 내가 일과시간 중에 돌발적으로 영화 감상할 용기가 생길 수 있었을까?

인생은 선택의 연속이다. 만약 내가 그분의 온갖 잔소리를 감내하며 굴종하기만 했다면 그 대가로 일시적인 소심한 평화를 얻었을지도 모른다. 그러나 작은 일탈을 통해 가슴속에 쌓인 감정의 고름을 터뜨려 버린 선택도 나쁘지 않았다고 생각한다.

무엇보다 그로 인해 내 인생의 평생 반려자를 얻는 행운까지 잡았으니 말이다. 다만 그 선택을 한 대가는 제법 치러야 했다. 좁쌀님은 퇴직하시는 순간까지 그분의 술자리 단골주제로 나의 과거 일탈을 짓궂게 소환하셨다.

인생은 촉촉하게 살아야 한다

30년 전 관람했던 영화 '가을의 전설'은 지금도 그 장면들이 눈앞에 생생하다. 이 영화는 1910년대 1차 세계대전 당시 미국 몬태나주의 퇴역군인 루드로우 대령의 세 아들이 한 여인을 사랑한 이야기가 주된 스토리다.

아름다운 대자연을 배경으로 삶과 죽음, 사랑과 고통, 기쁨과 회환 등의 스토리를 풀어 나가는 등장인물들을 보노라면 가슴 한편이 뭉클해 올 정도이며, 무엇보다 이 영화의 OST인 "The Ludlows"는 지금까지도 전세계에서 애창되는 명곡이다.

특히, 결혼식장에서 이 곡이 배경음악으로 자주 연주된다. 제목은 몰라도 누구나 이 OST를 듣는 순간 "아 바로 이 곡이구나" 하고 알아챌 정도로 친숙하다.

나는 결혼 후 업무 과중에 시달릴 때마다 이 곡을 악보 없이도 피아노 연주가 가능할 정도로 연습하며 업무 스트레스를 풀었다.

지금은 OST와 똑같은 수준으로 연주한다. 듣는 사람들도 행복해한다. 무엇보다 내가 행복하다. 이런 게 촉촉한 인생인 듯싶다.

우리는 항상 바쁘고 각박한 인생을 산다. 젊어서나 늙어서나 마찬가지다. 그러나 너무 그렇게 살다가는 인생 자체가 건조해진다. 돈이 많고 적고의 문제가 아니라 내 인생을 얼마나 촉촉하게 사느냐 하는 문제는 각자의 마음가짐에 달렸다.

때로는 영화를 보며 눈물 흘릴 줄 알아야 하고, 마음속의 울림도 느낄 수 있어야 한다. 그래야 인생이 풍요로워진다. 매 순간 그런 작은 풍요와 감동으로 인생을 촉촉하게 적시며 살아야 내가 행복해지고 주변사람들도 그 행복에 함께 빠져든다.

지금 눈앞에 펼쳐진 안타까운 현실

그런데 요즘은 행복하지가 않다. 항상 감사하며 현재에 만족하고 살면 되는 줄로만 알았으나 눈앞에 전개되는 작금의 시대상황 앞에 대단히 비통한 심정이 든다.

특히, 내가 30년간 청춘을 바쳐가며 헌신했던 국정원 수사국의 간첩수사권이 올해부터 완전히 박탈되어 버린 현실이 가슴 시리도록 안타깝다.

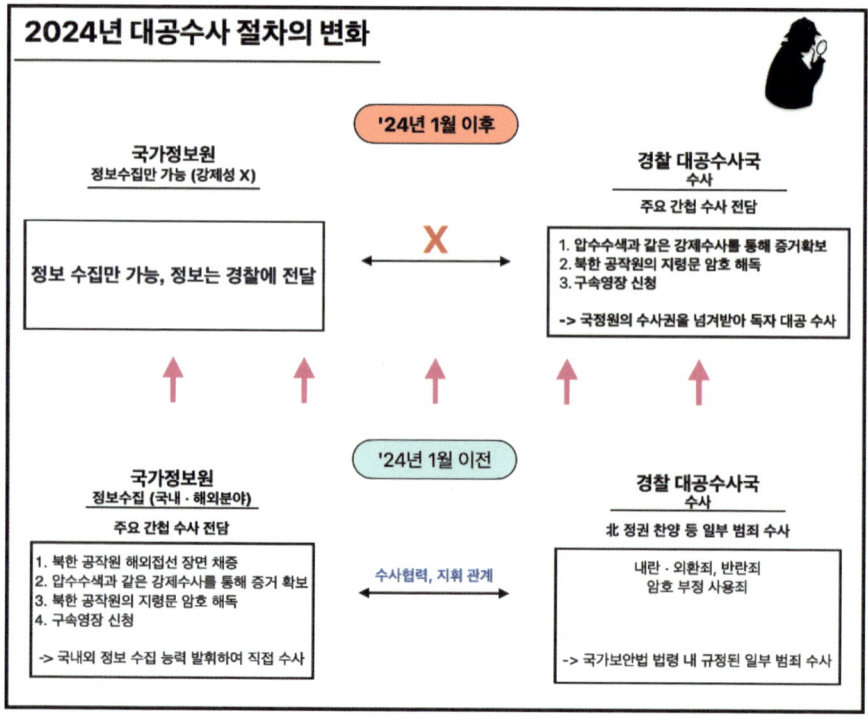

절망　사라진 국정원 수사권, 살아갈 우리의 생존권

촉촉하지 않은 가슴 아픈 2024년

남몰래 흐르는 눈물
울면 바보다. 그러나 벌써 지금 흐르고 있다

나는 여러모로 부족했지만 업무수행 과정에서 '국정원 수사관'이라는 자긍심 하나로 어떤 고난과 역경도 견디며 열심히 생활했고, 과분하게도 1급으로까지 영전했다.

바닷가 깡촌 출신에게 1급 관리관 승진은 대단한 가문의 영광이지만, 지난 조직생활 모든 기간을 간첩 잡는 수사관으로만 살아온 필자에게 2024년은 너무도 뼈아프다.

국정원의 간첩수사권이 올해부터 완전히 폐지되고 오롯이 경찰이 그 역할을 전담하게 된 것이다.

또 한편으로는 작금의 혼란 속에서도 불철주야 국가를 위해 헌신하고 있는 수사국 후배들이 겪게 될 심리적 자괴감과 패배감에 대해 한 발 먼저 퇴직한 선배로서 어떠한 도움이나 조력도 주지 못하고 이렇게 무기력한 데 대해 자책감이 든다.

그들에게 정말 미안하다.

지난 정부 시절, 국정원 수사권 폐지 법안이 입법화되는 과정에서 1급으로 재직했다는 사실만으로도 비난받아 마땅하다는 생각이 들 때마다 그 과정을 보며 속앓이 했던 회한들을 이제 와 그저 술자리에서 한탄하는 것으로 그치기보다는, 오히려 글로 남겨서 현직 후배들의 아픈 마음을 달래주고 국민들에게는 이면의 진실을 제대로 전달해야겠다는 책임감을 느꼈다.

사랑하는 조직 후배들에게

아끼는 수사국 후배들에게 현직시절 때는 제대로 표현하지 못했지만 이제는 꼭 들려주고 싶은 말들이 있다.

첫째, 여러분들이 못나고 부족해서 수사권을 박탈당한 것이 결코 아니다. 이런 상황을 초래한 선배들에게 모든 책임이 있다. 정치권의 입법 폭력 앞에 수사권을 방어하지 못했고 무기력하게 폐기당한 선배로서 후배님들께 한없이 죄송하다.

둘째, 국가안보를 위해 충직하고 성실하게 최선을 다하는 공무원은 대한민국에서 국정원 직원들이 최고라고 자부해도 된다. 특히 수사관들의 역량과 정신력은 전세계의 손꼽히는 수사기관 요원들 중에서도 단연 발군이다.

그래서 어떠한 역경 속에서도 후배님들은 결코 좌절하거나 낙담해서는 안된다. 왜냐하면 여러분들이 대한민국의 가장 소중한 자원이며, 그 존재 자체가 국력이기 때문이다.

셋째, 간첩수사의 최고 역량을 보유한 국정원이 왜 수사권 박탈이라는 비극을 맞게 되었는지, 그 촉발 배경은 무엇인지, 실행과정은 어떠했는지, 그로 인해 예견되는 대한민국 간첩수사의 공백이 얼마나 심각해질 것인지 직시해야 한다.

그리고 비록 수사권이 없는 이 어려운 상황에서도 후배 수사관들은 앞으로 어떠한 마음자세로 국가를 위해 헌신해야 할 것인지에 대해 진지하게 고민해야 한다.

회한 타산지석 아닌 반면교사

당대 최고의 명장 오자서의 유언

"내가 죽거든 적군이 쳐들어와서 이 나라가 멸망하는 꼴을 똑똑히 볼 수 있도록 내 눈을 뽑아 성문 앞에 매달아라"

춘추전국시대 오나라의 명장 오자서는 자결하기 전 위와 같은 유언을 남겼다. 오자서가 누구인가? 대단한 용맹을 지녔고 국가 안위를 위해 임금에게 직언도 서슴지 않던 강직한 장군이었다. 그런데 자만심 높은 군주였던 오나라 왕 부차는 오자서와 같은 충신을 좋아하지 않았고, 자신에게 아첨하는 간신배를 총애했다.

게다가 부패한 관리였던 오나라 재상 백비는 적국인 월나라 왕 구천으로부터 엄청난 뇌물을 받고 매수당해 매번 임금에게 충신 오자서를 지속적으로 헐뜯고 모함한 끝에 결국 임금으로부터 오자서가 자결하라는 어명을 받아낸다.

오직 나라를 위해 충언과 희생으로 살아온 오자서는 자결 직전, 간신배에 빠져 국정을 그르치고 있는 임금과 오나라의 종말을 예견하며 아래와 같이 유언한다.

"내 무덤 위에 가래나무를 심어 그것으로 왕의 관을 짤 목재로 쓰도록 하라. 그리고 내 눈을 뽑아내어 오나라 성문에 매달아 적국인 월나라 군사들이 쳐들어와 이 나라를 멸망 시키는 것을 똑똑히 볼 수 있도록 하라"

한때 초나라와 월나라와의 전쟁 승리로 경제적 풍요를 누리며 기세등등하던 오나라는 과연 오자서의 예언대로 불과 몇 년 뒤 월나라의 침략을 받아 멸망당했고 오나라 왕 부차는 충신 오자서의 간언을 듣지 않았던 것을 뒤늦게 후회하며 "내가 죽어서도 오자서를 볼 면목이 없구나"라는 말을 남기고 그 역시 자결했다.

월남 부통령 쭝딘주의 위장평화 전술

"우리 민족은 남북 동족상잔의 전쟁을 벌이고 있다. 외세인 미국을 끌어들여 동족의 시체는 쌓여 산을 이루었고, 피는 흘러 내를 이루고 있다. 내가 대통령에 당선되면 대화를 통해 평화적으로 남북문제를 해결하겠다"

이것은 우리나라 정치인의 멘트가 아니다. 1975년 패망하여 역사 속으로 사라진 월남의 부통령 쭝딘주가 대통령 선거 유세에서 국민들에게 호소한 내용이다.

결론부터 말하면, 쭝딘주는 놀랍게도 월맹의 거물급 공산당 스파이였고, 당시 월남의 하원의원 137명 중 18%인 24명이 쭝딘주와 같은 월맹의 스파이였음이 훗날 밝혀졌다. 이런 정도라면 월남이 패망한 것은 지극히 당연한 결과다.

월남의 부통령 쭝딘주는 월맹과 평화회담을 추진하고, 강력한 반공주의자였던 티우 대통령을 비난하면서 오랜 전쟁으로 인해 지친 국민들을 교묘히 현혹했다.

北베트남(월맹)에 포섭되어 간첩으로 활동한 南베트남(월남) 부통령 쭝딘주
출처: manhhai on flicker

결국, 쭝딘주는 '월남에서 미군 철수' 및 '월맹과 평화협정 체결'이라는 위장 전략을 구사하여 이를 성사시켰고, 월남 국민들도 그에 호응했다.

게다가 티우 대통령까지 미국·월맹·월남 간 휴전 평화협정에 서명하면서 미국과의 안보공약만을 믿고 자만에 빠진다. 그는 "심각한 경제난을 겪고 있는 월맹이 결코 우리 월남을 침략하지 못할 것이다"라며 국민들에게 공언할 정도였다.

월남 국민들 또한 안보불감증이 팽배했고 정치인들의 이전투구식 정쟁 또한 극에 달했다. 망조가 보였다. 이런 약점을 노린 월맹은 1975년 3월 모든 군사력을 앞세워 침공을 단행했으며 불과 일주일 만에 월남을 장악했고, 한달 뒤 월남은 완전히 멸망 당하고 만다.

이제는 대한민국이다. 한반도의 평화가 남북 간의 평화협정 체결로 이루어질 수 있다는 생각은 한마디로 허상이다.

또한, 한·미·일 간 군사동맹도 한반도 평화를 보장하지 못한다. 미국이나 일본이 자신들의 국익을 포기하면서까지 결코 대한민국을 지켜주지 않기 때문이다. 확실한 평화는 내가 강력한 힘을 보유하고 있을 때 가능하다.

1990년대 한국 최고의 드라마 '모래시계'에서 주인공 윤혜린이 극중 자신의 연인을 괴롭히던 아버지 윤회장을 증오하며 쏘아붙인다. "죽을 때까지 아버지를 용서하지 않을 거예요"

그러자 윤회장이 딸에게 대답했다. "얘야, 용서도 힘이 있어야 할 수 있는 거란다"

국가의 견고한 힘의 원천은 강한 군사력과 국민들의 확고한 안보관이 필수요소다. 전세계에서 유일한 분단국가인 대한민국이 북한과의 평화협정 체결에만 목을 맨다면 그 자체가 국가 안보를 위협하는 위험한 발상이다.

평화협상을 하지 말라는 게 아니라 우리가 먼저 강한 힘을 갖추고 응해야 한다.

스스로 무장해제를 한 후 북한에게 내 진정성을 알아 달라고 읍소하며 평화협정을 체결한들 그게 무슨 의미가 있는가?

북한의 위장 평화전술 앞에 스스로 무장해제하는 행위는 매국이다. 북한의 대남공작을 차단하는 강력한 국가기관, 아니 북한이 가장 두려워하는 국정원 수사국의 간첩수사권을 입법으로 박탈시킨 일은 두고두고 대한민국 역사의 오점이 될 것이다.

국정원 수사국의 존재감

미국은 정보기관 CIA와 수사기관 FBI로 업무영역이 분장되어 있는 반면, 대한민국은 1961년 정보와 수사를 동시에 수행하는 중앙정보부를 창설한 이후 국가안전기획부를 거쳐 지금의 국가정보원으로 명칭을 변경하였다.

그중 대공수사국은 64년에 이르는 긴 시간 동안 국가보안법을 근거로 일반 형사범이 아닌 간첩사범을 수사해 왔으나 올해부터 그 수사권은 종말을 고했다.

우리는 미국의 CIA나 FBI, 그리고 이스라엘 모사드의 비밀스러운 조직 현황은 전혀 모르지만 그 존재감 만으로도 위압감을 느낀다. 국정원 수사국도 마찬가지다.

실제로 美 CIA나 FBI, 일본의 정보기관 요원들과 업무 협의를 진행하는 경우, 이들은 국정원 수사관들에게 존중과 경의를 표한다.

반면, 북한은 국정원 수사국을 아주 적대시한다. 그러나 직파간첩들의 진술을 들어보면 북한은 오히려 이 조직을 매우 두려워하고 있다.

왜냐하면 수사국은 60년 넘게 쌓아온 간첩수사 노하우가 체계적으로 잘 축적되어 있으며, 국정원 내 모든 부서들과도 긴밀하게 협업하면서 검·경·군과의 공조를 통해 대한민국 간첩수사의 중추신경망 역할을 수행해 왔기 때문이다.

 또한, 수사관들은 세계 각국에서 자행되는 북한의 대남 간첩활동에 대해 첩보 수집 업무까지 전담하고 있을 만큼 국내·외 에서 글로벌한 업무수행 능력을 자랑한다.

 북한의 입장에서 본다면, 자신들의 대남공작 업무를 사사건건 방해하고 장기간에 걸쳐 공들여 구축해 놓은 대한민국의 지하 간첩조직을 귀신같이 찾아내어 사법처리해 버리는 수사국이 눈엣가시일 수밖에 없다.

 그러니 북한이 국정원 수사국을 겉으로는 증오하지만 내심 두려워하는 건 당연하다.

역사속으로 사라진 국정원 수사권

 지금 대한민국은 어떤가? 진영 간 싸움, 계층 간 불화, 정치 세력의 양분화 등 내부 갈등이 최고조에 달해 있다. 입법기관인 국회는 민생을 팽개친 채, 여·야 간 분노와 증오만 쏟아 내면서 매일 싸움박질이다.

 문제는 국가 안보까지도 정쟁의 소재로 동원되고 있다는 점이다. 대표적인 예가 북한의 간첩활동을 차단해 온 국정원 수사권을 입법으로 폐지시킨 것인데, 국가 존립의 차원에서 볼 때 매우 심각하다.

2024년부터 국정원 수사권은 완전히 폐지되고 경찰이 전담

　어떻게든 나라는 돌아간다. 그러나 어리석은 국가 전략을 선택한 이후에는 혹독한 대가가 뒤따른다. 그리고 그 재앙의 고통은 오롯이 국민의 몫이다.

　일본사절단 황윤길과 김성일의 정반대 보고에 대해 조선의 조정은 토요토미의 한반도 침략이 전혀 없을 것이라는 김성일의 의견을 채택했고, 그 결과는 참혹했다.

　국가 안위는 뒤로 한 채 무능한 임금과 조정 대신들의 당파적 국정 운영으로 인해 우리는 임진왜란을 겪었다. 조선 팔도가 피폐해졌고 백성들은 도탄에 빠졌다. 침략자는 당연히 나쁘지만, 그런 상황을 자초하고 대비하지 않은 자들의 행위는 더더욱 나쁘다.

양궁과 수사

　경찰의 간첩수사 능력을 저평가하거나 비난할 생각은 추호도 없다. 그러나 예를 들어보자, 올림픽에서 양궁 금메달 획득은 그냥 열심히 하겠다는 충만한 의욕만으로는 결코 이루어지지 않는다.

　선수를 키워내는 1급 전문가의 지도력, 오랜 기간 시스템화된 체계적 훈련 방식, 세계 최고 수준의 축적된 노하우, 이 모든 것들이 함께 융합되어야 가능하다.

　그런데 현재의 양궁팀을 해체하고 팔 힘 좋은 야구선수와 투포환 선수가 이론에만 입각하여 열심히 훈련을 한다고 금메달을 딸 수 있을까?

세계 최정상급 양궁선수들의 공식대회 출전을 금지 시키고, 신규선수들의 보조 심부름만 하면서 노하우 조언을 틈틈이 해 준다면 금메달을 딸 수 있을 것이라는 해괴한 논리로 국정원 수사권 박탈이 관철되었다.

적국의 간첩을 차단할 국가 방어 시스템을 수능제도처럼 덜컥 바꾸어 버린 거다.

새로운 수능제도의 도입은 수험생들과 학부모들에게 일시적인 불편을 주는 데 그치겠지만, 국가 방어 시스템에 대한 훼손행위는 지금 당장 눈에 보이지 않지만 향후 국가 안위를 위태롭게 몰아갈 수도 있고, 결정적인 순간에 국민들을 도탄에 빠지게 할 수도 있다.

잘못된 처방 검수완박법

2021년 1월 검경 수사권 조정 관련법안이 국회에서 통과된 이후, 2022년 9월부터 개정 검찰청법 즉, 검찰수사권 축소법인 일명 검수완박법이 시행되었다.

주된 골자는 기존 검찰이 전담해 왔던 6대범죄(부패·경제·공직자·선거·방위사업·대형참사) 수사권을 2개(부패·경제) 분야만 수사할 수 있도록 축소시켰고, 나머지 분야에 대한 수사는 경찰과 공수처 등 타 수사기관이 수행토록 한 것이다.

당시, 검수완박법에 대한 국민의 반대여론이나 이 법 통과로 인해 예상되는 문제점에 대한 사회 각계의 우려 시각은 집권 여당의 일방적인 입법 통과로 인해 묵살되었다.

이제 법 시행 후 1년 이상이 지났다. 한번 지켜보라. 과연 그 검수완박 입법자들의 주장대로 검찰 개혁이 제대로 되었는가?

무소불위 기관이라던 검찰의 수사권을 박탈했더니 이제 모든 게 정상화되었는가?

각종 국가적 참사, 대한민국 건국 이래 최고조로 창궐 중인 마약범죄, 고위공직자 범죄 등에 대해 예전처럼 원활하게 수사가 잘 이루어지고 있는가 말이다.

검찰조직을 비호하거나 옹호할 생각은 없다. 다만, 어떠한 새로운 입법도 정략적이고 편향적인 이념적 잣대에 의해 함부로 행해지면 안 된다는 것을 말하고 싶다.

입법권자들이 당리당략에 따라 폭주하면서 국가기관을 공격하는 것도 문제지만, 그러한 절차를 단행할 때는 명분도 있어야 하고 합법적이고 신중해야 한다. 왜냐하면 그것은 국민과 국가의 생존권과 직결되기 때문이다.

지난 2023년도 국회에서 某 야당의원이 당시 한동훈 법무부장관에게 국내에서 마약사범이 창궐하고 있는데도 검찰이 부실 대응한다며 질타하는 모습을 보고 어이가 없었고, 똑똑한 장관의 답변이 촌철살인이었다. "의원님들이 검찰이 마약수사를 못하게 막아 놨잖아요."

더욱 잘못된 처방 국정원 수사권 박탈

국정원 수사권 박탈도 이와 유사하다. 아니 그 심각성은 훨씬 더할 것이다.

건강한 사람의 장기를 도려낸다 해도 관리만 잘하면 괜찮을 것이라는 게 이론상으로는 가능할지 모른다. 그런데 메스를 쥔 의사가 성급하게도 멀쩡한 사람의 장기를 일단 먼저 도려내는 수술부터 감행했다.

그 과정에서 수술 이후의 후유증에 대해서는 깊은 고려가 없었고, 더 심각한 문제는 장기를 이식받을 사람이 아직까지도 완전한 준비가 되어 있지 않다는 점이다.

간첩수사권 폐지론자들은 장기가 일부 부패했다며 폐기해야 한다는 논리다. 2014년 화교 간첩 증거위조 사건 때 국정원의 뼈아픈 실책에 대해 과도하게 진단을 내리고 수사권을 도려낸 결과다.

이러한 처방으로 인해 국가안보라는 내부 심장이 은밀하고 치명적으로 곪아갈 수 있다는 게 두렵기만 하다.

국가 수사기관을 대하는 미국과 한국의 차이점

미국 경찰도 수사행위를 한다. 그러나 9.11사태와 같은 국가적 참사나 심각한 국익 침해 간첩사건과 같은 중대범죄는 FBI가 전담한다. 즉, 미국은 경찰이 치안 범죄를, FBI는 국가 범죄를 전담하는 이분화 된 시스템으로 국가안보를 방어하고 있다.

정치적 유·불리나 정략적인 목적을 가지고 국가기관을 함부로 재단하면 안된다. 특히, 그것이 국익이나 국가안보와 직결된 사안이라면 더더욱 그래서는 안 된다.

예전, 힐러리와 트럼프가 대선 가도에서 치열하게 경합했을 때 하필 투표가 임박했을 즈음, FBI가 힐러리의 법무부 장관 시절 국가기밀 이메일 유출사건을 재조사하여 발표했다.

그 과정에서 힐러리의 거짓 해명이 드러났고 많은 국민들이 등을 돌렸으며 트럼프가 대통령으로 당선되었다. 당연히 FBI가 의도한 것은 아니었겠지만 타이밍이 참 절묘했다.

결과적으로 FBI의 수사결과 발표가 트럼프의 당선을 도운 셈인데 만약 이와 유사한 사례가 우리 대한민국에서 발생했다면 어땠을까?

트럼프 정부 이후, 힐러리가 속한 민주당의 바이든이 대통령으로 당선되었다. 과연 미국 민주당 의원들이 과거 FBI의 수사가 정치 편향적이었으며 트럼프와 모종의 야합이 있었다고 국민들을 선동하면서 FBI의 수사권을 박탈했을까?

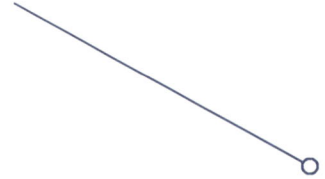

2부
국가를 지탱하는 뜨거운 심장

대한민국 위험 속의 국정원 요원, 이름 없는 별

"소리 없이 별로 남은 그대들의 길을 좇아 조국을 지키는 데 헌신하리라"

위 글귀는 국정원 본관 건물 1층 입구에 위치한 순직요원 추모공간 앞 동판에 새겨져 있는 문구다. 그리고 그 위에는 19개의 별도 새겨져 있다.

국정원 직원들은 국가를 위해 온몸 바쳐 헌신한다. 대한민국 공무원들 누구나 다 국가를 위해 헌신하겠지만, 국정원 직원들의 충성심과 애국심은 남다르다.

지금까지 조국을 위해 임무를 수행하다 순직한 국정원 직원은 19명에 이른다. 그러나 그들에 대한 어떠한 구체적인 발표나 언급은 일절 없다. 정보기관 요원들의 업무 특성상, 그 내막이 밝혀지는 것은 국가안보에 바람직하지 않기 때문이다.

그런데 위 19명의 이름 없는 별들 중 유일한 예외가 있다. 국정원 요원 최덕근 前 러시아 영사다. 그는 북한의 마약 밀매와 위조지폐 범죄에 대해 끈질기게 단서 추적을 하던 와중에 1996년 10월 러시아에서 북한공작원에 의해 암살 당했다.

국가를 위해 요원들이 죽었고, 지금은 국가를 가슴에 묻은 채 조직이 죽었다.

북한은 그들의 목적을 달성하기 위해 대한민국의 민간인이든 외교관이든 서슴없이 살해한다. 최덕근 영사 암살사건 직후 국내에는 큰 반향이 일었지만, 시간이 흐르고 이제는 국민들도 그 사건을 잊었다. 그러나 북한은 그때나 지금이나 그대로다.

최영사는 북한의 심각한 국제적 범죄행위에 정면으로 맞선 전사였다. 그런 애국자를 북한은 가차 없이 암살해 버렸다. 왜 그랬을까? 러시아 영사 최덕근은 북한의 만행에 대해 누구보다 잘 알고 있었고, 강력하게 대응하려 한 존재였기 때문이다.

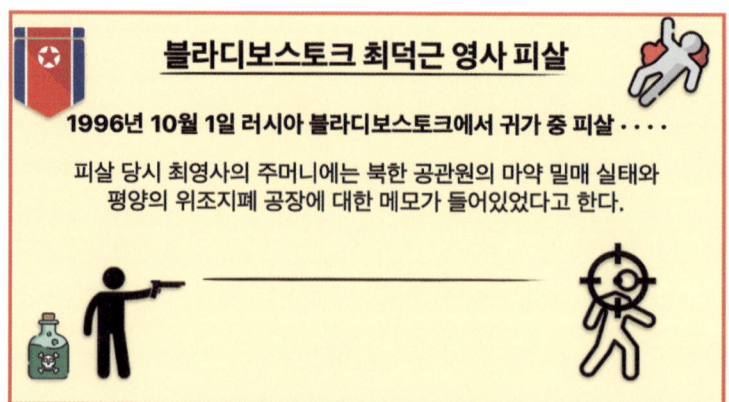

북한은 지금까지 대남공작 간첩행위를 통해 대한민국을 끊임없이 교란하며 혼란에 빠뜨리려 노력해 왔다. 그러나 이러한 북한의 만행에 대해 물샐틈없이 맞서온 국정원 수사권이 올해부터 폐지되었다.

북한이 소멸시킨 것이 아니라 우리가 입법 절차를 통해 스스로 폐기시킨 것이니 이름 없는 별들이 이러한 국내의 현재 상황을 지켜본다면 하늘에서 통곡할 일이다.

미국 화염 속의 소방관, 그라운드 제로

허망하게 공격당한 미국, 폐허가 된 뉴욕 무역센터

2001년 9월 미국 뉴욕 맨해튼의 세계 무역센터 110층짜리 쌍둥이 빌딩이 여객기를 납치한 알카에다 조직에 의해 테러를 당했다. 큰 화재가 발생했고 비행기가 건물에 충돌한 폭발로 인해 건물 전체가 붕괴 위험상황에 빠졌다.

출처 : Michael Foran on Flicker

화염 속의 소방관

당시 뉴욕은 물론, 인근 뉴저지의 소방관들까지 현장에 총출동했는데 이미 즐비한 사망자 외에 건물 안에 갇혀 있던 수많은 부상자들을 구조해야 할 형편이었다.

사고 현장은 너무나 처참했다. 게다가 건물이 언제 무너져 내릴지 모르는 아찔한 상황이었기 때문에 소방관들이 선뜻 건물 안으로 진입하기에는 큰 위험이 예상되었다. 그때 뉴욕의 소방대장이 소방관들에게 이렇게 말했다.

"지금 현장이 너무나 위험하다. 부상자를 구조하기 위해 안으로 진입했다가는 건물이 붕괴되어 죽을 수도 있으니 들어가지 않아도 좋다. 그러나 나는 들어간다. 그리고 여러분들이 어떤 선택을 하더라도 그 결정을 존중하겠다. 지금 집으로 돌아가도 좋다"

그러자 소방관들은 한 명도 빠짐없이 매몰자 구조를 위해 건물 안으로 들어갔고, 결국 무역센터 빌딩이 붕괴되어 소방대장을 포함한 343명 소방관 전원이 사망했다.

그리고 매년 미국에서는 9.11테러로 인해 사망한 2,977명의 희생자 추모 뿐만 아니라 그 당시 전원 순직한 소방관들을 위한 추모행사도 성대하게 열린다. 역대 대통령들이나 국가 주요 인사들도 정기적으로 이곳에서 헌화한다.

세계 최강국 미국의 힘은 이런 것이다. 국가에 헌신하는 충직한 공무원들, 국가 안보를 위해서는 당리당략을 떠나 하나로 뭉치는 정치 수준, 엄청난 국가적 참사 앞에 서로 간의 증오나 비난보다는 즉각적인 후속 대처와 재발방지를 위한 신속한 입법 대비책 강구 등 국가 역량을 극대화하는 탄탄한 시스템이 그 비결이다.

내부 갈등이 격화되면 국가는 피로해진다

미국은 정치판이라 할지라도 여·야든, 이념이 다른 좌·우 진영이든, 대형

참사 앞에서는 모두가 하나로 똘똘 뭉친다. 발생되는 각종 사건·사고들을 상대 진영의 공격 소재로만 덧씌우려는 우리나라의 후진적인 정치문화와 딴판이다.

9.11 테러는 CIA가 국가적 위험 징후를 사전에 전혀 포착하지 못한 것이 주원인이었다.

"알 카에다가 설마 미국 본토를 테러하겠나?"라는 미 정보 당국의 오만에 가까운 방심과 미국 사회 전반에 팽배해 있던 테러에 대한 무감각하고 안일했던 사회 분위기도 한몫했다.

역사적 사례를 보면, 국가적 재앙은 심각한 내부 정치 갈등, 잘못된 정책, 안보의식 이완 등 국가를 지탱하는 근본 시스템들이 매우 약화되거나 사전 위험 징후들이 표출되고 되는데도 그것을 무시했기 때문에 엄청난 참사로 이어진 경우가 많았다.

명나라 멸망, 구한말 한일합방, 월남 패망 등이 그 과정과 양상은 조금씩 달라도 근본 패턴은 유사하다.

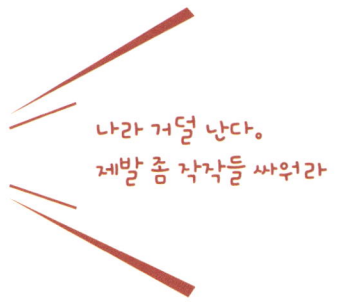

비교 우위 국가 가치를 최우선으로 생각하는 나라 미국

제복이 우대받는 사회

미국은 현역이든 예비역이든 군인이 공공시설을 이용하거나 군인의 자녀가 대학에 입학할 경우, 금전적으로 70% 이상을 감면해 주는 등 파격적인 우대를 한다.

그다음이 소방관, 경찰관 등인데 목숨을 담보로 국가를 위해 헌신하는 사람들에게 최고의 우대와 존중을 해주는 것으로 이런 정책에 대해 일반 국민들도 동의한다.

2017년 필자가 미국 연수 시절, 포트엔젤레스 항구에서 산책 중인 한 노부부를 만났는데 퇴역군인인 듯한 남편께서 그날이 기념일이었는지 군복을 입고 계셨다.

그때 지나가던 한 50대 아주머니와 젊은 아들이 노부부를 바라보며 박수를 보냈고, 노병은 거수경례를 했다. 작은 감동이었고 이런 모습에서 미국의 힘이 느껴졌다.

이념의 프레임에 갇혀있는 대한민국은 어떤가? 과거 북한의 만행에 의해 폭침된 천안함 사건에 대해서 '암초 때문에 좌초했다', '정부의 자작극이다' 라는 황당한 주장이 제기되었다. 내 조국의 군인들이 죽었는데도 말이다.

제복의 존재에 대해 위와 같은 반응이 나왔다면 비록 소수일지라도 군인을 대하는 태도가 매우 후진적이거나, 국가에 대한 존중과 정통성을 인정하지 않는 이 사회의 암적 존재들이 자생하고 있다는 증거다.

짧은 역사에도 불구, 위대한 대통령이 즐비한 나라

미국은 우리나라에 비해 국가 역사가 매우 짧다. 그런데 그 짧은 기간에도 불구, 위대한 대통령들이 즐비하다. 유구한 역사를 자랑하는 우리나라의 입장에서 보면 살짝 질투심이 날 만하다.

세종, 성종, 영·정조가 명군으로 꼽히는 정도이고, 대한민국 정부 수립 이후 현대사로 들어오면 특정 대통령에 대해 함부로 평가하기가 무서울 정도다. 각 대통령에 대한 세간의 평가가 워낙 극단적이고, 좌우 이념 대립이 과열 양상이기 때문이다.

반면, 미국은 우리나라와 달리, 당리당략에 따른 정파적 평가를 떠나 출중한 치적이 있는 대통령에 대해서는 여·야 모두가 존경을 표한다. 워싱턴DC에 위치한 링컨기념관과 제퍼슨기념관을 보면 부럽다.

뛰어난 전략가이자 탁월한 법률가였던 토마스 제퍼슨은 링컨과 워싱턴을 제치고 미국인들이 가장 위대한 대통령으로 추앙하는 인물이다. 미국이라는 국가의 초석을 다졌다는 이미지 때문인 것 같다.

　제퍼슨은 조지 워싱턴이 초대 대통령 시절, 재무장관을 지내면서 나폴레옹과의 절묘한 담판을 통해 광활한 서부지역을 프랑스로부터 헐값으로 얻어낸 일등 전략가였고, 미합중국 독립선언서의 초안을 작성한 법률가이기도 했다.

　제퍼슨기념관 내 그의 입상 동상은 국회의사당을 바라보고 있다. 미국의 정치가들이 국가를 위해 제대로 행동하고 있는지 감시한다는 의미다.

　링컨기념관 내에 위치한 링컨의 좌상 동상은 후배 대통령들이 제대로 국정을 수행하고 있는지 지켜본다는 의미로 백악관을 바라보며 앉아 있다. 특히 링컨은 생전에 미국이 남북으로 분단될 뻔한 시기, 자신은 북부의 대통령으로 안주하며 부와 명예를 누릴 수도 있었지만 그렇게 하지 않았다.

　"분리된 연방은 있을 수 없다. 미국은 오로지 하나여야 한다"라는 신념 아래 만약 패전할 경우, 자신의 목숨이 위태로울 수 있는 상황임에도 남북전쟁을 감행하는 초강수를 두었고, 마침내 전쟁에서 승리했다.

　그 선택은 오늘날 세계 최강국 미국을 만들어 낸 탁월한 결정이었다.

그밖에 영국과의 독립전쟁을 승리로 이끈 조지 워싱턴 초대 대통령, 그는 종전 직후 "이제 전쟁에서 승리했다"라며 총사령관 직위에서 깨끗이 물러났다.

'내 조국 미국이 그토록 바라던 독립을 이루었으니 더 이상 공직에 머물며 욕심을 부리지 않겠다'는 이유였다. 이러한 충정과 애국심에 감동한 미국 국민들은 훗날 워싱턴을 초대 대통령으로 추대하게 된다.

대한민국도 누구나 존경하는 위대한 대통령이 나왔으면 좋겠다

한국은 왜 링컨이나 제퍼슨이나 워싱턴 같은 위대한 대통령이 나오지 않는 걸까? 호평을 받지 못하는 대통령들의 공통점은 대부분 대통령 자신의 친·인척이나 측근들의 비리와 뇌물스캔들로 인해 커다란 오점을 남긴 경우가 많았다. 그래서 취임 초기, 청렴결백과 부정부패 척결을 외쳤지만 제대로 실천되는 경우는 드물었다.

오로지 국가와 국민 만을 위하는 정책이 실행되어야 한다.

위대한 미국의 대통령들이 사후에도 존경을 받는 이유는 간단하다. 오로지 국가와 국민과 국익 만을 최우선 가치로 삼았기 때문이다. 내가 챙겨야 할 가족, 친·인척, 핵심측근들과 같은 부담요소는 전혀 고려대상이 아니었다.

이러한 패거리 부담요소들과의 달콤한 결합이 위정자의 총기를 흐린다. 그 결과, 국가와 국민만을 바라보아야 할 위정자는 부패하거나 이념적으로 편협된 세력들의 영향력 속에 갇혀 그들만을 위한 그릇된 정책 실행으로 인해 나라를 망친다.

우리의 대통령들이 퇴임 후 불행한 이유가 바로 그것이다.

재임 시 아무리 자화자찬하며 국민들을 현혹시킨들 시간이 지나면 냉정하고 정확한 평가가 이루어진다.

대통령은 오로지 국가와 국민을 위한 올바른 정책을 제대로 된 관료를 통해 합법적인 절차를 밟아 정확하게 실행해야 한다.

3부

혼신의 힘을 다해 간첩과 맞서다

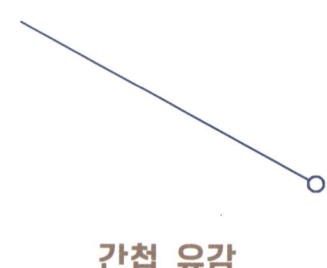

간첩 유감

간첩에 대한 국민들의 인식

10여 년 전 왕재산 사건, RO사건, 작년도 충북동지회·자통 창원조직·자통 제주조직·민○총 지하조직 사건 때 조차도 일부 세력들은 "요즘 시대에 간첩이 어디 있냐?"라며 국정원의 조작이라고 반발했다.

그들은 아무리 확실한 증거가 제시되고 법원에서 유죄판결이 나와도 막무가내다. 그리고 끊임없이 사실관계를 왜곡하며 국민들을 현혹 시킨다.

과거 국보법 위반자들의 주거지나 사무실에 대한 압수수색을 단행했을 때 "남조선에서 국가보안법 철폐운동을 지속적으로 전개하라", "대학 등록금 반값 인하투쟁 등으로 대정부 불만 여론을 조성하라", "제주 해군기지 건설 반대투쟁을 적극적으로 전개하여 반정부 정서를 확산시켜라"라는 등의 북한 지령문들이 발견되었고 그것이 언론에 보도되기도 했다.

그러나 많은 국민들은 이런 보도를 접해도 국가안보에 대한 경각심보다는 이제는 그냥 무덤덤해 할 정도로 안보불감증이 일상화되어 있다.

다행히 국정원 수사관들은 간첩을 바라보는 국민들의 인식, 이런 것에 그다지 신경 쓰지 않는다. 그냥 묵묵히 맡은 바 임무에 최선을 다할 뿐이다.

현재 간첩 규모 추산

수사 보안상 현재 내사 중인 간첩혐의자 현황을 공개할 수는 없다. 그런데 간첩혐의자의 숫자가 중요한 것이 아니라 단 한사람 일지라도 그의 사회적 지위나 영향력에 따라 일반 간첩사범 100명보다 더 해악성이 클 수도 있다.

만약 국회의원이 간첩이라면 자신의 신분적 권능을 발휘하여 주한미군의 주둔실태, 국군 전략무기 현황, 대한민국 주요 보안시설 경계상황 등 국가 안보와 직결되는 민감한 자료들을 해당기관에 요구하여 손쉽게 취득할 수도 있다.

진화하는 간첩

북한의 남파간첩 유형은 1970년대~1990년대까지는 연고선 간첩이 대세였다. 6.25당시 월북한 가족이나 행방불명된 친척, 납북된 어부 등 혈연의 끈을 악용하여 재남 가족들을 포섭해 오던 공작이다.

그러다 1990년대 후반부터 새세대 간첩으로 유형이 바뀌었다. 북한의 새세대 간첩이란, 아예 인민학교(우리나라의 초등학교) 때부터 출신성분(평양 출신 유력자 집안)이 좋고 영민하며 체력적으로 우수한 인재를 뽑아 남파공작원으로 장기간 집중 양성하는 것이다.

1997년 7월 경남 거제도 해안으로 침투한 최정남·강연정 부부간첩이 대표적인 새세대 간첩이다. 이들의 남파 목적은 대한민국에서 활동 중인 고첩들의 활동상황을 점검·독려하는 한편, 친북인사들과 직접 접촉하면서 새로운 간첩망을 구축하는 것이었다.

다행히도 위 부부간첩은 침투 3개월째인 1997년 10월 국정원에 체포되었고 조사를 받던 도중 강연정은 독약앰플로 음독자살하였으며, 최정남은 전향하여 대한민국 국적을 취득하였다.

2000년대 들어서는 간첩의 형태가 완전히 바뀐다. 시대가 변하여 자본주의는 필연적으로 붕괴한다는 마르크스의 주장은 모순임이 드러났고, 소련을 비롯한 공산국가들의 몰락을 겪으면서 대한민국의 NL주사파 세력들의 원색적인 반미·반파쇼와 같은 과격한 주장이 국민들에게 먹혀 들어가지 않게 된다.

그래서 북한은 남한내 고첩들이 직접적인 반정부 활동을 전개 하기보다는 합법적인 단체에 침투하여 그 단체를 장악한 후 그것을 숙주로 내세워 반정부 분위기 확산이나 유언비어 유포, 국민들 간 분열 조장 등을 시도해 오고 있다.

합법외피의 대상은 주로 정부에 비판적인 재야단체나 정당이다. 특히, 국회 장악을 목적으로 NL주사파 출신 간첩들의 정당 침투가 끈질기고 집요하게 이루어져 왔다. 대표적인 예가 과거 '일심회 사건'과 작년도 '자통 제주 조직 사건'이다.

일심회의 경우, 1989년 밀입북하여 조선노동당에 충성 서약을 한 미국 시민권자 장민성(가명)이 일심회라는 조직을 만들어 386 학생운동권을 포섭하여 민노당 침투 장악을 목표로 했다.

특히, 일심회는 기밀을 탐지하고 북한에 정보를 전달하는 것이 본연의 목적이었던 기존 간첩들과는 달리 정당 장악을 노렸다는 점에서 해악성이 더 심각했기에 수사가 끝나고 일부 정당 소속원들까지 간첩으로 내몰리기도 했다.

또한, 자통 제주조직 총책 강은순(가명)은 북한으로부터 자신이 간부로 있는 소속정당 내에서의 향후 전략 전술에 대해 구체적인 지령을 지속적으로 하달 받아 왔다.

요즘 시대에 간첩이 어디 있냐?

간첩이란, 대한민국에 남파되어 국가 기밀을 탐지·수집하는 직파간첩 외에 국가기밀을 북한에 누설하는 자나 북한을 추종하거나 찬양하는 자 등 그 범위가 매우 넓다.

시대가 변하면서 간첩의 양상과 형태가 폭넓게 다양해졌는데 국민들 대부분은 '간첩' 하면 북한에서 권총과 난수표를 가지고 반잠수정을 타고 침투한 직파간첩만을 상상한다. 그래서 "설마, 요즘 세상에 간첩이 어디 있냐?"라는 말이 나오는 것이다.

NL주사파 출신 뿐만 아니라 일반인까지도…

국정원이 그간 수사해 온 간첩사건들을 보면, 직파간첩보다는 자생간첩의 숫자가 훨씬 많다.

자생간첩이 모두 NL주사파는 아니다. 다만, 국보법 위반사범들 중 NL주사파 출신들이 압도적으로 많을 뿐이며, 단순히 북한에 호의를 가졌거나 자신도 모르게 북한공작원에게 포섭된 일반인들도 많다.

그들은 북한인을 자주 접촉하는 대북 무역업자들이거나 업무상 잦은 해외 출장 과정에서 자연스레 북한공작원들의 포섭망에 걸려든 자들이다.

2009년 국정원은 자생간첩을 검거했는데 그는 유학생이었다. 동남아로 유학을 갔고 그곳에서 호의를 베풀어 주는 누군가를 만났는데 알고 보니 그가 북한공작원이었다. 그 학생은 한국에 돌아온 후 북한공작원에게 대한민국 정세와 주요 군부대 위치 등 정보를 이메일로 전달했다.

주기적으로 동남아로 가서 그 공작원을 만났고, 공작금까지 받았음은 물론이다. 그가 간첩행위를 한 것은 확실하지만 과거 NL주사파나 운동권 출신은 아니었다.

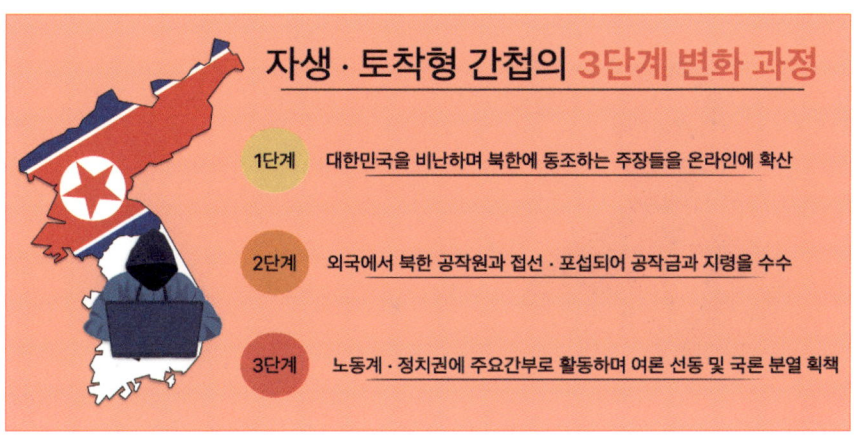

소위 진보정권 시절의 간첩수사

국정원 수사관들은 증거가 확보되면 무조건 수사에 착수할 뿐, 정부의 성향에 따라 좌고우면하지 않는다.

이들의 업무 방침은 확고하다. 확실한 증거가 확보되면 반드시 수사를 한다는 것이다.

정치적 고려는 고위 정무직들의 몫이지 실전업무를 수행하는 수사관들은 원리원칙대로 일을 할 뿐이다. 그렇지만 문제가 한 가지 있다. 정부의 성향에 따라 간첩수사에 대한 미묘한 온도차가 느껴진다는 것이다.

에이브러햄 링컨은 남북전쟁이 한창이던 시절, 장군 교체에 대한 건의를 받고 아래와 같이 그 요구를 한마디로 거부했다. "Never change horses in midstream"(강을 건널 때 말을 갈아타지 않는다).

중요한 국가적 위기상황에 직면했을 때 핵심 책임자를 교체하지 않는다는 소신이다.

링컨과는 정반대다. 2006년 노무현 정부 시절, 당시 김승규 국정원장은 일심회 간첩사건에 대해 수사를 강행했고 사건의 전모를 밝혀냈다. 그러나 김원장은 수사 도중 경질되고 말았다.

일심회 수사를 재가한 김승규 원장은 검찰 출신답게 범죄 증거를 보고 원칙대로 수사했을 뿐이지만 당시 시대적 상황에 따른 안타까운 모양새가 표출된 셈이다.

또한, 문재인 정부 시절은 청와대 핵심참모들 중 국보법 위반 사범들이 유독 많았다.

필자는 이분들이 어떠한 이념적 편향 없이 국가를 안전하게 잘 꾸리려고 노력한 분들이었다고 믿고 싶다. 비록 그 노력의 방식이 잘못되었더라도 말이다.

국정원의 간첩수사

1961년 창설된 이래 국정원 수사국은 숱하게 많은 간첩사건들을 처리해 왔다. 그중 1990년대부터 작년까지를 통틀어 중요한 몇 가지 사건들만 소개한다.

남한조선노동당 사건(1992년 10월 발표) 국내 최대 규모의 간첩단

드라큘라가 본격적으로 활동을 시작하려면 어둠이 내려야 한다. 그의 해악은 빛이 있는 상태에서는 발휘되지 못하니 낮에는 관속에서 잠을 잔다. 그를 깨우는 것은 어둠이고, 그가 깨어나면 많은 무고한 사람들이 피를 흘리며 다치게 된다.

북한은 대한민국 전역에 걸쳐 어둠의 그림자가 뿌리내리도록 끊임없이 시도해 왔다. 그 암연 속에서 치명적인 독버섯이 자라며, 그것을 먹고 사람들이 죽거나 다친다. 수사국은 대한민국이 어둠에 빠지지 않도록 연중 내내 빛을 밝히며 헌신해 왔다.

사건 개요 ▶ 남조선을 적화통일하기 위해서는 먼저 지하당을 구축해야 한다

북한은 1995년을 '적화통일 실현의 해'로 설정하고 그전에 미리 대한민국 곳곳에 어둠의 그림자를 덧씌우려 계획했다. 그리고 그 계획을 은밀하게 실행에 옮긴다.

어둠의 덫을 내릴 설계자는 북한 노동당 서열 22위인 대남공작원 이선실이었다. 그녀는 4.3 제주폭동 유가족으로 신분을 세탁하여 대한민국에 잠입했고, 1989년부터 남한 내 재야단체 주요 인사들을 대상으로 활발한 포섭활동을 전개한 끝에 건국 이래 최대 규모의 간첩단 조직인 남한조선노동당을 결성하였다.

북한 거물 여간첩 이선실

이 지하당은 어떤 조직이었나?

남한조선노동당은 연방제 통일 실현을 위해 통일전선 공작의 일환으로 남한 내 지하당 조직을 구축하는 것이 목표였으며, 중부 경인, 영남, 호남 등 4개 지역당으로 분할되어 있었고, 충청북도와 강원도를 아우르는 조직이 '중부지역당'이었으며, 국정원(당시 안기부)은 이 중부지역당 조직에 대한 수사결과를 발표하였다.

에피소드 1 ▶ 할머니 한 사람이 대한민국을 쑥대밭으로

북한공작원은 머리에 뿔도 나지 않았고 엉덩이에서 천둥불꽃이 튀지도 않는다. 초인적인 체력이나 우람한 덩치의 소유자가 아니어도 그들은 충분히 위협적이다.

이선실이라는 걸출한 할머니 간첩은 남한에서 전국단위의 간첩단 조직을 만들었다.

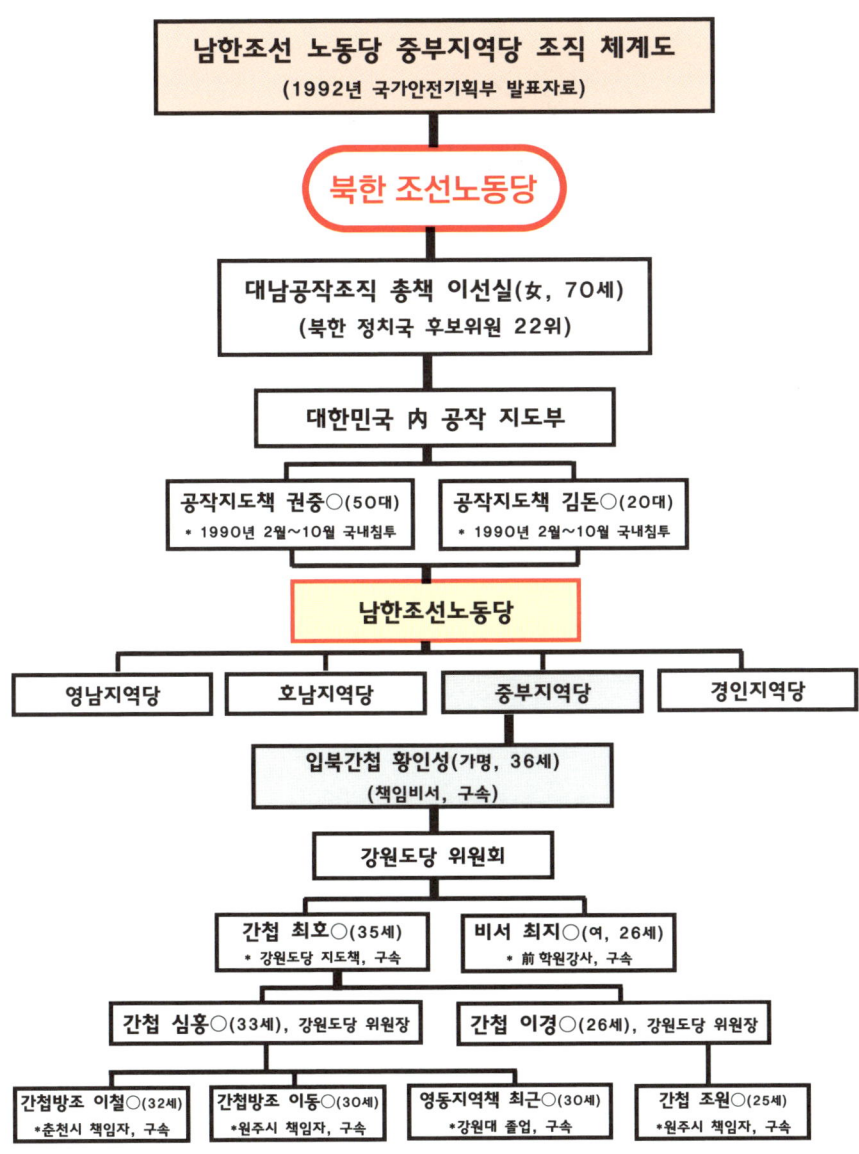

그녀는 정치국 후보위원이었는데 정치국 후보위원이란 북한에서 권력 서열이 가장 높은 30인 안팎의 고위급 인사들을 의미한다.

남한에서 신분을 위장하여 '민주화 실천가족 운동 위원회'(이하 민가협)에서 활동했던 기부 잘하고 선량해 보였던 이 할머니 간첩 한 명으로 인해 대한민국 전역은 북한 노동당을 추종하는 지하당 간첩 사탕수수밭이 될 뻔했다.

이선실은 당시 민중당 대표 김낙성(가명), 민중당 조국통일위원장 손병성(가명), 사북사태 주동자 황인성(가명) 등을 포섭하여 조직을 결성했고, 이들로 하여금 연방제 통일 실현을 위한 상층부 통일전선 공작에 주력하도록 지령까지 하달하는 초특급 역량을 발휘했다.

훗날 그녀는 북한으로 복귀하여 조선인민공화국 최고의 영웅 대접까지 받았다. 스파이 역사상 큰 인물이다.

수사 결과 무엇이 압수되었나?

국정원은 주범 김낙성 등 124명을 검거, 그중 68명을 간첩죄로 구속 송치했으며, 수사과정에서 북한이 하달한 권총, 수류탄 등 각종 무기류와 무전기, 난수표 및 공작금 100만달러 등 총 149종 2399점의 공작금품을 압수하였다.

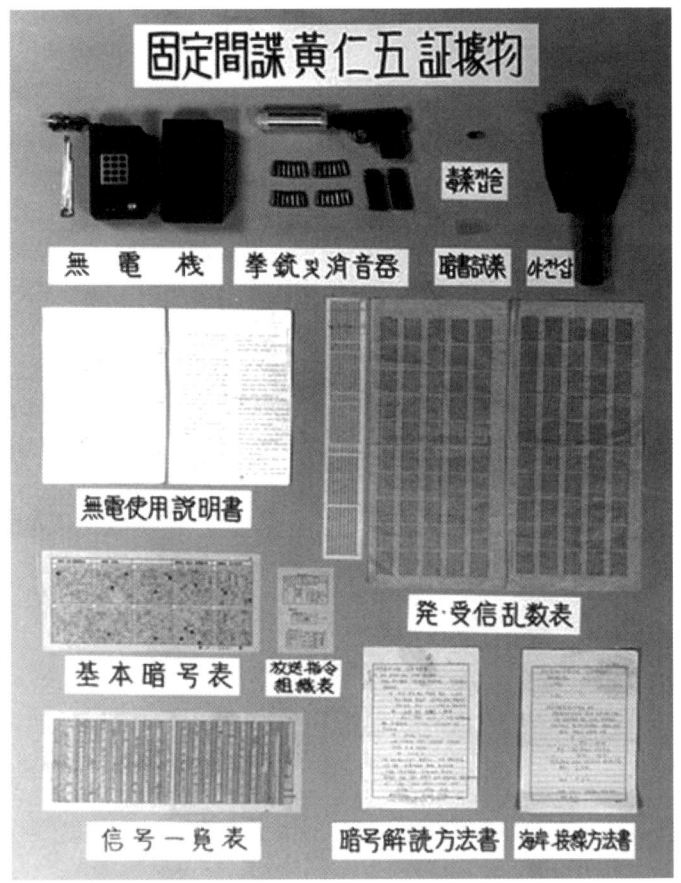

에피소드 2 ▶ 거액의 북한 공작금으로 강남 아파트 19채 구입 가능

남한조선노동당 사건은 국내의 자생적 조직이 북한과 직접 연계된 간첩단 사건으로, 중부·경인·영남·호남 등 4개 지역당으로 구성된 역대 최대 규모의 간첩단 사건이었기에 국민들은 큰 충격을 받았다.

당시 확인된 북한의 공작금은 무려 100만달러에 달했는데, 사실 북한 공작지도부는 총 200만달러를 남한에 내려보냈으며, 국내 고정간첩들이 이 공작금을 사용하고 남은 돈 100만달러가 수사과정에서 압수된 것이다.

그때 서울 강남 압구정동 한양아파트 20평형이 약 8,000만원 가량이었으니 당시 환율(750원)로 환산해 보면 북한공작금의 규모가 한양아파트 19채 구매도 가능한 한화 약 15억원에 달하는 어마어마한 거금이었다.

1990년도에 이 정도 규모의 금액을 공작금으로 사용할 정도였으니 북한이 얼마나 대한민국에 지하당 간첩단 조직 양성에 공을 들여왔는지 알 수 있는 대목이다.

민족민주혁명당 사건 (약칭 : 민혁당, 1999년 9월 발표)

움베르토 에코의 장편소설 '장미의 이름' 속 주인공 윌리엄 수사는 14세기 초 이탈리아의 한 수도원에서 발생한 의문의 연쇄 살인사건을 추적하며 치밀하고 예리한 통찰력으로 명쾌하게 사건을 풀어 나간다.

살인사건 현장 흔적과 용의자들에 대해 빈틈없는 기호학적 분석에 기반하여 실타래처럼 복잡하게 얽혀있던 살인사건의 전모를 낱낱이 밝혀내는 윌리엄 수사의 모습이 흥미진진했다.

민혁당 사건을 풀어낸 과정도 위와 흡사했다. 국정원의 윌리엄 수사들은 여러 조각의 작은 단서들을 분석하고 추리하며 지하당 조직의 배경과 범인들을 찾아냈다

에피소드 1 ▶ 수사 착수 계기: 바닷속에서 건진 지하당 조직 단서

1997년 수사국은 검거간첩 최정남으로부터 "남조선 대학생 2명이 공화국을 찾아와서 김일성과 만나고 돌아간 적이 있다"라는 진술을 확보하여 신원 추적 중에 있었다.

이와 관련하여 사망한 남파공작원 원진우가 남긴 암호형태의 작은 메모지에 대한 분석작업도 한창일 때다. 그 즈음 대한민국 안보를 지켜주는 특별한 사건이 발생한다.

1998년 12월 국내에서 활동 중인 고첩들에 대한 검열을 마치고 북으로 복귀하려던 북한 반잠수정이 전남 여수 돌산도 해안에서 경계 군무 중이던 우리 해군의 어뢰를 맞고 격침된 것이다.

이런 상황에서는 '장미의 이름' 속 윌리엄 수사와 같은 존재들이 빛을 발한다. 각자의 전문능력을 십분 발휘하여 복잡한 수수께끼들을 풀어내기 때문이다.

당시 국정원은 군·경 합동조사팀을 꾸려 잠수함 내부에서 발견된 각종 단서들을 면밀 분석하였고, 그간 수집된 모든 퍼즐들의 인과관계를 재구성하여 교차 검증한 끝에, 국내에서 암약 중이던 민혁당 존재를 확인하고 본격 수사에 착수할 수 있었다.

1998.12 여수 앞바다에서 우리 해군에 의해 격침된 북한 반잠수정

에피소드 2 ▶ 국정원은 바닷물도 정제해 낸다

당시 격침되어 물속에 가라앉은 반잠수정을 인양하는 데 3개월이나 걸렸다. 문제는 그 기간 동안 바닷물 속에 잠겨 있었던 노트북을 어떻게 복구하느냐가 관건이었다.

통상 PC본체에 물이 들어가면 못쓰게 된다. 하물며 쓰디쓴 소금물을 3개월이나 머금고 있었던 노트북 하드디스크를 다시 복구한다는 것은 불가능에 가까웠다. 국내 아니 전세계의 어떤 하드웨어 복구업체라도 이것을 해결하지 못했을 것이다.

그런데 국정원은 이 심층수 노트북을 복구하여 그 속에 저장되어 있던 문서파일 들을 해독해 냈고, 그 단서들을 토대로 민혁당 수사에 돌입했다.

북한이 아무리 어렵고 복잡한 스테가노 암호프로그램을 사용해도 국정원은 이를 풀어 낸다. 북한이 국정원을 무서워하는 이유가 바로 이런 점이다. 힘이 있고 실력이 있기 때문이다.

수령님의 지시를 받아 결성된 민혁당

1980년대 북한은 남한의 대학생들 중 주사파 핵심세력을 포섭하여 대한민국에서 혁명 전위조직을 만들겠다는 목표하에 대남공작 사업을 추진해 왔다.

이를 위해 거물 남파간첩 윤택림이 은밀하게 국내로 잠입하여 대한민국 주체사상의 대부 김영환 포섭에 마침내 성공하였고 이후 김영환은 1991년 5월 강화도 해안을 통해 밀입북한 후 김일성을 직접 만나 그로부터 거액의 공작금과 함께 '남조선에서 제2의 노동당 조직을 결성하라'라는 지령까지 받는다.

김영환은 이미 하영호(가명) 등과 주체사상을 지도이념으로 하는 청년 혁명조직인 반제청년동맹을 1989년 결성한 상태였기에 1991년 김일성을 접견한 이후 위 반제청년동맹을 전국 단위의 조직으로 확대 전환하기로 결심했다.

그래서 그는 1992년 조직내 2인자 하영호과 함께 주체사상을 신봉하는 전국조직 민혁당을 결성하게 된 것이다.

주체사상을 전국에 뿌리내리려 한 조직

남한조선노동당 사건 이래 민혁당도 전국 단위의 간첩단 조직이었다. 주체사상을 강령으로 채택했고, 조직 체계는 당 지도부인 중앙위원과 그 산하에 지역조직인 영남위원회, 경기남부위원회, 전북위원회 등 도당 조직을 갖추었으며 부문별 사업지도부로 청년운동, 통일운동, 시민단체, 학생운동 조직도 갖추었다.

총책 김영환은 두 차례 밀입북하여 김일성을 접촉하며 민혁당 조직운영자금을 받기도 했지만, 이후 굶주리는 북한 주민들의 실상을 보면서 주체사상의 허구성을 절감하고 전향해 버린다. 그는 1997년 민혁당을 탈퇴했으며, 이후에는 하영호가 조직을 주도하게 된다. 혁명 전위조직을 만들겠다는 목표 하에 대남공작 사업을 추진해왔다

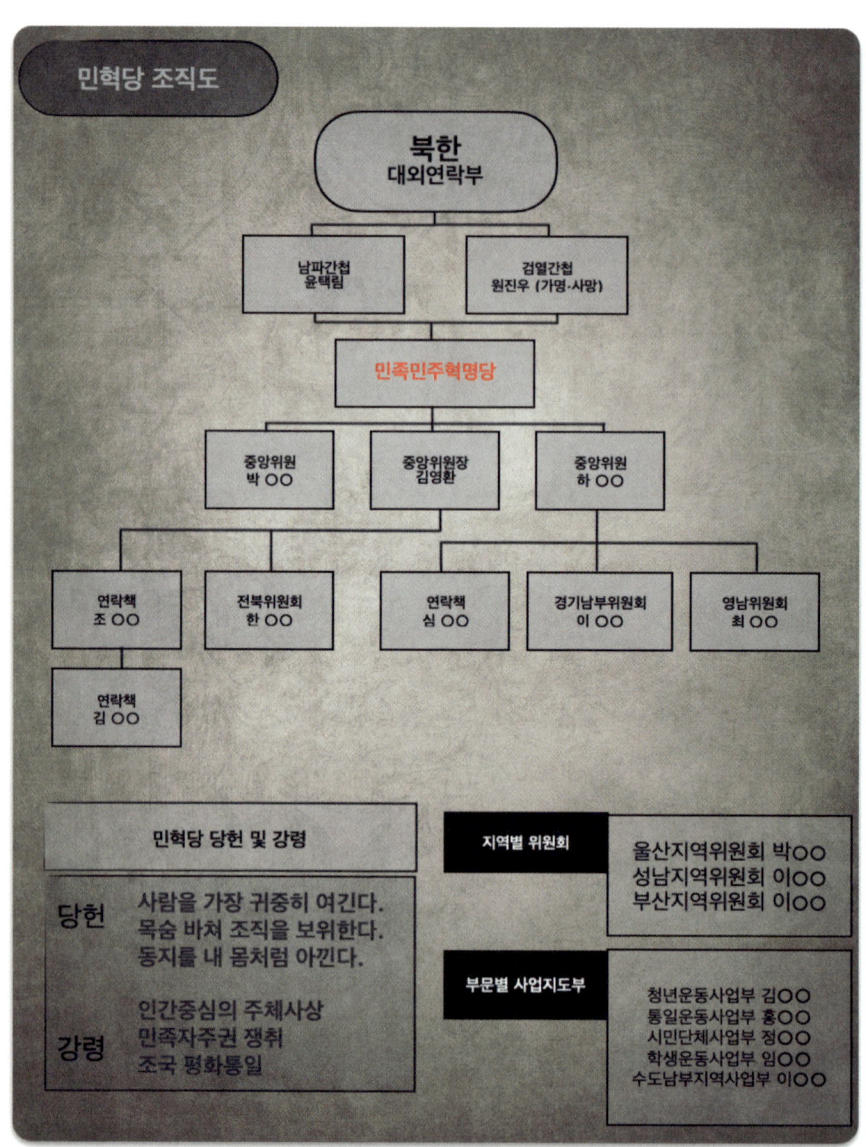

에피소드 3 ▶ 진정한 사상가 김영환

김영환은 두 차례 밀입북하여 김일성과 면담을 해보니 그가 주체사상에 대해 너무 무지해서 놀랐고, 비참한 주민들의 실상을 보며 회의를 느꼈다고 토로했다.

이후 그는 주체사상의 허상을 깨닫고 북한 주민들을 위한 인권운동가로 전향하여 활동하다가 2012년 중국 공안에 의해 간첩죄로 체포되어 현지에서 약 3개여 월 간 구금되어 혹독한 고문까지 당하며 고초를 겪기도 한다.

나는 수년 전 김영환씨의 강의를 들은 적이 있는데 그때 그에게 "1980년대 창궐했던 주체사상에 대해 왜 NL주사파들은 지금까지도 그것을 버리지 못하고 신봉한다고 생각하는가?"라고 질문한 적이 있다. 그의 대답은 이랬다.

"NL주사파들에게 있어 주체사상은 삶의 존재이유이기도 하다. 그것은 가족애나 종교적 신념보다도 훨씬 더 강력하므로 절대로 버리지 못한다", "주체사상과의 절연은 내 삶의 가치를 송두리째 포기하고 새로운 인생을 찾아야 하는 모험적 선택일 수도 있기 때문에 쉽게 벗어나지 못한다"라는 답변을 들었다.

그는 위선이나 가식이 없고 솔직 담백했으며 자기 자신에게는 대단히 엄격하지만 타인을 대하는 데 있어서는 거짓이나 속임수가 없었으며, 아직까지도 사상가로서의 단호함과 강렬한 포스가 묻어났다.

통일과 민족화합을 외치며 북한 정권에는 굽신거리면서도 북한 주민들의 비참한 인권 실상에는 아예 눈과 입과 귀를 닫는 위선적인 외눈박이 주사파가 아니었다.

과거 586세대 운동권 출신으로 권력의 위세를 업고 위선과 비리를 자행하면서도 오히려 큰소리치는 오늘날의 정치인들과는 아예 격이 달랐기에 나는 그를 진정한 사상가로서 존중한다.

민혁당 핵심 주범들은 어떤 처벌을 받았나?

1999년 민혁당 수사가 시작되자, 이미 전향한 김영환(공소보류)은 수사에 협조하며 조직 실체를 모두 자백했기 때문에 국정원은 민혁당 실체를 밝힐 수 있었다.

그에 따라 수사 과정에서 김영환 계열 조직원들은 수사에 적극 협조한 반면, 하영호와 그를 따르던 조직원들은 끝까지 신문투쟁을 하며 자백하지 않았기에 모두 실형을 선고받았다. (하영호 징역 8년, 심재호(가명) 징역 5년, 김경호(가명) 징역 4년 6월)

에피소드 4 ▸ 민혁당은 RO의 어머니

민혁당 하부조직 중에서도 특히 경기남부위원회 소속 조직원들은 반정부 성향이 매우 강했다. 그들은 수사과정에서 격렬히 저항하며 신문투쟁을 자행할 만큼 과격했는데, 이 민혁당 경기남부위원회 의장이 훗날 국회의원까지

된 이석구(가명)다. 이석구를 비롯, 그를 따르던 주요 간부들은 훗날 RO의 핵심 간부들로 다시 부활했다.

에피소드 5 ▶ RO총책 이석구(가명)의 행적

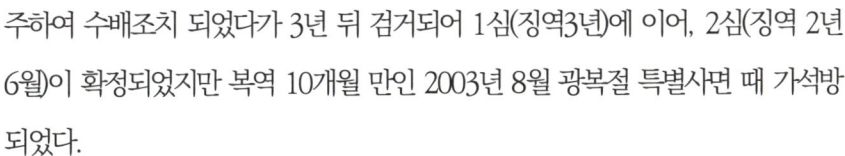

이석구는 국정원의 민혁당 수사가 시작되자 도주하여 수배조치 되었다가 3년 뒤 검거되어 1심(징역3년)에 이어, 2심(징역 2년 6월)이 확정되었지만 복역 10개월 만인 2003년 8월 광복절 특별사면 때 가석방 되었다.

이후 이석구는 2005년 복권되어 피선거권과 공무담임권을 회복했고 2012년 4월 통진당 비례대표 국회의원으로 국회에 입성하게 된다.

일심회 사건(2006년 10월 발표)

2001년 9월 1일은 '군자산의 약속'이 결의된 날이다. 그날은 전국의 NL 지하활동가 약 700여 명이 충북 괴산의 군자산에 집결했는데, 이들은 과거 수면 아래에서의 지하 활동이 아닌 합법정당 조직을 통해 연방제 통일을 달성하기 위한 자주적 민주정부를 수립하자고 결의하였다.

3년 안에 정당을 건설하고, 10년 안에 자주적 민주정부를 수립한다는 것이 테마였기에 이 행사는 '군자산의 결의' 또는 '3년의 계획, 10년의 전망'이라는 용어로도 명명된다.

'군자산의 약속' 이후 NL주사파들은 직접적인 반정부 투쟁 전개보다는 제도권에 침투하여 정당 장악을 통해 정권을 장악하겠다는 목표를 세웠고, 그러자면 합법적 외피인 숙주가 필요했는데 그 숙주의 대상이 바로 당시 민노당이었다.

사건 내용의 핵심_ 민노당 간부가 북한에 충성

북한의 지령을 받은 재미교포 총책 장민성(가명, 미국명 장 마이클), 최기성(가명), 이정성(가명), 이진성(가명), 손정성(가명) 등 586세대 운동권 주사파 출신들이 북한 대외연락부 소속 공작원에게 포섭되어 각종 국가기밀과 민노당 내부 당직자 정보를 전달하는 등 간첩행위를 자행하다 국정원에 적발되었다.

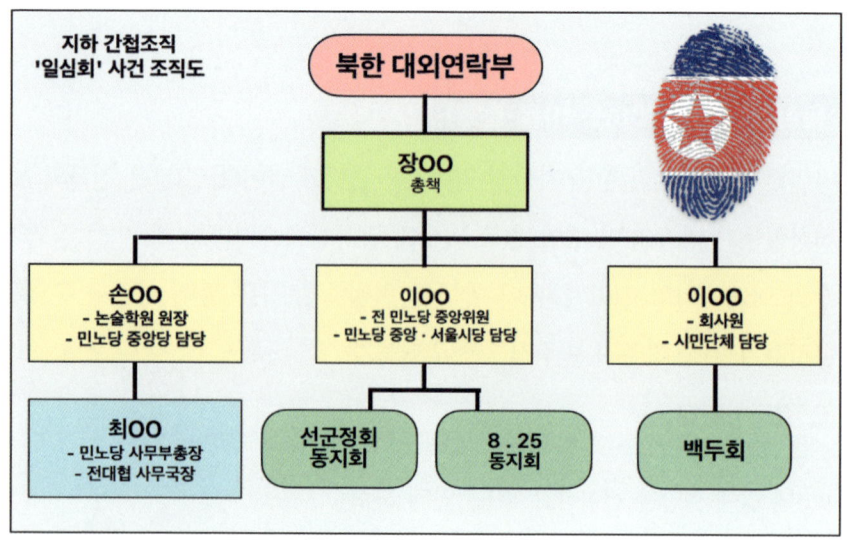

피고인들은 어떤 처벌을 받았나?

총책 장민성은 징역 7년, 공범 손정성 징역 4년, 최기성 징역 3년 6개월, 이정성·이진성은 각 징역 3년을 선고받았다

공범 이정성은 사법 처리된 이후에도 재차 필리핀에서 암약하던 북한공작원과 수년 동안 은밀히 접선하며 그에게 남한정세를 수집하여 보고하는 등 간첩행각을 지속해 오다 2021년 6월 또다시 국가보안법 위반 혐의로 국정원에 체포되었다.

에피소드 1 ▶ 첫날밤 이후 그는 입을 닫았다

국정원은 일심회 수사를 개시하며 총책과 공범들에 대한 전격적인 압수수색과 함께 곧바로 총책 장민성을 체포했는데 체포된 당일, 장민성은 수년간 비밀스럽게 꾸려온 지하조직이 발각된 것에 대해 꽤 당혹스러워했다.

마음 졸이며 살아온 지난 세월에 대해 홀가분한 체념의 분위기마저 느껴졌고, 첫날 조사에서 장민성은 약 2시간에 걸쳐 일심회 조직의 결성 경위와 그간의 경과과정에 대해 수사관에게 모두 털어놓았다.

그런데 주거지 압수수색이 끝나고 오후 늦게 시작된 첫날 조사였기에 국정원은 피의자 인권보호 차원에서 심야조사를 하지 않고 그를 서울구치소로 구금 조치한다.

다음날에 사단이 났다. 서울구치소에서 아침 일찍 민변 변호사를 접견한 장민성은 이후부터 묵비권 행사로 일관한 것이다. 다행히 국정원이 확보한 각종 증거물들과 장민성의 첫날 진술 등을 바탕으로 일심회의 전모를 밝혀낼 수 있었다.

에피소드 2 ▶ PD와 NL의 이별

일심회 간첩사건을 계기로 민노당 내에서 드러난 종북 문제, NL 강경파들의 패권주의 해악성, 당내 경선의 대리투표 등 여러 가지 문제를 둘러싸고 민노당 내 PD와 NL세력 간에 해묵은 갈등이 마침내 폭발했다.

일심회 사건 직후인 2008년 2월, PD계열의 심상정이 당대회를 주도하여 사건에 연루된 당내 인사에 대한 제명 추진 등 혁신안을 제시했지만 당내 강경파인 NL계파에 의해 좌절되자 심상정과 故노회찬 등이 탈당하여 진보신당을 창

민노당은 2000년 1월 창당된 이래 해마다 꾸준하게 당원 수가 증가해 왔지만 일심회 사건과 당이 쪼개지는 사태를 겪은 이후 처음으로 감소세로 전환되었다.

에피소드 3 ▶ 일심회는 국정원장도 잡아먹었다

위키리스크에서 공개한 미국 외교전문에 따르면, 당시 참여정부에 의해 이 사건은 실제보다 축소수사되었으며 일심회 간첩수사가 진행되던 도중 국정원장이 청와대의 압력에 의해 사퇴했다는 의혹도 제기되었는데, 실제로 수사가 진행되던 도중 김승규 국정원장은 경질되고 말았다.

중요한 간첩사건 수사 중에 국정원장이 경질된 사례는 조직 창설 이래 없었다.

김승규 前 국정원장 사퇴 경위

2006년 10월 23일_ 국정원 & 검찰, 일심회 사건 관련자 체포, 386 간첩단 수사 개시

10월 25일_ 민노당 중앙위원 등 '386 운동권' 출신 3명 구속영장 청구

10월 26일_ 김승규 국정원장 사의 표명

10월 29일_ 김원장 후임 국정원장에게 "코드인사가 돼선 곤란하다." 사퇴 배경과 관해서는 암묵.

왕재산 사건(2011년 7월 발표) 잊지말자 수령님, 상기하자 접견교시

타인에 대한 호감이 지나치면 부담스러운 집착이 된다. 사상과 신념이 확고한 것이 나쁘지는 않지만 그것이 편향되고 과격할 경우, 사회적으로 해악을 끼칠 수 있다.

왕재산 사건 총책 김덕성(가명)의 경우, 약 10여 년간 북한 225국(훗날 문화교류국으로 명칭 변경)으로부터 하달 받은 지령문과 그 지령에 따른 대북보고문 및 충성맹세문들을 은밀히 보관하고 있었고, 그 문건들은 국정원의 압수수색을 통해 확인할 수 있었다. 이 정도면 특정집단에 복종하는 스토커 수준이다.

에피소드 1 ▸ 국정원은 어떻게 왕재산 조직의 꼬리를 잡았을까?

국정원은 수십 년 전 남한의 NL주사파 출신 부부가 해외를 오가며 북한 고위급 간첩과 연락 중이라는 첩보를 특수한 경로를 통해 입수하였다.

매우 중요한 내용이기는 했지만 대상자를 찾아 내기에는 막막한 수준의 제보였다. 그런데 이런 막연한 단서만 가지고도 국정원 수사관들은 대상자의 신원을 특정해 낸다. 물론 첩보 검증 과정에서 엄청난 노력이 수반되며 그들은 기꺼이 그것을 감수한다.

딱 한 달 만에 국정원은 대상자의 정확한 신원을 찾아냈고, 약 3여 년간에 걸쳐 모든 방식의 전방위 내사를 진행한 끝에 주범과 공범들에 대한 일체의 증거수집을 완료한 후 2011년 6월 구속수사에 착수했다.

만약 일반 직장인이 이러한 힘든 난관을 뚫고 특출한 업무 성과를 냈다면 그에 상응하는 파격적인 보너스가 주어졌을 것이다. 그러나 수사관들은 이러한 상황을 당연한 것으로 받아들이며 묵묵히 임무에 헌신한다.

내가 퇴직을 하고 나서 보니, 이런 충직한 후배들에게 재직 시에 더욱더 따뜻하게 격려해 주지 못한 게 못내 아쉽다.

왕재산 사건의 핵심 내용은?

북한 대남공작부서인 225국의 지령을 받은 주사파 출신 총책 김덕성(가명) 등 조직원들이 약 20여 년간 대한민국에서 간첩활동을 전개하다 국정원에 적발된 것으로, 1999년 민혁당 이후 12년 만의 간첩사건이다.

수사과정에서 북한은 남한 수도권에 지하조직을 구축한다는 목표하에 왕재산 총책 김덕성에게 공작금을 주고 지하당 구축 활동을 독려해 온 사실이 확인되었다.

총책 김덕성은 1990년대 초 북한공작원에게 포섭되어 간첩으로 활동하였고, 왕재산 조직은 1993년 8월 김일성으로부터 직접 "남조선 혁명을 위한 지역 지도부를 구축하라"라는 내용의 교시까지 받았다.

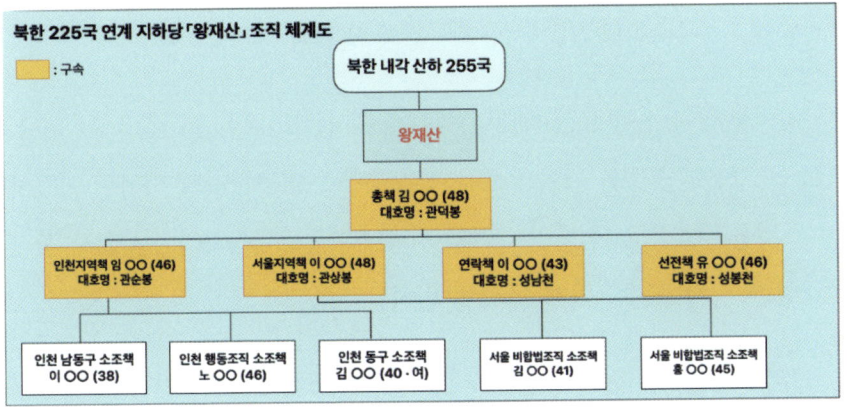

김덕성은 1993년 9월 국내에서 주차 자동인식 시스템 업체를 설립하고 2011년 6월까지 중국을 50여 차례 왕래하며 상부선인 225국 북한공작원과의 은밀 접선을 통해 국내정세 보고와 북한으로부터 공작금 및 지령을 받으며 간첩 활동을 했다.

　　김덕성은 1980년대 NL주사파 출신인 임순성(가명), 이상성(가명), 이준성(가명) 및 유덕성(가명)의 포섭에도 성공하여 본격적으로 지하당 활동을 이어갔으며, 위 이상성은 당시 열린우리당 소속 임채성(가명) 국회의장의 정무비서관으로 근무한 전력이 있었다.

에피소드 2 ▶ 국정원을 공격하는 민변

　　수사팀은 총책 김덕성의 주거지 아파트에서 그가 지난 10년간 북한으로부터 하달 받았던 지령문과 대북 보고한 문건들이 담긴 플로피디스크와 USB를 모두 찾아냈고, 김덕성을 긴급 체포한 첫날 오후 나는 그에 대한 신문조사를 담당했다.

　　그때 김덕성은 모든 것을 체념한 눈치였기에 담당수사관이었던 나에게 "그동안 가슴을 짓눌러 왔던 중압감이 사라진 듯하여 오히려 홀가분하다"라고 말했고 나는 김덕성에게 아래와 같이 말했다.

　　"김덕성씨! 당신이 그간 해왔던 행적은 수사관도 익히 잘 알고 있습니다. 당신은 그것이 통일을 위한 의로운 행위였다고 생각하시죠? 차라리 여기서 모든 것을 밝히세요. 법적인 대가를 치르더라도 조국통일의 전사로서 자신이 했던 행적을 당당하게 세상에 밝히는 것도 가치 있는 일이죠"

　　그러자 김덕성이 잠시 고민하더니 이렇게 대답했다. "예, 수사관님 알겠습니다. 그런데 아무래도 이 부분은 변호사와 상의를 해봐야겠군요. 내일 아침

변호사를 만나본 후 모든 것을 자백하겠습니다"

나는 애가 탔다. 일심회 사건 총책 장민성의 사례가 오버랩 되었기 때문이다. 아니나 다를까 김덕성 역시 다음날 오전 구치소에서 민변 변호사를 접견한 후 국정원 수사가 끝날 때까지 벙어리 삼룡이가 되었다.

악마를 위해서라도 그의 편에 선다는 게 변호사들 아닌가. 재판과정에서 법리적 다툼은 얼마든지 치열하게 전개할 수 있지만 간첩사건의 경우, 민변은 국정원에 대해 지나친 트집 잡기와 악의적 공세를 전개하는 경우가 빈번하다.

사소한 꼬투리를 잡아 준항고 제기를 남발하며 재판을 지연시키기도 하는데 이것은 실체적 진실을 조속히 밝혀야 하는 사법 정의에도 위배된다. 적어도 국정원이 수사한 공안사건에 대해서는 그래오고 있다.

그간 민변이 대한민국 사회 전반에 걸쳐 끼친 좋은 영향력도 클 것이다. 그러나 간첩사건 재판과 관련하여 국정원을 악마화하거나 수사관들에게 인신 공격성 언행으로 도발해 왔던 부분들은 매우 부적절하다.

이런 행태는 그동안 민변이 이 사회에 공헌해 온 가치있는 이미지를 깎아 먹는 매우 바람직하지 못한 모습이라고 생각한다.

에피소드 3 ▶ 알쏭달쏭 숫자 '0826'

왕재산 조직원들이 작성한 충성맹세문과 대북보고문의 한글파일에는 모두 '0826'이라는 비밀번호가 설정되어 있었다. 물론 그들은 조사받는 내내 묵비권을 행사하였기에 그 이유를 밝혀내지 못했다.

그런데 수사 과정에서 이 '0826'의 비밀을 알아냈다. 왕재산 조직 연락책이었던 이준성이 1993년 중국을 통해 밀입북하여 김일성을 직접 만난 날짜가 8월 26일이었던 거다.

김일성을 직접 만나는 것을 NL주사파들은 일생일대의 영광으로 생각하며 그것이 이루어지기만을 학수고대한다. 그리고 김일성과 접촉하는 것을 수령님을 직접 대면하여 가르침을 받았다는 의미로 '접견교시'라고 명명한다.

왕재산 조직원들은 "수령님을 접견교시한 영광스러운 날짜를 영원히 잊지 말자"라는 뜻으로 한글 문서파일에 '0826'이라는 숫자 비밀번호를 저장해 놓은 것이다.

주사파들이 김일성 수령과 김정일 총비서와 김정은 장군님을 떠받들고 추앙하는 정도는 K-POP에 중독된 외국인들이 BTS를 보며 울면서 열광하는 수준이라고나 할까?

에피소드 4 ▶ 북한 공작금 지급방식은 현금뿐만 아니라 첨단 기술도 포함

왕재산 조직 총책 김덕성은 2002년 6월 '지원넷'이라는 IT업체를 설립했는데 당시에는 신기술이었던 차량번호 자동인식 시스템 개발업체였다.

그런데 그 핵심기술을 모두 북한 225국으로부터 전달받았다. 신규 소프트웨어 개발에 들어가는 엄청난 비용을 고려해 보면 막대한 투자비를 거저 얻은 셈이다.

가난한 북한이 이러한 첨단기술을 개발하여 남한의 고첩에게 전달했다는 사실이 다소 의아할 수 있겠지만 천만의 말씀이다. 북한은 첨단 IT기술이 상당한 수준에 도달해 있는데 홍채인식시스템 기술도 북한이 세계 최초 수준일 만큼 월등하다. 다만, 그러한 소프트웨어 기술을 상품화시킬 수 있는 인프라가 부족할 뿐이다.

또한, 북한은 첨단 사이버 조직도 집중적으로 양성하며 운영 중이다. 대한민국의 정·재계 주요인사 대상 해킹 시도나 국가기관망 마비를 위한 사이버 공격을 끊임없이 시도한다. 2011년 4월 농협 전산망 마비 사태도 북한 사이버 테러에 의한 소행이라는 검찰 발표도 있었다.

왕재산 조직은 2009년 중반경 북한 225국으로부터 차량인식시스템 기술을 지원받아 '지원넷 LPR(License Plate Recognition System, 차량번호 영상인식) 주차관제 시스템'을 자체 개발한 것처럼 홍보하며 2009년 11월부터 영업활동을 개시하였다.

과거 남한조선노동당이나 민혁당 사건 때처럼 북한간첩이 남파되어 산속 깊이 파묻어 놓은 드보크에서 남한의 고첩들이 북한공작금을 몰래 꺼내오던 형태와 비교해 본다면 격세지감이 아닐 수 없다.

피고인들은 어떤 처벌을 받았나?

총책 김덕성은 징역 7년, 공범 임순성 징역 5년, 이상성 징역 4년, 이준성 징역 3년, 공범 유덕성 징역 1년, 집행유예 2년을 각각 선고 받았다.

RO 사건(2013년 9월 발표) 현직 국회의원이 북한 남침에 대비해 내란폭동을 기도

전쟁을 승리로 이끄는 탁월한 리더의 종류가 많다. 싸움을 잘하는 맹장(猛將)은 모두가 부러워한다. 그러나 맹장보다는 지장(智將)이 한 수 위다. 더 효율적이기 때문이다. 그런데 지장(智將)보다 위는 덕장(德將)이다. 사람을 아우르기 때문이다.

그러나 뭐니 뭐니 해도 최고의 장수는 복장(福將)이다. 하늘의 운을 타고난 사람은 누구도 이길 수 없다. 그만큼 천운은 강력하고 힘이 있다.

필자가 RO사건을 처리하면서 느낀 감정은 "대한민국은 운을 타고난 복장(福將)처럼 하늘이 보살피는 나라구나"라는 안도감이었다.

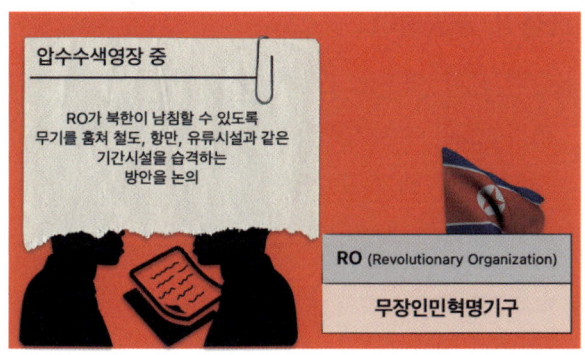

국정원은 어떻게 RO수사에 착수했을까?

에피소드 1 ▶ 아프리카에도 3대 세습 독재국가는 없다

2010년 5월 국정원 111콜센터에 1980년대 NL주사파 운동권 출신이자 RO조직원이었던 이某씨가 정부 전복을 기도하는 지하혁명조직 RO의 실체를 최초로 제보하면서 내사가 시작되었다.

증거 수집 과정이 궁금하다.

국정원은 RO의 존재 여부를 파악하는 것 자체에도 어려움을 겪었다. 왜냐하면 RO 조직원들은 수사기관의 추적을 피하기 위해 보안수칙에 따라 워낙 은밀하게 활동했기 때문이다.

그도 그럴 것이 RO의 핵심간부들은 모두 과거 국정원에 의해 사법 처리된 민혁당 산하조직 경기남부위원회 출신들이었다. 이들은 누구보다도 수사기관의 속성을 잘 알고 있었기 때문에 국정원이 증거를 수집하는 데 특히 애를 먹었다.

그 예로, RO조직원은 밤 12시경 심야카페에서 은밀하게 주체사상 총화학습을 하거나, 책임간부가 하부조직원 검열차 새벽에 수원 시내 커피점에서 비밀리에 만나기도 했는데, 국정원 수사관들이 증거수집을 위해 근접 내사를 할 경우 곧바로 노출될 가능성이 많았다. 정말 힘들었지만 그 와중에도 증거 수집을 했다.

또한, 수사팀은 RO 총책이 당시 통진당 국회의원 이석구(가명)이었기 때문에 내사 과정에서 보안이 유출될 경우, 사회적 파장도 엄청날 것으로 우려했었다.

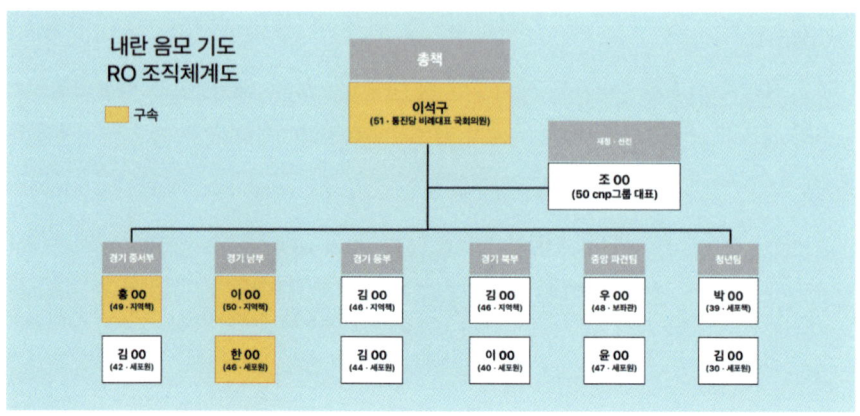

RO사건 직전 남북상황_ 2012~2013년 당시 남북관계는 갈등 최고조

그런데 하늘이 도왔을까? RO의 실체는 한반도의 긴박한 시대상황 변화로 인해 뜻하지 않게 세상 밖으로 드러나게 된다.

2012년 당시, 남북 간 갈등이 최고조에 이르렀는데 2012년 4월 북한이 동해상으로 광명성 3호 위성을 탑재한 장거리 미사일을 발사한 것이 발단이 되었다.

북한은 대륙 간 장거리 미사일 개발 성공을 위해 국제사회의 지탄에도 아랑곳 않고 1998년 8월부터 대포동 1호 미사일을 공해상에 발사해 왔는데, 우리 정부도 북한의 이러한 군사적 도발에 대해 강력 반발하는 과정에서 긴장이 극대화된다.

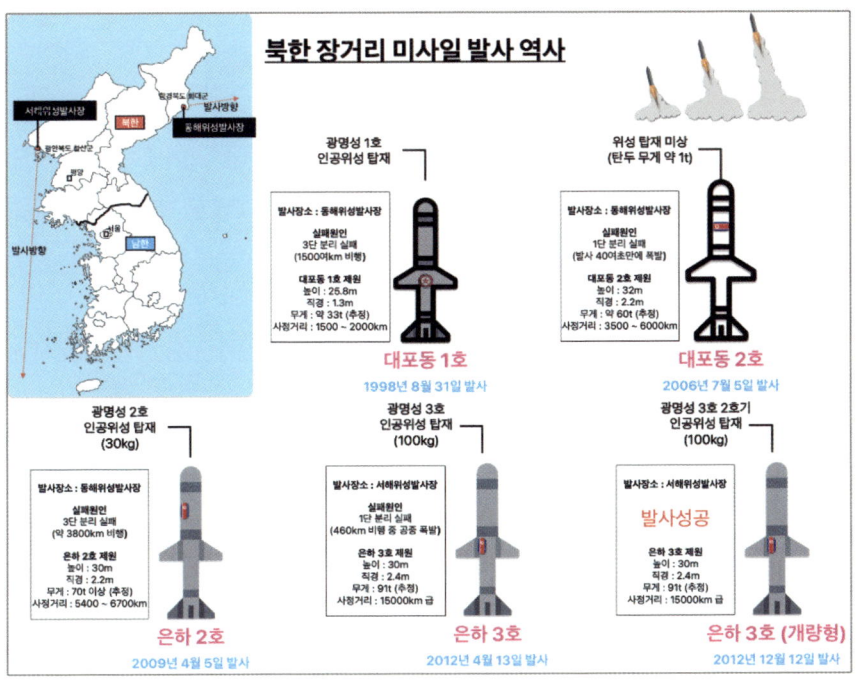

2013년 북한의 도발 및 위협 일지

1. 22 유엔 안보리 대북제재 결의 2087호 채택
1. 23 북 외무성 비핵화 포기 선언
2. 12 북 제3차 핵실험
   외무성 2차·3차 대응조치 발표
2. 20 추가 핵실험 가능성 시사. 한국 최종 파괴하겠다며 협박
3. 5 정전협정 백지화
3. 7 외무성 핵선제타격권 행사 강조
3. 8 유엔 안보리 대북제재 결의 2094호 채택
   조평통. 남북 불가침 합의 폐지 및 판문점 대화 단절

결정적 증거수집 '마리스타 회합'

2012년 말부터 남북 간 갈등은 최고조에 달했고, 마침내 2013년 3월 격앙된 북한이 남북휴전협정 폐기를 선언하자 당시 RO총책 이석구는 조만간 북한이 남침할 것으로 속단하는 치명적 오판을 하게 된다.

그는 만약 전쟁이 발발한다면 RO조직원들이 대한민국을 어떻게 효과적으로 내부 교란하며 북한과 호응하여 통일전쟁에서 승리할 수 있을 것인지에 대한 구체적 방안을 모색하려 했다.

그에 대한 심층 토론을 위해 이석구는 2013년 5월 12일 밤 12시 마포구 합정동에 위치한 마리스타 교육관 강당에서 RO조직원 비밀회합을 소집했다.

이때 참석한 RO조직원들은 행여 있을지 모를 수사기관의 위치 추적을 피하기 위해 모임 3시간 전부터 모두 자신들의 휴대폰 전원을 OFF 시키고 참석하였고, 이튿날 새벽 3시 반경까지 대한민국 정부 전복을 위한 내란 실행 방안을 모의했다.

또한, 비밀회합의 진행방식은 경기 남부, 경기 동부, 경기 북부, 경기 중서부 등 각 권역별로 나누어 1시간 넘게 토론을 했으며, 그 결과를 대표자가 발표하였는데 주요 내용들은 전쟁 발발 시 자신들이 직접 해야 할 행동수칙에 관한 것이었다.

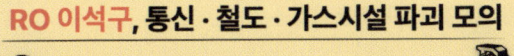

언급된 내용들은, 전쟁 발발 시 대한민국을 효율적으로 마비시킬 수 있는 방법인 평택 LNG기지 폭파, 분당·혜화전화국 파괴, 코레일 철도 마비, 경기 북부지역 미군부대 교란, 사제폭탄 제조방법 등 다양한 주제로 발표가 이루어졌으며, 행사 말미에는 적기가·혁명동지가 등이 제창되었다.

RO핵심간부들은 어떤 처벌을 받았나?

현역 국회의원이 심야에 조직원들을 모아 내란을 모의한 사실을 접하며 국민들은 큰 충격에 빠졌고, RO사건 재판부는 내란 음모 범죄사실을 인정하여 총책 이석구에게는 징역 9년, 나머지 공범 김홍성(가명)·이상성(가명)에게는 각 징역 5년, 홍순성(가명)·조양성(가명)에게는 각 징역 3년, 한동성(가명)에게는 징역 2년을 선고했다.

이석구 RO 사건 일지

2013년 8월 28일 국정원, 통합진보당 이석구 의원실 압수수색

    9월 4일 이석구 체포동의안 가결

    9월 5일 수원지법. 이석구 구속영장 발부.
             이석구 수원구치소 구속 수감

    9월 26일 수원지검. 내란음모 등 혐의로 이석구 구속 기소

    11월 5일 법무부. 헌법재판소에 통합진보당 정당해산심판 청구

2014년 2월 17일 수원지법. 1심에서 이석구에게 내란음모·선동, 국가보안법 위반 모두 인정. 이석구에게 징역 12년, 자격정지 10년 선고

    8월 11일 서울고법. 이석구 내란음모 무죄, 내란선동과 국가보안법 위반 유죄 인정. 징역 9년에 자격정지 7년 선고

    12월 19일 헌법재판소. 통합진보당 정당해산 결정, 이석구 등 통합진보당 소속 국회의원 5명 의원직 상실

2015년 1월 22일 대법원. 이석구 내란음모 혐의 무죄, 내란 선동과 국가보안법 위반 유죄 인정

에피소드 1 ▸ 나는 대한민국의 국가보안법을 인정하지 않습니다

  2013년 8월 유난히 더웠던 여름날, 국정원은 RO수사에 전격 착수하며 총책 이석구를 비롯한 핵심조직원들의 주거지와 사무실에 대해 전격 압수수색을 단행했다.

  당시 나는 RO사건 담당과장으로서 이석구의 국회의사당 의원실로 갔다. 그런데 통진당 소속 국회의원 보좌관들이 수사관들의 의원실 진입을 필사적으로 저지하며 극렬하게 저항했다. 판사가 발부한 압수수색영장 집행 자체가 불가능했다.

보좌관들 대부분이 국보법이나 집시법 위반 전력자들로 이들은 법원의 영장을 아예 무시하는 행태를 보였고, 수사관들과 몸싸움을 벌이면서 무력 충돌했다.

그뿐만 아니었다. 의원실 내부에 위치한 이석구 전용집무실 앞에는 여성 당직자들이 스크럼을 짜서 "우리를 밟고 지나가라"라며 눌러 앉았다. 법원의 영장이 있기에 강제력을 행사할 수도 있었지만 그러지 않았다.

왜냐하면 그 과정에서 여성 당직자들과 몸싸움이 벌어지게 될 경우, 그들은 국정원 수사관들이 여성 당직자들을 추행했다며 언론에 대거 기사화할 것이 불을 보듯 뻔하기 때문이다.

사건의 본질을 호도하기 위해 자극적인 논란거리를 일부러 만들어 이슈화하고, 그것을 확대 재생산하면서 여론의 눈길을 돌려 버리려는 야비한 수법에 넘어갈 수는 없는 노릇이었다.

그 와중에 민변 변호사가 이석구 집무실을 들락거렸다. 뭔가 증거 인멸을 하는 듯한 느낌이 왔다. 그때 나는 집무실로 들어가려는 변호사를 붙들고 따져 물었다. "당신은 법을 잘 아는 변호사인데 왜 압수수색 영장에 따르지 않습니까?" 그러자 그 변호사가 이렇게 대답했다. "나는 대한민국의 국가보안법을 인정하지 않습니다." 그 대답을 듣고 나는 다시 되물었다. "대한민국의 법률을 인정하지 않는 사람이 사법고시는 왜 쳤습니까?"

국정원이 아니었다면 RO 독버섯을 어떻게 캤냈을까?

돌이켜 보면, RO사건은 역대 국정원의 수사 중 가장 힘들었지만 국정원이었기에 해낼 수 있었던 수사였다. 왜냐하면 아래 세 가지 측면에서 그런 확신이 든다.

첫째, 현직 국회의원과 그 주변 인물들에 대한 장기간 내사를 경찰이 수행했다면 수사보안 유지가 어려웠을 것이다. 그러나 정보기관 특성상 국정원은 철저한 보안 속에서 내사를 진행할 수 있었다.

둘째, 민혁당 사건 재판과정에서 국정원의 모든 수사기록들을 열람·복사하여 학습한 RO피의자들에게 웬만한 내사 기법으로는 증거 수집이 불가능했다.

그들은 수사기관의 추적을 피하기 위한 다양한 역감시 노하우를 갖고 있었지만 고도로 숙련된 수사관들은 그것조차도 간파하여 모든 증거를 수집했다.

셋째, 수사관들의 범죄사실에 대한 증명 능력이 타의 추종을 불허한다. 통상 2차 수사기관인 검찰에 사건을 송치하고 나면 이후 공판 대응은 검찰의 몫이지만, 국정원은 수십 년간 축적된 간첩수사 노하우를 바탕으로 추가 범증수집이나 후속수사에도 완벽을 기했다.

바로 이런 장점들이 국정원의 간첩수사 시스템이 매우 강력하다는 것을 말해준다. 그리고 RO사건 재판이 끝날 때까지 이 장점들은 십분 발휘되었다.

에피소드 2 ▶ 재판장은 알고 있다. RO의 은밀한 실체를

RO사건의 1심 재판은 수원지방법원 김총명(가명) 재판장이 맡았다. 필자가 법정에서 본 그 판사는 대단히 예리하고 통찰력도 탁월했다.

이석구의 거소지 오피스텔에서 쏟아져 나온 북한원전 저장매체를 비롯, 수많은 압수물들이 모두 이석구 본인 것이 아니라 그곳을 출입하는 외부인들의 소유물이라고 강변하던 민변측 주장은 재판장의 이 한마디 질문으로 모두 잠잠해졌다.

"그럼 이 압수된 물건들이 피고인 이석구가 아닌 타인들의 소유물이라면 원래의 소유권자들이 내 물건을 되돌려 달라고 검찰에 반환 요청한 사례가 있었습니까?" (당연히 단 한 건도 그런 요청은 없었다)

또한, 김재판장은 재판 진행과정에서 RO조직원들이 서로 사상학습을 하거나 마리스타 회합에서 전쟁 발발 시 내란 폭동을 모의한 내용 등이 담긴 증거물 녹취파일 총 42개를 모두 청취한 듯 보였다. 그만큼 판사의 질의내용이 꼼꼼하고 치밀했다.

그런 토대 위에 재판장은 피고인들의 범죄사실에 대해 국정원이 제출한 증거물을 근거로 유죄를 선고한 것인데, 이석구는 1심에서 무려 징역 12년을 선고받았다. 그나마 2심에서 징역 9년으로 감형된 것이다.

에피소드 3 ▶ RO사건 도미노 현상으로 통합진보당 해산

2013년 8월 국정원은 통진당 소속 국회의원 이석구가 내란을 주도한 RO사건에 대해 구속수사에 착수했고, 이후 후속수사에도 박차를 가했다. 이와 병행하여, 법무부는 2013년 11월 헌법재판소에 통진당 해산을 제소하였다.

통합진보당 해산 심판 청구안 요지

- **헌법에 규정된 민주적 기본질서 위배**
  통진당의 강령은 북한식 사회주의를 추구하므로 헌법에 위배

- **국민주권을 반하는 당의 강령 등 그 목적**
  "노동자와 민중이 나라의 주인이 되어야 한다" 는 헌법위배

- **핵심세력인 혁명조직 RO 구성원들의 내란 음모**
  실제 국가보안법 위반으로 사법처리된 RO 핵심 조직원이 상당수

    법무부가 헌법재판소에 통진당의 종북 편향성을 소명하는 과정에서 구체 사례로 RO사건과 전칠성(가명) 사건(다음 장에 기술)을 인용하였고, 2014년 12월 19일 헌법재판소는 재판관 8:1의 압도적 찬성 의견으로 통진당 해산 결정을 내린다.

전칠성(가명) 사건(2013년 12월 발표)

남만왕 맹획은 나름 지략도 갖추고 용맹도 뛰어났지만 촉나라의 제갈공명과 싸우다 번번이 패전한다. 그러다 잡혔다 풀려나기를 일곱 번씩이나 반복하고 난 이후에는 마침내 촉나라에 복종하게 되었다.

그는 승리하기 위해 몇 번씩이나 은밀하게 계략을 꾸미고 작전을 구사했지만 제갈공명의 용병술 앞에서는 부처님 손바닥 안이었다. 오죽하면 '칠종칠금'이라는 고사성어까지 탄생했겠는가?

전칠성이 맹획이라면 국정원 수사관은 제갈공명이었다. 그와 북한 상부선은 수사관의 손바닥을 벗어나지 못했다.

에피소드 1 ▶ 국정원은 해외에 있는 북한공작원들도 놓치지 않는다

2010년대 중반 국정원은 중국에서 암약 중인 북한 225국 소속 고위급 간첩에 대해 일거수일투족을 놓치지 않았는데 그가 접촉하고 있는 수많은 내국인들 중 은밀하게 간첩 활동을 수행하고 있던 내국인 전칠성을 찾아냈다.

북한공작원과 비밀스럽게 연계되어 있는 내국인이 누군지 확인하기가 만만치 않았지만 이 역시도 국정원은 중국의 북한 상부선 간첩과 몰래 연락중인 각종 단서를 기초로 내국인 하부망의 신원을 귀신같이 확인해 낸 것이다.

전칠성은 수년동안 북한공작원과 접촉해 왔다.

주사파 운동권 출신이자 舊통진당 간부인 전칠성은 해외 출입과정에서 북한공작원에게 포섭되어 밀입북하고, 북한 225국 상부선 간첩들과 일본·중국 등지에서도 은밀하게 접촉하면서 그들의 지령에 따라 간첩 활동을 자행했다.

특히, 전칠성에 대해서는 수사보안 사항이라 구체적으로 언급할 수는 없지만 국내·외에서 증거를 수집한 노하우가 빛을 발했다.

또한, 전칠성은 북한 상부선으로부터 지령을 받거나 활동결과를 대북보고할 때는 북한이 개발한 고난도의 암호화 프로그램인 스테가노그라피까지 사용했는데 슈퍼컴퓨터도 해독에 애를 먹는다는 스테가노그리피를 국정원은 오랜 기간 축적된 노하우를 바탕으로 해독해 냈다.

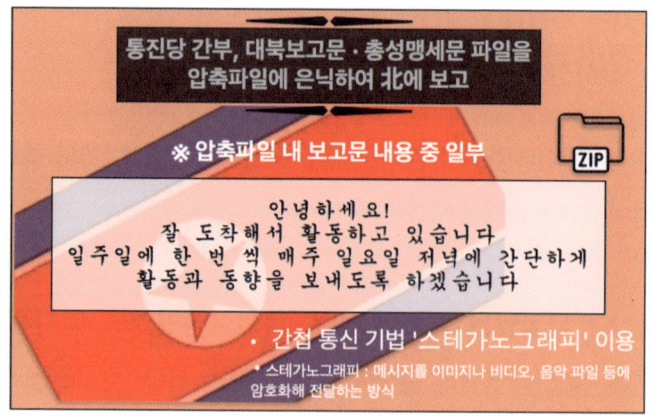

전칠성이 북한상부선에게 발송한 스테가노그라피 대북보고문

전칠성은 어떤 처벌을 받았나?

법원은 전칠성에 대해 1심에서 징역 4년을 선고했지만, 항소심 재판부는 전칠성이 일본에서 간첩 활동한 증거를 추가로 인정하여 이례적으로 2심에서 징역 5년으로 형을 가중 선고하였다. 2심에서 형이 가중되는 경우는 공안사건뿐만 아니라 일반 형사사건들을 통틀어 봐도 매우 드문 사례다.

한편, 전칠성은 당시 통진당 영등포구 통합선관위원장이라는 직책도 맡고 있었기 때문에 법무부가 헌법재판소에 통진당의 종북성을 소명하는 과정에서 RO사건과 전칠성 사건을 구체사례로 인용하기도 하였다.

에피소드 2 ▶ 뛰는 놈 위에 나는 놈

전칠성이 북한 상부선 공작원을 만나 지령을 받기 위해 중국 상해로 출국했다. 이와 관련, 북한 공작원들은 국정원의 미행감시에 대비하여 전칠성과의 접선장소 반경 200m를 전후하여 중국인으로 위장한 수십 명의 북한 감시조를 배치한다.

내사기법 보안상 구체적으로 기술하기는 어렵지만, 이런 악조건 하에서도 수사관들은 모든 증거를 수집하는 데 성공했다.

전칠성이 중국에서 북한인을 우연히 만났을 뿐이라고 강변했지만 국정원의 생생한 현장 증거사진들을 바탕으로 법정에서 그는 유죄를 피할 수 없었다.

전칠성은 수사관들에게 탄식조로 읊조렸다. "우리가 이중 삼중으로 감시를 했는데 도대체 어떻게 국정원 수사관이 따라붙었나? 뛰는 놈 위에 나는 놈 있다."

에피소드 3 ▶ 정말 귀신이 곡할 노릇이네요

나는 전칠성 담당 수사과장이었다. 조사를 진행하던 중에 그가 북경 某호텔의 식당 밀실에서 북한 225국 상부선 공작원과 단둘이 촬영한 사진을 증거물로 제시한 적이 있다. 그때 전칠성이 깜짝 놀라며 나에게 이렇게 되물었다.

"정말 귀신이 곡할 노릇이네요. 어떻게 국정원이 이 사진을 갖고 있나요? 그 호텔은 내가 예약한 것도 아닌데 말입니다. 참으로 궁금하니 제발 좀 알려주세요."

어떻든 이러한 사실들이 북한에 그대로 보고되었을 것이고, 당연히 북한은 국정원 수사국이라는 존재를 두려워하면서도 끊임없이 국내의 여론을 선동하여 국보법 또는 국정원 수사권 폐지 지령을 지속적으로 하달해 왔을 것이다.

에피소드 4 ▶ 함께 가는 목적지는 같지만 가는 방식이 다를 뿐이다

수사관과 피의자는 항상 미워하며 적대시하는 관계는 아니다. 그간 내가 조사했던 국보법 위반 혐의자들 대부분이 묵비권을 행사하며 신문 투쟁을 했지만 범죄 혐의와 관련된 조사 이외의 일상적인 질문에는 대답을 하는 경우가 많았다.

예를 들면, 전칠성에게 "꿈이 뭐냐?"라고 물었더니 "진정한 조국의 통일"

이라는 답이 돌아왔다. 그래서 나는 "내 꿈도 통일이다. 그런데 당신과 나와 꿈은 같지만 그것을 이루는 방식이 다를 뿐이다." 라는 말로 대화하며 공감대가 형성되기도 했다.

국보법 위반자들은 국가보안법 자체를 인정하지 않는다. 그러나 대한민국은 법치국가다. 엄연한 법률 체계를 송두리째 부정하면서 내 소신과 가치를 실현하겠다는 발상은 비상식적이다.

또한, 인권의 사각지대에서 신음하는 전체 북한주민들의 현실을 냉철하게 직시해 봐야 한다. 철저한 주민 통제와 신격화된 1인 독재국가의 북한 대남공작부서에 충성하는 것이 과연 국보법 위반자들이 바라는 올바른 조국 통일의 길일까?

비록 서로 극과 극이었지만, 나는 피의자들의 신념적 가치를 이해하려 노력했고 죄를 미워할 뿐 사람을 미워하지 않았다. 그러나 한때 조국통일의 전사였다고 자처하는 자들이 지금 정치적 기득권을 누리며 편향된 친북적 입장을 견지하거나 뇌물 비리, 문서 위조, 각종 갑질 등 위선을 자행하는 행태는 보기가 역겹다.

충북동지회 사건(2021년 9월 발표) 충청지역에서 지하당 간첩조직 자생

'일사후퇴 때 피난 내려와 살다 정든 곳 두메나 산골... 논과 밭 사이 작은 초가집 내 고향은 충청도라오' 국내 유명 가수가 불렀던 시골 정감 물씬 풍기는 노래다.

그간 수많은 국보법 위반 사건들이 있었지만, 수사관들 사이에서 '충북지역은 대공 청정지역'이라는 농담이 있을 만큼 공안 사건이 적었다. 오랜 기간 지하조직 간첩세력들이 거의 발현되지 않았던 충북지역에서 의외로 발각된 사례다.

이 보도자료는 배포 즉시 보도하여 주시고, 공개되는 범죄사실은 재판에 의하여 확정된 사실이 아님을 유의하여 주시기 바랍니다.

보 도 자 료
2021. 9. 16.(목)
청주지방검찰청 전문공보관 김경수
전화 043-299-4381 / 팩스 0502-193-5204

제 목 : '자주통일 충북동지회' 국가보안법위반 사범 구속 기소

공소제기 후 공개의 요건 및 범위

☑ 피고인, 죄명, 공소사실 요지, 공소제기 일시, 공소제기 방식, 수사경위, 수사상황(제11조 제1항)
※ '21. 9. 13. 형사사건공개심의위원회의 의결을 거쳐 배포되는 자료임

❑ 국가정보원과 국가수사본부는 **북한 공작원의 지령**을 받아 **이적단체 '자주통일 충북동지회'**를 결성한 후, 4년간 충북지역에서 암약하며 북한으로부터 **공작금을 수수**하고, **국가기밀 탐지, 국내정세 수집** 등 각종 **안보 위해 행위**를 한 국가보안법위반 사범 **3명을 구속**, 2021. 8. 20. 검찰에 송치하였습니다.

❑ 청주지방검찰청 형사3부(부장검사 김용식)는 보완수사를 거쳐 2021. 9. 16. 피고인들을 **국가보안법위반**(간첩, 특수잠입·탈출, 이적단체의구성, 회합·통신, 금품수수, 편의제공)**죄** 등으로 **구속기소**하였습니다.

1 피고인 및 공소사실 요지

1. A○○(57세, 협동조합 이사, '자주통일 충북동지회' 고문)

① '17. 5. 중국 북경에서 북한 문화교류국 공작원 일명 조○○과 회합하면서 충북지역 비밀 지하조직 결성 및 운용에 관한 지령을 받고 대한민국으로 입국 **(특수잠입·탈출, 회합·통신등)**

② B○○, C○○, D○○와 공모하여 '17. 8. 북한 문화교류국 공작원의 지령에 따라 '조선노동당 충북지역당'으로서 이적단체인 '자주통일 충북동지회'를 결성 **(이적단체의구성등)**

- 1 -

자주통일 충북동지회가 북한 문화교류국 공작원으로부터 받은 지령 내용

2019년 3월 12일
"초보적인 예의와 외교규범도 모르고 안하무인격으로 놀아댄 트럼프 패거리들의 날강도적 본성과 파렴치성을 걸고 사회전반에 반미, 반트럼프 감정을 확산시키기 위한 활동도 실정에 맞게 조직하라."

2019년 6월 22일
"다음 4·15 총선에서 자유한국당 (현 국민의힘) 을 참패로 몰아넣고 그 책임을 황교안에게 씌워 정치적으로 매장해야 한다."

2019년 10월 20일
"조국 장관 사퇴는 정권 찬탈을 노리고 검찰개혁 요구에 도전해 나선 보수 세력의 기획적인 재집권책"

2019년 12월 15일
"청주공항 F-35A 스텔스기 도입 반대투쟁을 군부 호전광들을 사회적 규탄 대상으로 몰아가기 위한 투쟁으로 전개해야."

2020년 2월 10일
"민심의 지탄을 받는 보수의 행태들을 건건이 물고, 박근혜 석방론을 통해 반보수 투쟁의 도수를 높일 수 있는 전술적대책을 강구해봐야."

2020년 4월 5일
미래통합당 (현 국민의힘 전신) 후보들을 적폐 세력으로 몰아 낙선시키고, 미래한국당 (당시 미래통합당의 위성정당)을 적폐정당으로 낙인시켜 지지율을 하락시키기 위한 선전전을 기본으로 전개하되····생략

도대체 어떤 사건인가?

2017년 북한 문화교류국 공작원의 지령에 따라 남한 내 좌파세력들이 자주통일 충북동지회를 결성, 약 4년간 북한으로부터 공작금을 수수하는 한편, 그들의 지령에 따라 대한민국의 국가기밀과 국내 정세를 수집·보고해 온 간첩 사건이다.

1심 재판에서 중형이 선고되다.

구속 기소된 피고인 3명에 대한 1심 재판이 무려 2년 5개월이나 걸렸다. 왜냐하면 피고인측에서 국민 참여재판 신청, 위헌법률심판 제청 신청, 법관 기피 신청 5회, 수차례 준항고에다 심지어 유엔 망명 신청 등 온갖 사법적 절차를 악의적으로 활용하면서 재판을 지연해 온 탓이다.

2024년 2월 법원은 피고인 3명에게 범죄단체조직죄 등을 적용하여 간첩사건 중 가장 무거운 형량인 징역 12년의 중형을 선고하며 법정 구속해 버렸다.

참고로, 내란을 음모한 RO총책 이석기가 징역 9년, 왕재산 조직 총책 김덕성이 징역 7년을 선고받은 것에 비하며 매우 이례적이다

자주통일민중전위 사건(이하자통, 2023년 발표)

국내 좌파세력들이 북한의 지령을 받아 2016년경부터 '민중자주통일전위'라는 지하조직을 결성하여 지역단위(창원, 제주)로 간첩활동을 전개하다 적발된 사건

국정원이 경찰과 합동으로 수사를 했으며, 현재 창원·제주조직 사건 피고인들은 모두 재판 진행이다.

북한은 자통을 남한내 전국단위 조직으로 확산시킬 목적

국정원은 북한이 남한내 자통 조직을 지역별·분야별로 확산시켜 전국단위 지하당 조직으로 확산 시키려 한 사실을 확인하였다.

출처: 서울중앙지방검찰청

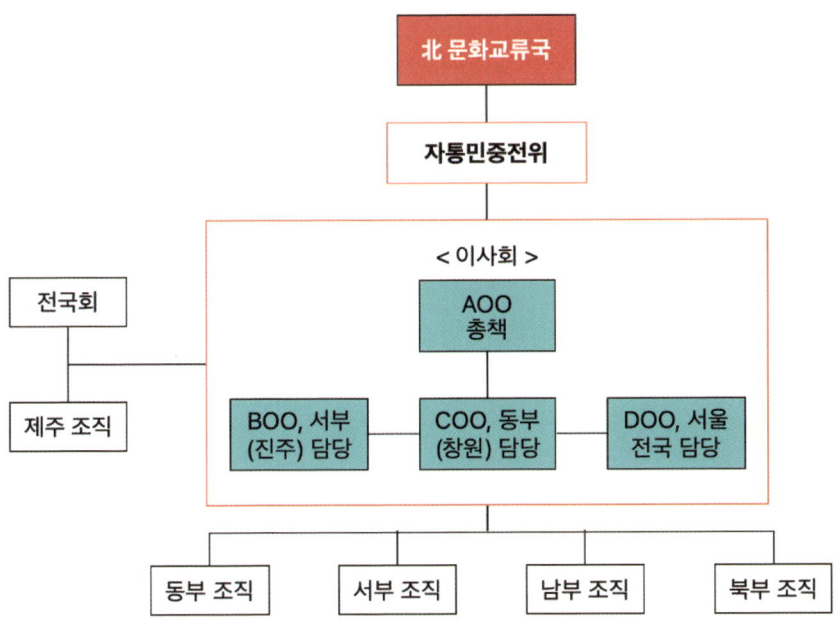

　수십 년간 북한의 숙원사업은 대한민국 전역에 지하당 간첩단을 조직하는 것이었다. 전국규모였던 남한조선노동당과 민혁당을 비롯하여, 규모는 작았지만 일심회와 왕재산 조직이 있었다. 개별 고첩보다는 간첩단이 훨씬 파급력이 크기 때문이다.

　북한은 자통을 통해 또다시 남한에서 전국 단위의 지하간첩망 조직을 꾸리려 했다.

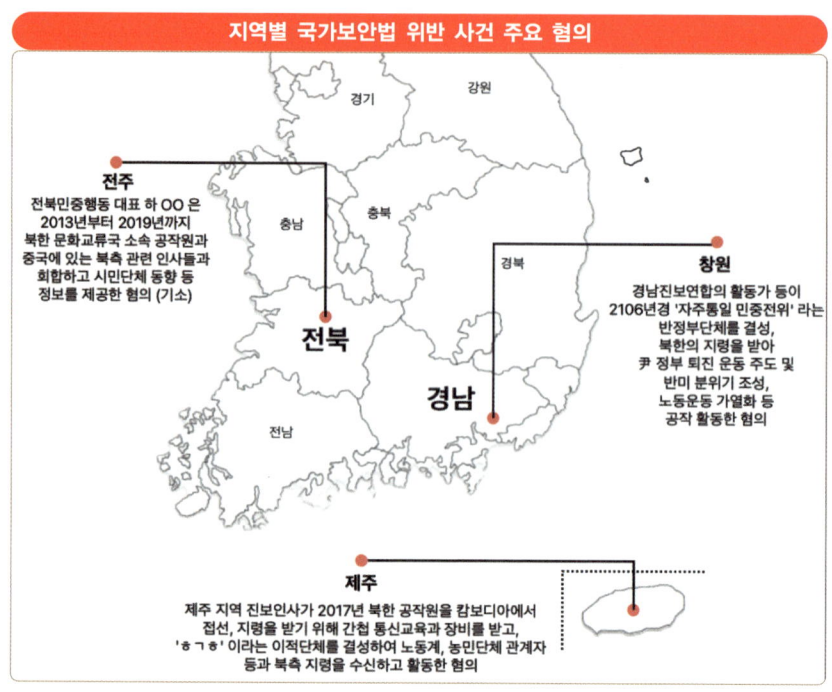

● 다음장 자통 산하조직 간첩단 사건들은 해당 지방검찰청의 수사 보도자료를 참고하여 설명한다.

자통 창원조직 사건(2023년 3월 발표)

고대 지중해 일대 패권 장악을 위해 로마와 카르타고는 그 유명한 포에니 전쟁을 세 차례에 걸쳐 치르게 되며, 육군이 강한 로마와 해군이 강한 카르타고는 2차 포에니 전쟁에서 일전을 앞두고 서로 전쟁 전략 구상에 골몰한다.

로마는 해군력이 우세한 카르타고가 눈앞의 바다를 건너 공격해 올 것으로 예상하고 대부분의 병력을 로마 해안 중심으로 배치하는 방어벽을 구축하였다.

그러나 카르타고의 명장 한니발은 기상천외하게도 병사들을 이끌고 험준하기 짝이 없는 알프스산맥을 넘어 로마를 배후에서 공격하며 연전연승했다.

코끼리 부대까지 이끌고 그 험한 산맥을 넘어 진격한다는 것은 상식을 뛰어넘는 기발한 작전이었다.

지금까지 북한은 대한민국 수도권을 중심으로 각 지역별 간첩조직을 확산해 나가는 전략을 구사해 왔다. 남한조선노동당이나 일심회나 왕재산 사건이 그랬다. 그런데 2023년 자통 사건에서는 아예 지역부터 먼저 지하당 조직을 구축한 후 그 역할을 확대시켜 수도권으로 진입토록 하는 역전술을 구사했다는 점이 특이했다.

어떤 사건인가? ▸ 수도권 아닌 창원부터 지하망 구축

국내 좌파세력들이 창원지역을 중심으로 북한의 대남적화통일 노선을 추종하는 자통 민중전위를 결성, 해외에서 북한공작원과 접선하여 지령과 공작금을 받고 그 지령에 따라 국내 정세 수집·보고 및 각종 간첩활동을 자행하다 국정원에 검거된 사건이다. (4명 구속 기소)

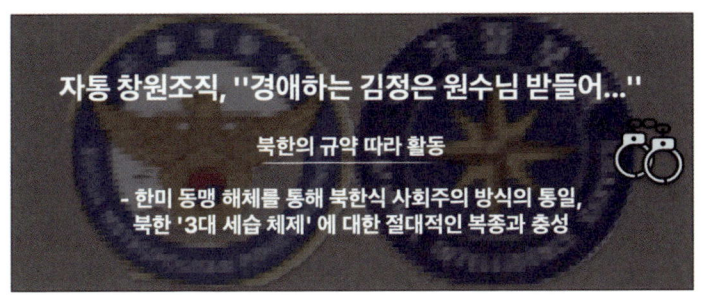

북한에게 한없이 관대했던 문재인 정부 때도 간첩들은 맹렬히 활동

심지어 북한은 문재인 정부 시절에도 자통 창원조직에게 국내정세 면밀 파악 지령을 계속 하달했고, 특히 대한민국 청년층 성향을 분석하여 대남혁명 역량을 강화시키기 위한 '타깃형 교육'을 실시토록 독려한 사실도 확인되었다.

그토록 북한의 호의를 기대하며 평화협정에 집착했고 입에 담을 수 없을 정도의 모욕적 언사를 듣고 우리 국민이 바닷속에서 죽임을 당하고 불에 태워져도 꿀 먹은 벙어리처럼 감내해 온 대한민국에게 북한이 되돌려 준 선물은 '창원 간첩조직'이라는 희한한 답례품이었다.

이 조직은 어떻게 꾸려져 있나?

창원 간첩조직은 주체사상을 지도이념으로 삼고 김정은의 영도로 북한의 대남 혁명전략 완수를 목표로 비밀리에 활동하는 집단이며, 북한 대남공작사업 총괄 기구인 문화교류국과 수직적 상하관계로 연계되어 있었다.

또한, 일반기업체 또는 재단법인 형태로 위장하여 '이사회'를 구성한 것이 특징이며, 경남 지역을 기반으로 수도권 진출을 모색하며 조직의 전국화를 기도하였다.

자통 창원조직 수사를 통해 느끼는 아픔

> 걸레는 빨아도 걸레다. 빨거나 삶는다고 행주가 되지 않듯이 북한은 어떠한 남북관계 변화에도 불구하고 결코 대남공작을 포기하지 않는다. 대화를 하지 말자는 것은 아니지만, 북한은 대한민국의 와해를 위해 항상 대남 간첩활동을 자행하고 있다는 점을 명심해야 한다.

2000년대 다섯 차례의 남북정상회담 개최 이후 남북 간 교류·협력이 이어져 왔지만 북한은 여전히 적화통일 야욕을 포기하지 않은 채 문화교류국을 중심으로 공작활동을 끊임없이 계속하며 대한민국의 헌법질서와 국민의 일상을 위협해 왔다.

특히, 자통 창원 조직원들은 북한 문화교류국과 접선하면서 ❶ 김일성 일가 세습을 찬양하며, 김정은에 대한 충성결의문을 전달하고, ❷ 스테가노그라피 등 종래 암호통신 수법을 유지하며, ❸ 노동자, 농민, 학생 등을 동원한 반정부·반미투쟁을 수년 동안 지속했다.

출처 : Bjorn Christian Terrissen

> 과거의 북한 지령 행태는 "무엇을 확인하여 보고하라"는 정도였지만 최근에는 "어떤 수단을 활용하여 어떤 방식으로 정부 비난투쟁을 전개하고, 어떤 결과가 도출 되도록 하라"라는 등의 매우 구체적이고 진화된 방식을 사용한다.

예를 들면, 익명성이 보장되고 파급력이 뛰어난 유튜브나 SNS 등 온라인 공간을 이용하여 정부 비난 댓글 공작을 지시하면서 여론 조장을 통해 국민청원이나 촛불집회 등 반정부 투쟁을 전개하라는 지령을 내린다. 매우 세세하며 치밀하다.

더 나아가 국내 정세를 면밀 분석하고, 선거일정·대통령 지지율까지 반영하여 조직원들의 활동방침을 구체적으로 하달하면서 특정 진보정당의 문제점 개선, 대표적 인물·공약 발굴 등 선거전략 방향까지 상세하게 지시하고 있는데 당 대표의 말씀사항처럼 지령내용이 그대로 실행되었고 그 결과도 대북보고되었다.

또한, 대한민국 20~30대의 가치관 변화를 정밀 분석하여 대남혁명 역량을 강화하기 위해 타깃형 교육을 실시하도록 독려한 점이 특이하다. 대한민국 정당들이 젊은 피 수혈에 관심을 쏟는 것처럼 북한 지하당 조직도 그런 트렌드를 답습하는 모양새다.

> 북한 문화교류국과 국내 간첩 지하조직은 거의 '두사부 일체'다. 조폭 조직 못지 않게 엄격한 위계질서를 갖추고 지령 내용들도 빈틈없이 이행되고 있었다.

북한 문화교류국과 자통 조직은 통제와 종속의 상명하복적 수직 관계다.

북한 지령문 중 자통 하부 조직원의 거주지 이동을 파악하거나 보고하지 않았던 점에 대해 엄중 질책하고 있는 내용도 있어 상하관계가 철저하다는 점이 확인되었다.

또한, 지하당 하부조직을 설립할 경우 신규 하부조직원에 대한 엄격한 검증과 더불어 그 조직원에 대한 신상자료를 문화교류국에 사전송부하여 승인을 받아야 했고 이후 조직 강령과 세부규약까지 하달 받았다.

특히, 문화교류국은 하부조직(이른바 '새끼회사')의 설립 방법을 지시하면서 설립 행사를 진행하는 순서와 사회자를 맡을 사람까지 세세하게 지정했다.

북한은 남한에서 주요 노동쟁의 사건 발생 시 자통 조직원들에 대한 수사상황까지 보고받았으며, 자통 조직원들은 구속여부 전망까지도 상세하게 대북 보고했다. 이 정도 수준이면 고양이 굴에 생선가게를 통째로 갖다 바친 셈이다.

그뿐만 아니다. 상부선인 북한공작원은 국내하부선 간첩과 해외에서 접선 시 상부에 보고하고 관리하기 위하여 하부선의 사진을 촬영하는 한편, 김정은에게 보내는 충성결의문까지 작성하도록 지시했고, 하부선은 즉석에서 이행하였다.

신규 조직원이 처음 조폭 조직에 가입할 때 혈서를 쓰고 충성 결의를 하는 것과 진배없다. 조폭들은 무식하지만 단순하다. 그러나 북한을 추종하는 지하 조직원들은 고학력 인텔리 출신의 확신범들이라 대한민국 사회에 훨씬 더 위협적이다.

국정원이 주도했기에 이 은밀하게 뿌리박힌 간첩조직을 캐낼 수 있었다.

수사국은 비밀 지하망 자통 창원조직을 대상으로 약 6년간에 걸친 끈질긴 내사를 통해 국내·외에서 간첩 조직원들의 반복적 국가보안법 위반 행위를 확인하며 증거를 확보할 수 있었다.

또한, 2024년 수사권 폐지에 대비, 간첩수사 노하우 전수 차원에서 압수수색 등 강제수사 시작 단계부터 경찰과 협업하여 합동수사 형태로 진행하였다.

이제는 경찰이 단독으로 이런 지하망 간첩조직을 찾아내고 뿌리 뽑아야 한다.

자통 제주조직 사건(2023년 4월 발표)

톰 크루즈 주연의 영화 '미션 임파서블'은 세기의 흥행작이다. 주인공 에단 헌트는 초인적인 능력으로 악당들을 깨부수고 정의를 사수한다. 그런데 이놈의 악당들이 거의 박멸된 듯싶어도 또다시 살아나서 활개 치기를 거듭한다.

오죽하면 이 영화가 시리즈 7편까지 개봉했을까. 주인공이 아무리 신출귀몰하고 강력해도 어둠의 세력은 거의 제압 당하다가도 다시 부활한다. 북한의 지령을 받는 대한민국 고정간첩들이 그 모양새다.

어떤 사건인가? 해산된 舊통진당 세력들이 지하혁명조직 결성

  국내 NL주사파 출신들이 북한 대남적화통일 노선을 추종하는 자통민중전위를 결성하여 해외에서 북한공작원과 접선하며 지령과 공작금을 받고 그 지령에 따라 국내 정세 수집·보고 등 간첩활동을 자행한 사건이다. (2명 구속, 1명 불구속 기소)

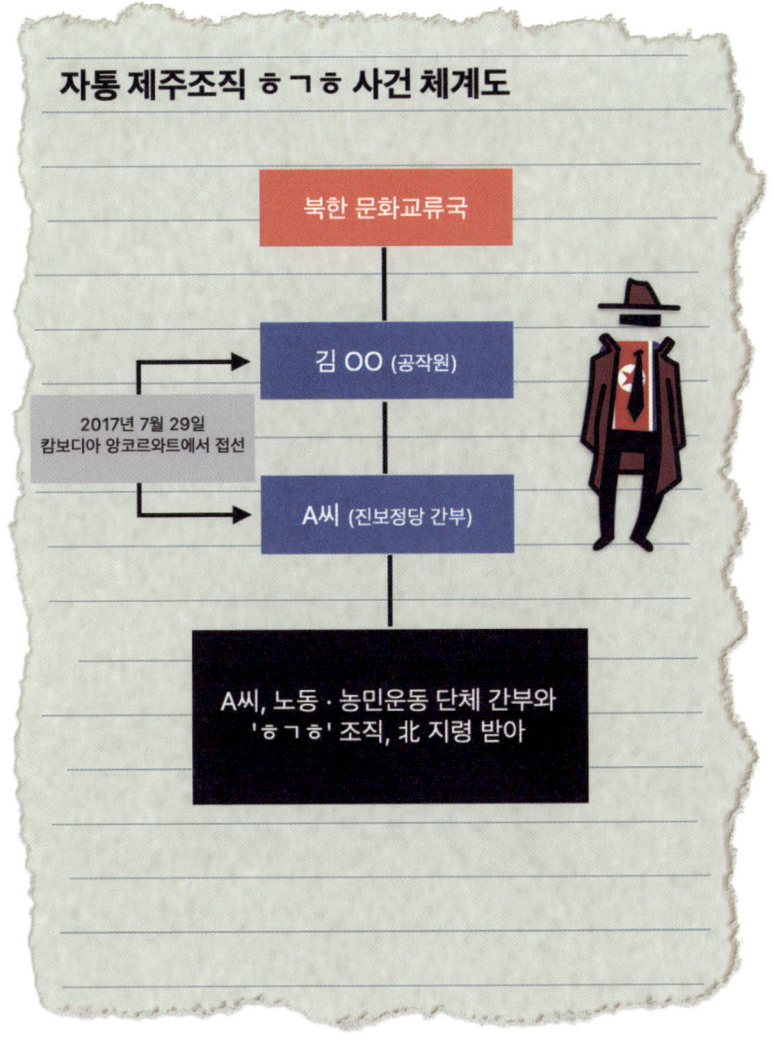

대한민국 지하당 조직원들에게 경고한다

2017년 7월 한국도 무덥지만 동남아는 찜통이었다. 캄보디아에 문화교류국 소속 북한공작원이 출몰했는데 그는 자신의 동선을 숨기고 이동시에는 주변감시를 철저히 하면서 추적에 대비했다.

제주지역 지하당 총책 강은순(여, 가명)이 현지에서 은밀하게 북한공작원과 회합하는 동향들이 국정원에 포착되었다. 수사관들은 모기에 뜯겨도, 전갈에 물려도, 임무를 포기하지 않는다. 내사에 임해서는 그만큼 철저하고 끈질기다.

대한민국의 지하간첩단 조직원들에게 경고한다. 당신들이 아무리 보안수칙을 철저히 준수하고 스테가노그라피로 위장을 한다 해도, 그리고 해외에서 아무리 은밀하게 북한공작원들과 접선한다 해도 국정원수사관들은 다 찾아낸다.

대한민국 내의 국가안보를 좀먹는 간첩행위를 결코 하지 마라. 북한공작원들과 연락하거나 그들로부터 공작금을 받거나 지령도 받지 마라. 그들의 지령에 따라 행동하지도 마라. 국정원은 모두 색출하여 당신들을 사법처리시킬 것이다.

박근혜 前대통령 탄핵(2017년 3월)을 전후, 국내 정세가 극도의 혼란에 빠져있을 때 제주지역 지하당이 결성되었다. 이제 우리는 정쟁도 좀 정도껏 해야 한다.

수사과정에서 확인된 바로는 자통 제주조직 총책이자 진보정당 간부였던 강은순은 2017년 7월 29일 캄보디아에서 조선노동당 문화교류국 소속 북한

공작원과 접선하며 3일간 지하조직 운영방안과 암호 통신 교육까지 받았다.

그 후 강은순은 조직원 2명을 추가로 포섭하여 'ㅎㄱㅎ'('조국통일의 한길을 수행하는 모임'의 자음 첫글자로 추정)라는 지하조직을 결성했던 것이다.

이 조직은 도대체 어떤 집단이었나?

조폭 두목의 지시에 맹종하는 것처럼 북한 문화교류국과 철저한 상명하복 구조

자통 제주조직은 북한 문화교류국의 지령에 따라 대남혁명을 달성하기 위해 제주지역에서 혁명 매개체로 활용할 지하조직을 구축하려 했다.

그래서 문화교류국으로부터 직접 조직강령과 규약까지 하달 받았으며 북한에서 받은 지령 내용을 철저히 이행하는 상명하복 관계를 형성한 것이다.

2006년 간첩조직 일심회와 2011년 왕재산 조직도 북한 문화교류국의 지시를 받는 지하조직이었다.

조직 보안을 위해 지하조직 명칭을 'ㅎㄱㅎ'이라는 한글자음을 사용

자통 제주조직원들은 2017년 7월 캄보디아에서 북한 공작원들과 회합한 이후, 2022년 11월 국정원이 수사에 착수하기까지 외국계 클라우드를 이용하여 활발하게 대북통신을 전개해 왔으며 북한의 지령에 따른 대북보고 사업을 충실히 이행해 온 것으로 확인되었다.

수사과정에서 북한지령문 13건과 대북보고문 14건이 발견되었을 정도다.

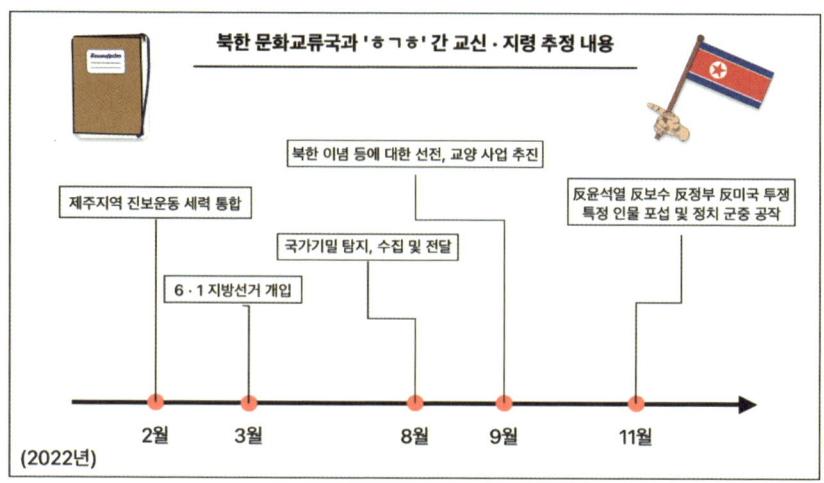

자통 제주조직은 북한으로부터 ❶ ○○당 제주도당과 지역 노동·농(農) 부문 역량 강화, ❷ 민○총 제주본부 등 연대 추진, ❸ 촛불집회·반미 투쟁·정권 퇴진 등을 요구하는 대중투쟁 전개 등 대남혁명 전략에 따른 지령을 수수하였다.

이에 조직원들은 위 지령에 따라 ❶ ○○당 제주도당 당원숫자 등 부문별 현황과 구성원 사상학습 실적, ❷ 노동, 농민 부문 등 정세 파악 및 조직원 포섭 상황, ❸ 반미·반정부 관련 집회 활동 등을 상세하게 대북보고하였다.

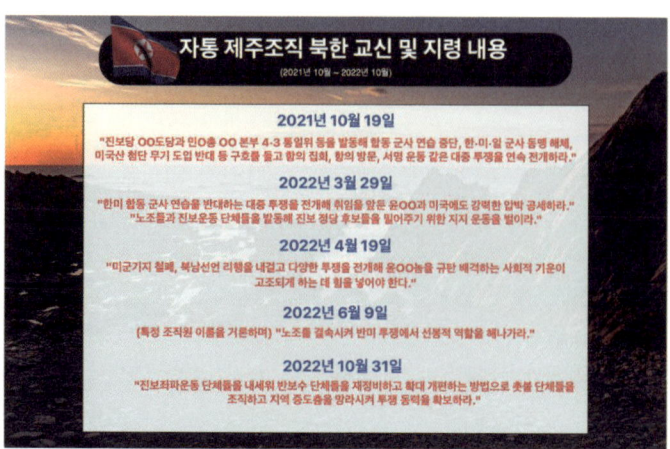

보안수칙을 철저히 준수하며 비밀스럽게 조직을 운영했다.

자통 제주조직은 비합법(지하조직)·반합법(후원회)·합법(○○당 제주도당 등)을 결합하여 총책을 중심으로 지도부와 조직 성원 간 철저한 '단선 연계' 방식으로 비밀성을 유지하였으므로 하부조직원은 자신의 직속 상부선만 알 뿐, 조직 전체의 구조를 모른다.

또한, 북한과 통신할 때는 수사기관의 추적을 피하기 위해 문화교류국이 제공한 암호프로그램(스테가노그라피)으로 암호화된 문서를 외국계 클라우드에 업로드하여 공유하는 방식을 활용하였다.

북한공작원과 접선할 때는 미리 약속된 상호 인식방법을 사용하는 등 수사기관의 미행 여부를 수시로 확인하였고, 지하조직 결성과 관련된 비밀엄수지침을 엄격하게 준수하였다.

자통 제주조직 수사를 통해 느끼는 아픔

> 독버섯 줄기만 잘라내면 나중에 또 자란다. 해산된 통진당 출신 주사파 세력들이 제주지하당 조직을 결성했다.

자통 제주조직은 2014년 12월 헌법재판소의 위헌정당 결정으로 해산된 통진당 출신들이 북한에 포섭되어 이적단체를 결성하여 활동하다 검거된 최초 사례다.

자통 제주조직 조직원들은 해산된 통진당 및 민○당(2017년 10월 창당)의 주요 직책을 연속하여 수행하였고, ○○당(민○당이 2020년 6월 당명 변경), 제주도당 중심으로 지하 혁명조직을 재결성한 사실이 확인되었다.

총책 강은순은 해산된 통진당 제주도당 여성위원장 및 도의원 비례대표 출마(낙선) 후 민○당 및 ○○당 제주도당 위원장 등 주요 직책을 두루 수행했다.

또한, 강은순 외 기소된 조직원 2명은 과거 통진당 제주도당 선거운동을 지원하는 등 지지자로 활동하다 민○당 제주도당 창당 준비위원으로 활동하기도 했다.

북한은 대남 혁명기지의 제주지역 거점을 구축하려 하였다.

과거 일심회·왕재산 간첩사건 사례로 볼 때, 북한은 주로 수도권을 중심으로 지하조직을 결성하여 그 영향력을 외곽으로 확산시키는 방법으로 친북세력을 양성해 왔지만 최근에는 아예 지역거점을 직접 조직하는 방식을 구사하려 했다. 창원 조직에 이어 제주 조직도 마찬가지다.

자통 제주조직 사건을 통해 확인된 북한의 지역거점 구축 전략은 성장 가능성이 있는 지역정당의 대표나 시민 사회단체 대표 등을 포섭·육성하여 그 영향력을 활용하는 것이었다.

남한내 제도권 정당이나 노동·농민단체에 조직원 직접침투를 시도했다.

북한은 ○○당·전국농민회총연맹·민○총 등 사회적 영향력이 큰 정당·노동·농민단체에 진출하여 해당 단체에서 중심 역할을 담당하도록 자통 제주조직에게 지령했는데 이는 큰 덩치의 합법숙주를 장악하여 파급력을 극대화하려는 전략이다.

자통 제주조직 수사를 통해 ○○당 제주도당 위원장, 전국농민회총연맹 사무총장, 민○총 공공연대노조 제주본부장 등이 제도권 합법단체의 주요 지위에서 세력 확장을 시도했고, 국가기밀 전달 및 반정부 활동을 주도한 사실도 확인되었다.

실제로 자통 제주조직 총책 강은순은 ○○당 제주도당 제1기 위원장(2020년 6월~2022년 7월)을 역임했고, 이어서 조직원 박현성(가명)은 제2기 위원장(2022년 8월~2023년 4월)을 각각 역임하였다.

민O총, 시민단체 앞세워 반미, 반尹 투쟁하라

북한 지령 받아 활동한 자통 제주조직 적발

진보정당 간부가 북한의 지령을 받아 활동

민○총 지하조직사건(2023년 5월 발표) — 국정원의 마지막 수사

이스라엘 민족의 뿌리는 야곱의 12명의 아들에서 기원하며 유대인들은 모두 이들의 후손이다. 이들 12지파 중 가장 영향력 있는 적통 핏줄은 다윗왕과 예수님이 출생한 넷째 아들 유다 지파를 꼽는다. 그만큼 공신력 있는 존재가 대표성을 가진다.

정치·경제·문화·재야·언론·종교 등 다양한 분야들은 이 사회의 각 영역을 차지하고 있는데 그중 특히 영향력이 매우 큰 분야가 있다.

바로 노동계다. 나라의 살림살이를 책임지고 있는 노동자들의 존재는 대단히 소중하며 그 존재감도 크다. 우리가 먹고사는 문제와 관련된 분야이며 가장들의 생계와 직결되어 있는 일터이기도 하기 때문이다.

북한은 이 점을 노렸다. 노동자의 권익 향상이나 복리 증진을 위한 정당한 노동투쟁의 현장에 고첩들을 활용하여 여론을 조장하는 등 정치색을 교묘히 주입시켰다.

북한의 다양한 대남공작 전술과 그 마수를 뻗치는 방식은 정말 무궁무진하다.

여기까지 파고 들다 ▶ 북한은 국내 최대 노동단체 민○총까지 접수

민○총 전·현직 핵심간부들이 북한 문화교류국 공작원에게 포섭되어 실제로 민○총 조직을 합법숙주로 장악한 후 지하 활동을 본격 전개하려다 적발되었다.

그들은 해외에서 북한공작원과 접선 또는 비밀 교신을 하면서 지령을 받거나 그 지령에 따라 간첩활동을 했으며, 합법적 노조활동을 빙자하여 북한의 지령에 따라 간첩활동을 자행한 것이다. (4명 구속 기소)

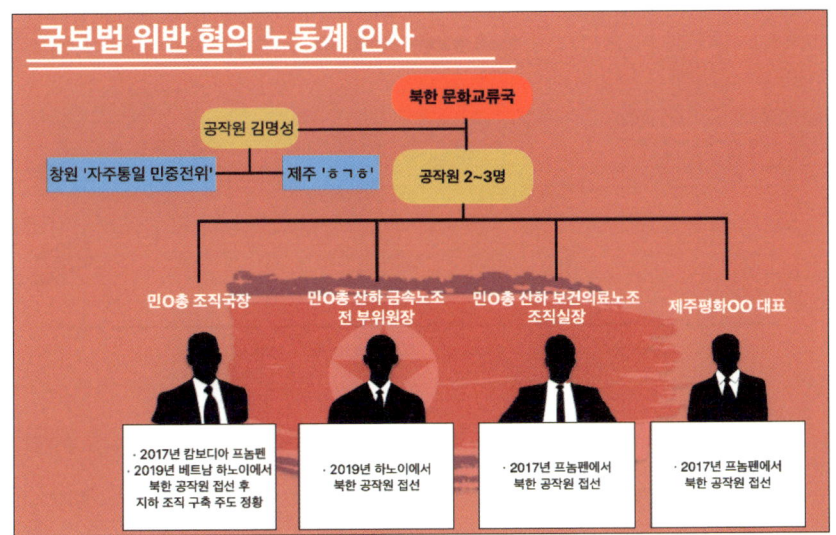

민○총 지하조직 간첩사건을 통해 느끼는 아픔

> 북한의 지령에 따라 조직원들이 실제로 민○총 장악을 시도했다.

민○총과 그 산하 조직에서 전·현직 주요 간부로 활동한 피고인들은 북한 지령에 따라 위원장 등 민○총 주요 간부 인선과 정책노선 수립에 개입했고, 중앙본부·산별·지역별 연맹의 주요 간부들을 조직원으로 포섭하려 하였다.

특히, 총책 석권성(가명)은 20여년 동안 북한 공작원과 접선·교류해 왔으며, 북한 공작원이 '따뜻한 동지'로서 혈육의 정을 나누었다고 표현할 만큼 긴밀한 관계를 유지해 왔다. 혈육의 정은 가족들과 나누는 것이지 북한공작원과 나누는 게 아니다.

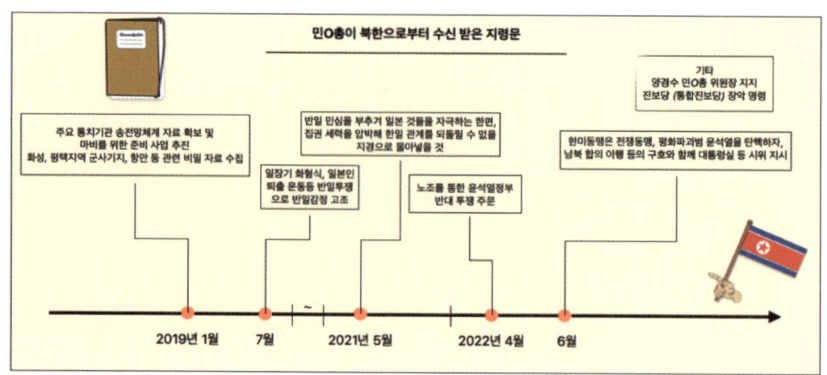

또한, 총책 석권성은 2004년부터 2023년까지 약 20년간 민○노총 핵심부서 책임자(대외협력실 국장, 조직실장, 기획국장, 교육국장, 조직쟁의국장 등)로서 민○총의 정책·조직·인사 전반에 걸쳐 막강한 영향력을 행사하며 북한 지령을 수행해 왔다.

> 지하조직원과 조직에 대한 호칭을 사기업 명칭으로 위장하며 은폐했다.

북한 문화교류국을 '본사', 지하조직을 '지사'(지사장-팀장-과장으로 구성)로 지칭하고, '지사' 내 지도부를 구성하고 있는 조직원들을 '이사회'로 호칭하였다.

민○총 내 지하조직 총책 석권성은 '지사장', 조직원 김칠성(가명)은 '팀장'으로 명명하며 이사회의 주요 구성원으로서 역할을 수행하였고, 또 다른 조직원 박칠성(가명)은 지사 '3팀장'에서 강원지사의 '지사장'으로 활동영역을 확대하기도 했다.

또한, 김정은은 본사에서도 초월적 존재라는 의미에서 '총회장', 민○총은 지하조직으로서 '지사'의 지도를 받는다는 의미에서 '영업 1부'로 지칭하였다.

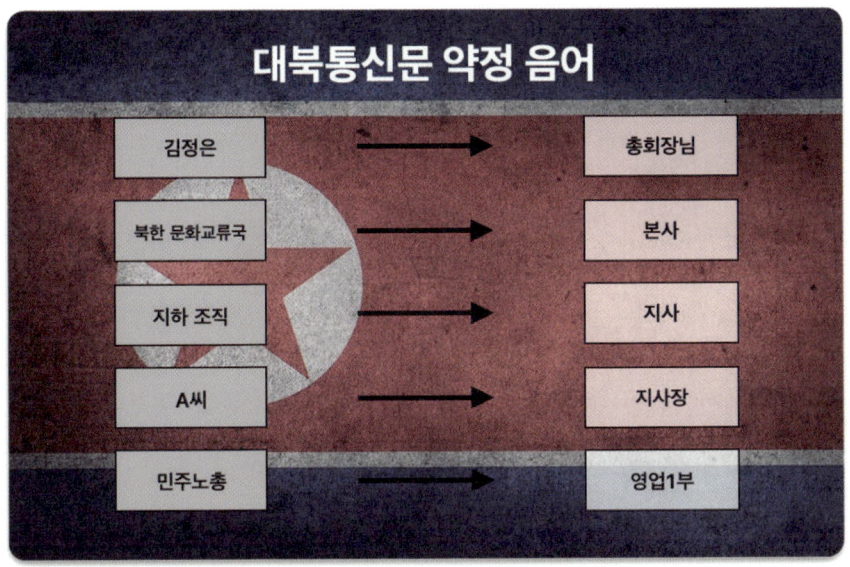

민○총 핵심간부들이 자신들에게 부여된 권한과 힘을 노동자 권익 향상이 아닌 북한 문화교류국을 위해 오롯이 활용했다는 점은 심각한 일탈행위가 아닐 수 없다.

한마디로 요약하면, 이 단체는 문화교류국의 직접 지도를 받아 민○총 내당적 지도 완성을 목표로 한 노동계 침투 북한 비밀 지하조직이었다.

> 북한은 지하당 신규 조직원 검열과 암호자재 수령을 위해 해외 접선을 요구했다.

2023년 자통 산하조직 수사에서는 북한 공작원이 국내에서 활동할 신규 조직원을 검열하고, 통신에 필요한 암호자재(일명 제조기 또는 포장기)의 신규 교부 또는 주기적 교환을 위해 해외 접선을 요구해 온 사실도 확인되었다.

북한의 암호자재란 '스테가노그라피 프로그램과 이를 실행할 수 있는 키-파일이 저장된 매체' 등을 통칭하는데 총책 석권성의 신체 수색에서 암호자재에 해당하는 SD카드가 발견되기도 하였다.

'ㅎㄱㅎ' 단체가 사용한 교신기술

스테가노그래피 (Steganography)

기밀 정보를 은폐할 수 있는 기술 중 하나로, 데이터를 다른 데이터에 삽입하여 숨기는 방법. 위의 사진은 스테가노그래피의 단순한 예로, 서로 다른 색을 입히면 각각의 숫자를 도출할 수 있다.
오사마 빈 라덴이 비행기 도면을 모나리자 사진에 숨겨 알카에다에 메시지를 보낸 바 있다.

특히, 문화교류국은 국내간첩을 해외에서 접선하기 전에 미리 약속된 상호 인식방법을 사용토록 지시했고, 접선 시각·장소·비상 행동요령 등 접선 방식까지 사전에 상세하게 전달하였다.

> 문화교류국은 거침이 없다. 이제는 청와대와 검찰에도 정보원을 심으라고 지령을 내렸으며, 평택 LNG저장탱크 도면도 가져오라고 지시했다.

문화교류국은 조직원들에게 청와대를 비롯한 주요 국가기관의 송전선망 마비를 위한 자료 입수, 화성·평택 2함대 사령부, 평택 화력, LNG 저장탱크 배치도 등 비밀자료 수집까지 지시했다.

소름 끼치는 일이다. 실제로 총책 석권성의 사무실 PC에는 평택 미군기지·오산 공군기지 등 군사시설 및 군용 장비 동영상·사진자료들이 대거 발견되었다. 이 자료들이 아직 북한으로 유출되지 않았기를 바랄 뿐이다.

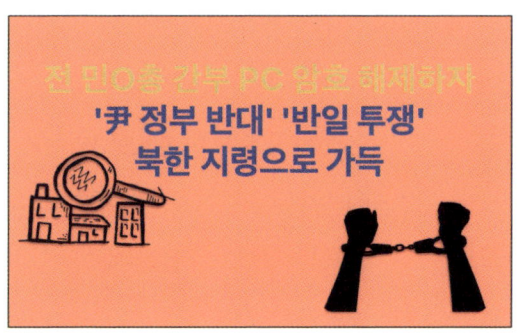

참고로, 2013년 RO사건 당시, 마리스타 회합에 참석한 RO조직원들도 "혁명적 상황에서 우선적으로 유류 저장고·철도·통신시설 등 국가 기간시설에 대한 파괴활동에 나서야 한다"라고 논의하기도 했다.

그래서 북한은 대한민국 국가 주요기간망 마비를 위해 청와대·검찰 등 권력기관에 자유롭게 출입할 수 있는 인물과 인맥관계를 형성하라는 지령도 하달했다.

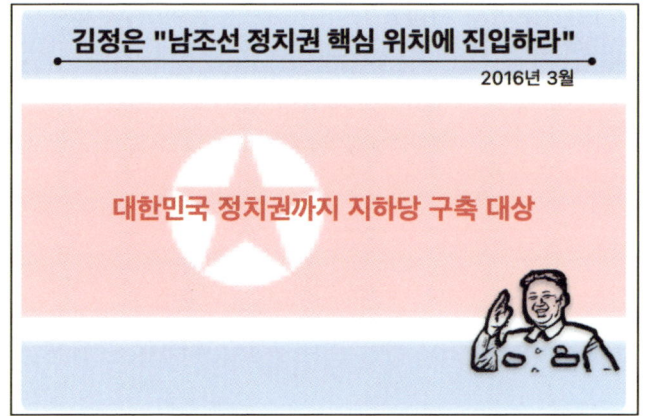

민○총을 남한 국론분열과 여론 왜곡 및 정치투쟁 선동 도구로 활용했다.

이걸 전개하기요...

북한은 민○총 정책부서, 선전기구 장악은 물론, 민○총 유튜브 방송과 페이스북 계정 등 새로운 홍보 수단을 제시하며 "민○총을 반미투쟁, 보수세력 공격의 선봉으로 만들고, 이와 함께 개별 조직원들이 SNS를 이용한 협박투쟁을 전개하라"라는 지령까지 내려보냈다.

이에, 민○총에서 주요직책을 맡고 있던 조직원들은 본연의 역할인 근로조건 개선 활동이 아닌 정치투쟁에 치중하는 형태로 민○총 활동방향을 주도하였다.

실제로 친북정서 확산, 반미·반일 감정 극대화, 특정 정치세력 재집권 기도, 대형참사를 계기로 정권 퇴진운동(투쟁구호까지 제시)까지도 전개했을 정도였다.

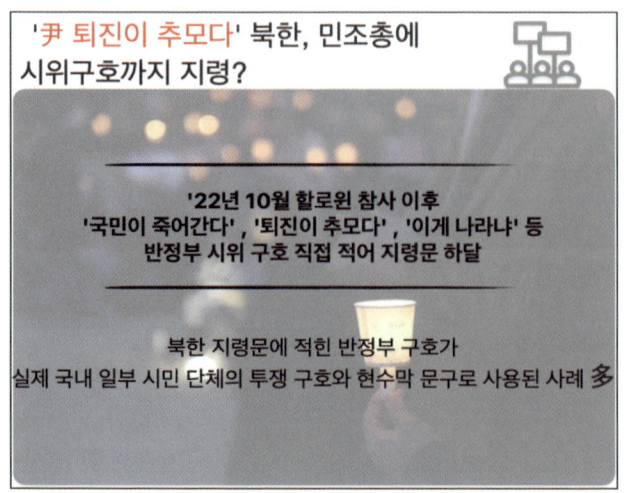

치밀하게도 문화교류국은 제 20대 대통령선거를 앞두고 2019년 2월 '보수세력에게 어부지리를 줄 수 있다'며 민○총의 과도한 대정부 투쟁을 자제하라고 지시하면서 보수정당 당사의 물리적 타격 등 보수세력 집권 저지 활동에 집중해야 한다는 구체적이고 상세한 지령을 하달했다.

민○총에 소속된 일반 노조원들은 이러한 사실에 분노해야 한다.

노조원들의 권익 향상과 근로환경 개선을 위해 진력해야 할 일부 간부들이 문화교류국을 위해 사력을 다해오고 있었으니, 이는 노동자가 누려야 할 소중한 권리 가치를 횡령하여 북한에다 상납해 버린 심각한 범죄행위이기 때문이다.

> 북한 문화교류국은 여의도 국회의사당에도 버젓이 들어왔다.

문화교류국은 '▲▲당에 대한 민○총의 조직적 지지'를 지시하는 한편, '▽▽당에 대한 은밀한 와해·분열 공작' 도 이행하라고 지령을 내렸다.

그뿐만 아니다. 대한민국 제21대 국회의원 당선자 전원의 개인정보(휴대전화 번호 등)를 입수하여 전달하라고 지시하는가 하면, 제8회 지방선거에 대비하여 노동계 지하 조직원들이 어떻게 활동해야 하는지에 대한 구체적 방침까지 하달했다.

> 참으로 세심하다. 문화교류국은 대한민국 정세에 따른 맞춤형 지령을 내려 보냈고, 그 이행결과까지 보고 받았다.

북한은 김정은 답방 논의, 前법무부장관에 대한 검찰 수사, 한일 무역분쟁, 정당 대표의 성추문, 이태원 참사 발생 등 국내 현안과 정세 변화에 따라 수시로 지령을 하달하였고, 조직원들은 지령내용에 따른 이행결과를 보고했다.

게다가 문화교류국은 신속 보고체계를 강조하면서 북한과의 '주야근무체계' 확립까지 고지했다. 이쯤 되면 24시간 실시간 보고 수준이다.

이와 더불어, 최근 새로운 유형의 공작 형태로서 공작금 전달에 사용될 대포폰 구입 및 보안용 '위챗' 애플리케이션 설치와 그 이행결과를 보고하라는 지령이 있었고, 승마를 즐기는 북한 최고위층들의 관심사인 선진 양마(養馬) 기술 자료까지 수집하여 보고하라는 지령도 하달했다.

> 국정원에 들키면 큰일 나기에 조직 보안을 최우선 원칙으로 삼았다.

문화교류국은 국정원의 압수수색에 대비하여 각종 지령문이나 대북보고문들의 철저한 은닉을 지시하면서 보안 유지를 수시로 강조해 왔다.

그 일환으로 스테가노그래피로 암호화된 문서 이외에 민○총 홈페이지 게시판, 유튜브 동영상 댓글란을 지령 수수의 도구로 활용하는 기발함까지 발휘했다.

예를 들면, 민○총 홈페이지 게시판의 특정 아이디 명의 게시글에 게시 취지와 무관한 내용을 삽입하거나, 특정 유튜브 동영상 댓글란에 미리 약속한 용어 표시를 기재하여 상호 간 해외접선 일정 등을 조율하기도 했다.

노동계 지하조직 간첩사건에서 드러난 대한민국의 민낯

> 북한 간첩조직이 거대 노동단체에까지 이미 침투했다. 매우 심각하다.

이 사건은 민○총 내부에 북한을 추종하는 전·현직 핵심 간부들이 그 영향력을 이용하여 지하조직을 구축했고, 민○총의 활동을 북한 대남공작기관이 원하는 방향대로 이끌어 오면서 동조세력을 확대해 나가려다 적발된 사건이다.

한마디로 충격적이지 않은가? 대한민국 최대의 노동단체 핵심간부들이 북한에 충성을 맹세하면서 수년간 북한 지령에 따라 그대로 지령내용을 이행해 온 거다.

총책 석권성은 아예 민○총의 내밀한 정보(위원장 선거 관련동향, 내부통신망 ID·비밀번호 등)를 알 수 있는 내부통신망 ID와 패스워드를 통째로 북한에 넘겼다.

이제 북한은 민○총 내부망도 장악했다. 민○총 전체가 나쁘다는 것이 아니라 건전한 노조문화를 견인해야 할 대한민국 최대의 노동단체가 북한에 오염된 사실이 대단히 심각하다.

> 국가 주요시설 보안 재점검이 시급하다. 방심하면 한방에 훅 간다.

지금 대한민국은 국가안보에 대한 인식이 너무나 안일한 수준이다. 치명적 위험이 닥쳐왔을 때는 이미 늦기 때문에 반드시 대비해야 한다.

북한의 지령에 따라 그들의 '눈과 귀', '팔과 다리' 역할을 한 노동현장 간첩조직원들은 자신들이 포섭한 노조원들이 근무하는 국가 주요 시설에 쉽게 접근하여 보안기밀을 수집하거나 국가 기간망 파괴와 마비까지 자행할 수도 있다.

따라서 국가적 차원에서 전국 곳곳에 산재한 군사 관련 시설의 공사 현장, 주요 국가기관과 연계된 송전·통신망 및 발전소, 가스저장소 등 핵심 기간 시설들의 보안 태세를 신속하게 재점검해야 한다. 지금 당장 말이다.

> 멀쩡한 생이빨을 우리 스스로 뽑아냈으니 빨리 임플란트 수술을 해야 한다. 해외 수사 전문인력 양성이 시급하다.

이번 사건에서도 국정원은 축적된 간첩수사 기법과 역량을 십분 활용하여 국내 고첩들이 북한공작원과 해외에서 은밀하게 접선하는 증거 수집에 성공했다.

수십 개의 문자열(영문·숫자 혼합)로 구성되어 있는 은폐된 암호키까지 추출하여 이들이 해외 접선일정과 관련하여 사전에 약정한 대북통신문까지 모두 해독했고, 간첩사건 실체를 규명할 수 있었다.

거기다 현지 사정에 정통한 수사관들이 대거 투입되어 국내고첩과 북한 상부선 공작원과의 접선동향 증거 수집에 성공했다.

대부분 국가안보 침해 범죄는 중대한 사안일수록 해외에서 장기간에 걸쳐 은밀하게 진행되므로 해외 정보수집 활동이 필수이고, 오랜 경험을 쌓은 전문수사 인력의 양성이 절실하다는 사실이 이번 수사를 통해 재확인되었다.

북한지령문 내용이 재미있지는 않다.

북한이 하달하는 지령문들은 대하소설 '태백산맥'처럼 흥미진진하지 않다. 그러나 무시무시하고 소름 끼친다. 수십 년 전부터 그래왔지만 작년 국정원의 간첩수사 과정에서 확인된 북한 지령문들을 보면 깜짝 놀랄만하다.

무엇보다 대한민국의 국론 분열을 목적으로 지령을 매우 구체적으로 하달하고 있는데 반정부, 반미, 반일 등을 주제로 정치·경제·사회·노동·예술 분야에 이르기까지 우리 사회의 구석구석 관여하지 않는 곳이 없다.

작년 국정원에 검거된 자통 창원조직·제주조직과 민○총 지하조직이 북한으로부터 하달 받은 지령문 내용들을 분석해 보면 대단히 정교하고 치밀하다.

민O총 조직국장과 자통 창원조직에 대한 북한 지령문 요약

① 민O총 조직국장에 대한 지령문

2022년 3월 (대선 직후)
진보 운동 세력이 각 지역에서 세력을 넓힐 수 있는 기회

2022년 11월 (이태원 할로윈 참사 직후)
세월호 참사 때처럼 진상 규명 투쟁으로 각계각층의 분노 분출을 위한 조직 사업 전개 지시

② 자통 창원조직에 대한 지령문

2021년 4월 (대선 운동 직전)
태극기 부대 등을 사칭하여 각종 괴담 유포 지시

2022년 6월 (한미 정상회담 직후)
한미 정상회담에서 대북 압박 공조에 대하여 구걸로 비판,
한미 군사훈련 중단을 위한 촛불집회 투쟁 지시

2022년 11월 (이태원 할로윈 참사 직후)
윤석열 정부 퇴진 요구 촛불집회 확대 전개

압수수색을 통해 확보한 북한지령문들을 보면 마치 대한민국 국정운영 지침서를 보는 느낌이 들 정도다. 이 정도까지 깊이 파고든 북한 대남 공작조직의 해악성에 대해 우리 국민들은 뼈저리게 직시해야 한다.

그래서 위 지하 간첩망 조직을 수사한 서울중앙지검, 수원지검, 제주지검, 청주지검이 피고인들을 기소할 때 발표한 언론보도자료를 부록에 첨부하였다.

성경을 독파하고 싶다면 '레위기'를 극복해야 한다

초심자나 중급자의 경우, 성경을 통독하거나 독파하려고 할 때 가장 지루해 하는 부분이 바로 '레위기'다.

이 책은 모세 오경의 세 번째 항목으로, '죄악된 세상에서 살아가는 인간들이 거룩하신 하나님 앞에서 죄사함을 받고 정결하게 되는 법을 제시하는 성결의 책'이라 할 수 있다.

창세기, 출애굽기, 민수기, 신명기, 열왕기, 4대 복음서 등은 대부분 스토리텔링이 들어있어 감동적이며 흥미진진하다. 그러나 초심자나 일반 평신도의 경우, 레위기 만큼은 읽고 이해하는 데 매우 어려움을 호소한다.

제사와 예물, 사제들의 자격, 聖別의 방법, 정화 의식 등 유대인들이 준수해야 할 각종 복잡한 규례들이 꼼꼼하게 기재되어 있기 때문에 읽고 이해하는 데 지루함마저 느낀다. 쉽게 말해 한국인들의 '제사상 차리는 법'을 미국인들이나 아프리카인들이 읽고 이해하는 데 어려움을 겪는 셈이라고나 할까.

그러나 이 '레위기'는 성경의 해석서라고도 평가되며 제사의식에 대한 수많은 규례 속에 하나님의 심오한 가르침과 뜻이 담겨 있기에 반드시 정독해야 한다.

이처럼 다소 지루하고 어려운 레위기를 이해해야만 성경을 제대로 통독할 수가 있듯이 북한의 대남 간첩활동의 실태와 해악성을 정확하게 파악하기 위해서는 북한지령문들을 반드시 숙독해야 한다.

북한지령문은 국가안보를 심각하게 침해하는 살인도구와 같다.

아무리 설득력 있는 논리와 어법으로 북한 대남 간첩활동의 위험성을 표현한다 한들 국민들은 잘 체감하지 못한다. 국가안보의 침해는 내 피부로 직접 와닿는 가시적인 피해가 아니기 때문이다.

그러나 그 해악성은 결정적인 순간에 국가를 파멸로 이끌 수도 있다. 그래서 위험하다. 고통을 느끼지 못하는 연탄가스를 자신도 모르게 잠자다가 흡입하면 사망에 이르는 경우와 같다.

하여, 나는 작년에 적발된 간첩단 사건들의 북한지령문 내용의 핵심들 몇 가지를 추려서 이어서 기재한다. 지루해도 꼭 끝까지 읽어보시길 권유 드린다.

우리를 죽음으로 몰고 갈 수 있는 소리 없는 살인자 연탄가스의 존재를 아는 것만으로도 우리는 조심하게 되듯이 북한지령문의 실태를 제대로 알고서 나와 내 가족이 살아가야 할 이 나라가 다치지 말아야 한다는 최소한의 경각심이라도 느껴야 한다.

그래야 간첩들이 창궐하지 않으며 이러한 자그마한 인식들이 모여서 소중한 대한민국을 지키는 밑바탕이 된다.

소름 끼치는 북한의 지령문 이 정도일 줄이야

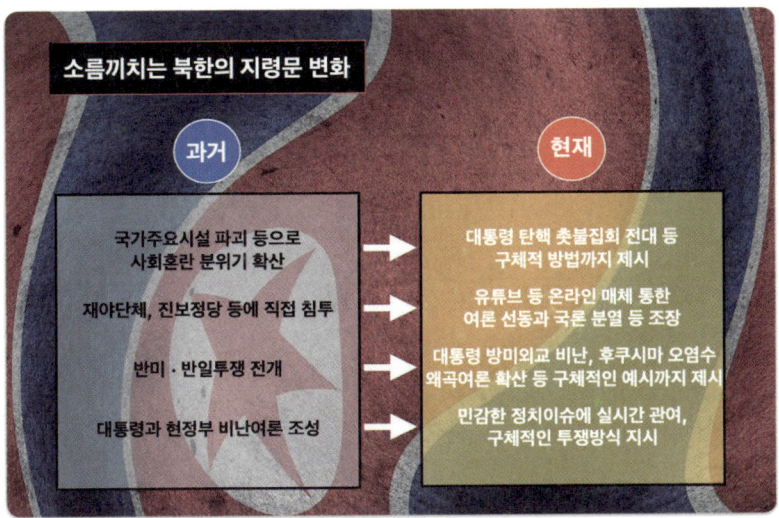

작년 2023년 5월 민○총 침투 지하조직 간첩사건 수사를 끝으로 국정원의 수사권 행사는 막을 내렸다.

그런데 최근 수사과정에서 확인된 북한의 지령문들을 보면 경악을 금치 못한다. 불과 수년 전의 북한의 지령문과 비교해 보면 놀라울 만큼 특징적이고 깜짝 놀랄만한 요소들이 많다.

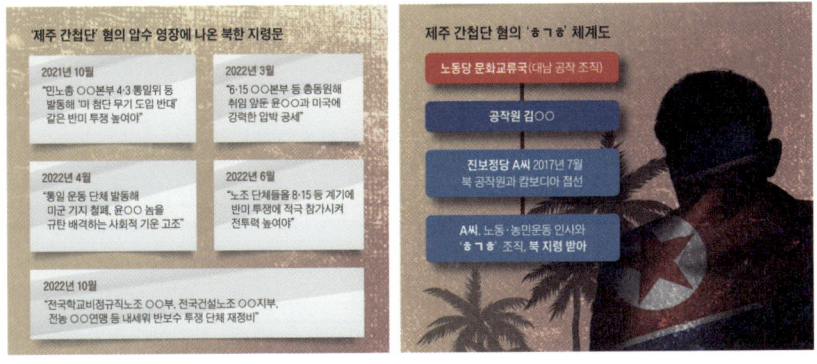

※ 이하 북한지령문 및 대북보고문 출처 ⇒ 서울중앙지검·수원지검·제주지검 보도자료

첫째, 대한민국 정세에 대해 실시간으로 개입하고 있다.

총선이나 대통령 선거에 임박하여 각 후보들의 정치 성향과 민심 동향은 물론, 지방선거에서도 '이러한 방식으로 여론을 몰아가야 한다'라며 지하조직원들의 선거활동지침까지 구체적으로 하달한다. 국민들을 대상으로 선거전을 전개하는 격이다.

그뿐만 아니다. 대한민국 정세 파악을 목적으로 '제21대 국회의원 당선자 전원의 휴대전화 번호를 확보하라'는 지령도 있었다.

또한, 검찰 개혁안 추진동향, 지역별 노동자 결의대회, 후쿠시마 원전 오염수 방류 반대집회, 반미 투쟁 등 제반 사회적 이슈에 대해 국민 불신을 조장하면서 '어떤 방향으로 여론을 몰아가라'라는 등의 지령까지 하달했다

둘째, 익명성이 보장되고 전파성이 뛰어난 온라인 공간을 적극 활용 중이다.

과거에는 국내 고첩이 북한 상부선으로부터 이메일이나 국제전화를 통해 해외 접선 일정을 협의하기도 했지만 최근에는 특정 유튜브 동영상의 댓글 등을 통해 서로 간에 약속을 주고받고 있다.

북한의 온라인 활용 공작 사례를 보면, 보수 유튜브에 대해서는 댓글 테러 등으로 무차별 공격을 가하도록 하였고, 일본 방사능 오염수 방류와 관련해서는 온라인을 통해 유언비어를 유포하라는 등의 지령도 하달했다.

또한, 지하조직을 부식할 국내 최대규모의 노동단체인 민○총의 내부통신망 ID나 패스워드까지 확보하여 조직 실태를 분석·파악했으며, 민○총을 통해 현정부 비난여론 확산 전술을 구사하는 한편, 예비하부망에 대한 맞춤형 포섭도 시도했다.

> 셋째, 대한민국의 정치, 경제, 노동, 문화 등 사회 각 분야에 걸쳐 대남공작 전술을 구사하고 있다.

과거 북한 지령문 내용의 기조는 국가보안법 또는 국정원 철폐, 미제 축출, 현정권 타도 등 그 대상이 단순했던 것이 특징이었던 반면, 최근에는 대한민국 각 분야에 북한의 지령이 미치지 않는 곳이 없을 정도다.

정치 분야에 있어서는 각 정당들에 대한 지지 혹은 와해 여론몰이 공작을 지시했고, 각 정당의 집권 전략을 보고받으면서 특정 정책에 대해서는 온라인·오프라인 방식을 총동원하여 지지 또는 반대운동을 전개하라는 지령을 하달한다.

경제 분야에 있어서는 미국쌀 수입 및 정부의 농산물 수매정책 등에 대한 구체적인 반발투쟁 방식을 제시하거나 학교 무상급식, 반값등록금 투쟁 등을 통한 반정부 민심 확산 방안 등을 제시하고 있다.

언론 분야에서는 특정 보수언론사 폐간을 요구하는 청와대 국민청원과 함께 '집중투쟁기간 선포'를 통해 그 과업을 실제 이행하라는 지시까지 하달했다.

"조선일보 폐간 여론 만들어라"

北, 조선일보에 대한 여론전 요구 지령

미래를 대비해야 하지만, 뚜렷한 한계가 보인다

　국정원은 충북동지회 사건을 시작으로 모든 수사를 경찰과 합동으로 진행했다. 안타깝지만 다가오는 상황을 받아들여야 했고 간첩수사권 박탈이라는 비극에 대해 최대한 차질 없이 대비해야 할 의무도 이행해야 했기 때문이다.

　그러나 한두 차례 합동수사만으로 간첩수사의 전문성과 노하우가 빈틈없이 잘 전수될 수는 없다. 이것은 문서를 복사하여 다른 곳에 붙여넣기 하는 단순작업이 아니다. 국정원도 경찰도 최선을 다해 노력했지만 여러 가지 측면에서 너무도 미흡하다.

　일정 기간이 지나고 간첩수사의 공백으로 인한 국가적 폐해가 드러날 경우, 정치인들은 왜 간첩수사를 제대로 하지 못하냐고 경찰을 질타할 것이고, 국정원에게는 제대로 업무 이관을 못했다고 비난할 것인데 충분히 예상되는 시나리오다.

　그럼에도 불구하고, 국정원이나 경찰은 북한의 대남공작 간첩행위에 대해 최선을 다해 방어해야 한다. 효과적인 방어 시스템이 입법자들의 해괴한 정치논리에 의해 심각하게 훼손된 상태이지만 어떻든 소중한 이 나라는 지켜져야 하기 때문이다.

놀라운 대북보고문 이 정도까지 왔나?

　수사과정에서 확보된 국내 지하조직 간첩들의 대북보고문을 보면 여론 동향, 노동계 파업 실태, 각종 정치 현안 등 대한민국의 현재 상황에 대해 실시간으로 매우 구체적으로 묘사되어 있다.

　수요자인 북한의 입장에서 볼 때는 땡큐다. 평소 은밀하게 수고비도 챙겨주고 보안교육까지 철저히 시켜놨더니 하수인은 자신의 집 곳간 속의 비밀스러운 알곡들을 야금야금 빼내와서 통째로 상납하고 있으니 말이다.

　특히나 대북보고문의 내용은 일반인들은 쉽게 접근하지 못하는 분야의 고급정보들도 많이 들어 있었다.

　지난 수년간 지하조직 간첩들은 실시간으로 국내 정세와 사회적 이슈에 대한 민심 동향뿐만 아니라 자신들이 소속된 정당이나 노동단체의 민감한 정보들을 낱낱이 북한에 보고해 왔다.

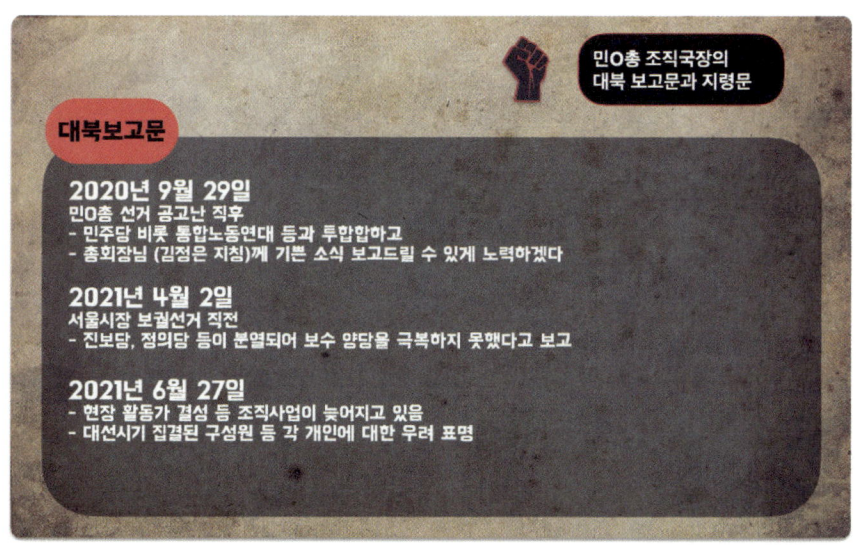

최근 대북보고문의 두드러진 특징

작년 자통 민중전위 산하 창원·제주조직과 민○총 지하조직 사건 수사과정에서 확인된 대북보고문들은 과거와 비교해 보았을 때 확실히 변화된 특징들이 많다.

> 첫째, 대북보고 패턴이 매우 구체적이고 즉각적이다.

자통 창원조직원들의 경우, 반미투쟁을 전개하라는 지령을 받고 곧바로 '8.15자주통일대회'에 참가하여 '한미동맹 해체 구호제창 및 거리행진'을 실시했다며 2022년 8월에 대북보고하였다.

이어, 2022년 9월에는 '외교참사' 등 카드뉴스까지 제작하여 이를 SNS를 통해 확산시킨 후 그 사실도 대북보고하였다.

또한, 자통 창원조직원들은 2022년 10월 현 대통령의 지지율 등락에 관하여 북한에 상세하게 보고하였고, 이와 연계하여 2022년 11월 자통 제주 조직원들은 제주 촛불문화제에서 현정권 퇴진 촛불시위를 전개했다며 대북 보고를 했다.

2021년 5월에는 북한이 기겁하는 대북전단의 살포 금지 지령에 대해 전단을 날려보낸 북한 인권단체 대표를 구속하라는 1인 시위 전개로 북한에 화답했다.

특히, 자통 제주 조직원들은 2022년 8월 '조직원 사상학습 강화' 지령을 받고, 제주시내에 비밀아지트를 마련하여 하부조직원들을 상대로 북한 찬양 이적표현물 학습 목적의 월별 총화를 지속적으로 실시한 사실도 확인되었다.

이어, 반미투쟁뿐만 아니라 농민들을 선동하여 반정부 투쟁을 전개하라는 지령에 따라 2022년 8월 자통 창원 조직원들은 CPTPP(포괄적·점진적 환태평양 경제동반자협정) 가입 저지 집회에 참여했다는 내용의 대북보고도 하였다.

> 둘째, 단순 사실관계 전달이 아니라 북한과 실시간으로 정보를 공유했다.

앞서 언급한 대로, 2018년 10월 노동계 지하조직원 석권성은 민○총의 내 부통신망 ID와 패스워드를 통째로 북한에 넘겼다.

예전에는 남한 내 타깃 단체의 동향을 확인하고 그 내용을 문서로 작성하여 보고하는 형태였지만, 아예 민○총 내부망 접근권한을 통째로 넘겨준 것이다.

또한, 위 보고를 받고 북한 문화교류국은 "ID와 비밀번호를 반갑게 받았다", "민○총 내부통신망을 잘 이용하고 있다"라고 회신을 했다. 말문이 막힌다.

이런 관계 속에서 북한 문화교류국은 대한민국 최고의 노동단체 내부통신망을 실시간으로 모니터링하며 반정부 노동투쟁 방식이나 구호 등에 대해 각종 지령을 하달했고, 석권성은 그 지령을 충실히 이행해 온 것이다.

이어, 실시간 공유 수준까지는 아니지만, 내밀한 조직내부 동향을 상세히 보고한 사례도 있다.

2022년 8월 노동계 지하 조직원들은 북한의 지령에 따라 ○○조선 협력업체의 파업을 주도한 민○총 소속 지하당 조직원들의 경찰 수사상황을 상세히 보고하면서 앞으로 어떻게 대처할 것인지에 대한 방안도 보고했다.

구속대상은 누가 될 것인지, 도크 점거농성 관련해서는 누가 총대를 메고 책임지기로 했는지, 구속자 발생 시 후속대책을 어떻게 할 것인지 등에 대해 상세히 대북보고를 했다. 기가 막힌다.

셋째, 문화교류국과의 지휘 통솔체계가 매우 강력해 졌다.

예전에는 대북보고문이 지하조직원들의 활동 실적이나 성과 위주의 내용으로 북한에 전달되는 경우가 대부분이었지만, 최근에는 지하조직 내부기강에 대해 체계적이고 엄격한 수준의 검열까지 받고 있는 점이 두드러진다.

민○총 간부 석권성은 지하조직 간부 A(지사장 지칭)에 대해 북한(본사 지칭)에 징계 의뢰를 하는가 하면, 간부 B(2팀장 지칭)에 대해서는 이사회 성원(지하단체 조직원 지칭) 제외 조치에 대해 문화교류국의 허가 요청까지 구했다.

그리고 2021년 3월 위 지사장 A와 2팀장 B에 대해서는 북한의 최종결정이 내려오기 전까지 일정기한 제재조치를 가하고 지하조직의 정상적 운영에 최선을 다하겠다는 내용의 대북보고문까지 발송했다.

넷째, 남한내 확고한 지하당 구축을 위해 조직원 포섭에 혈안이다.

북한은 대한민국내 각 분야에 조직원 포섭 및 주기적 사상학습 등 교양사업을 강화하라는 지령을 하달했고 지하조직원들은 이것을 충실히 이행했다.

심지어 2020년 6월 석권성은 30~40대 초반의 포섭대상 인물에 대해선 북한에서도 물색해 달라고 요청을 하는가 하면, 지사장(지하조직 책임자 지칭)의 추천을 받아 민○총 영업1부의 인사권을 가진 위원장과 사무총장을 임명하고 있다는 내용의 대북보고문까지 발송하였다.

지하당 조직의 공고한 구축을 위한 결의문과 김정은에 대한 충성맹세문도 빠지지 않았다. 지하조직원 A는 경애하는 최고영도자 김정은 동지의 '모든 난관을 정면 돌파전으로 뚫고 나가자'라는 구호를 받들어 '사회주의 건설을 위한 조국통일을 위해 힘차게 싸워 나가겠다'라는 다짐도 했다.

> 다섯째, 최첨단 암호화 프로그램인 스테가노그라피 사용이 일상화 되었다.

예전, 일심회나 왕재산 간첩사건 때 등장했던 북한의 스테가노그라피가 수사과정에서 국정원에 의해 해독되는 패턴이 반복되자 문화교류국은 보안화 수준을 더욱 높여서 암호프로그램을 업그레이드해 왔는데 그 과정에서 남한의 지하당 조직원들은 해독에 어려움을 겪기도 했다.

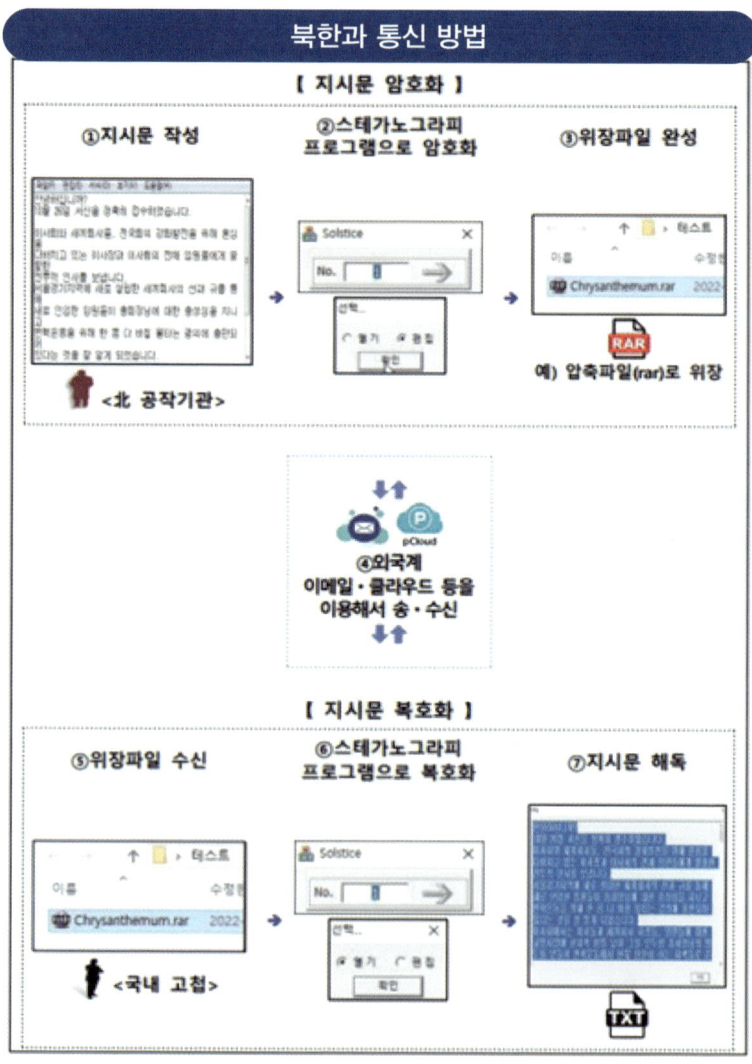

북한공작원과 국내고첩간 스테가노 교신방식   출처 : 서울중앙지검

　민○총 간부였던 노동계 지하조직원 간부 B는 2019년 11월 북한에 대한 충성맹세문과 더불어 지사의 열쇠(암호화 해독)가 불안정하여 변환이 제대로 이루어지지 않는다며 작동 가능한 컴퓨터를 구하여 해독을 하겠다고 하면서 지난달 대북보고를 하지 못했음을 보고했다.

파일명
풍경 - 백악관.zip

압축파일(ZIP)에 은닉된 보고문을 추출한 주요 내용

위대한 수령 김일성 수령님의 탄신일을 맞이하여
위대한 장군님의 탄신일을 맞아 예술동지회 성원들은 다시 한 번 수령님의 유훈을 되새겨 봅니다.
위대한 수령님의 대를 이어 경애하는 김정일 장군님께서 자주강국을 건설하시고 전국의 CNC화를 이룩하시어 기술의 최첨단을 돌파 하자는 기치아래 새로운 노동의 시대로 접어들고 있는 조국의 북녘을 보며 인민을 사랑하시는 위대한 수령님의 사랑이 영원히 계속되고 있다는 것을 확신하고 있습니다.
다가오는 국회의원 선거와 대통령 선거에서 평화통일을 지지하는 세력의 집권할 수 있도록 만반의 준비를 다하여 조선 민족 모두가 615의 기치아래 축전을 벌일 날을 위해 열심히 투쟁하겠습니다.

* 위는 예시임   * 검찰 보도자료 (2014. 1. 10) 中

공안사범들은 사법부도 투쟁 대상

공안사범 재판은 신속해야 한다.

앞서 언급한 충북동지회, 자통 창원조직, 자통 제주조직, 민○총 지하조직 사건들에 대해 국정원은 수년간 범증수집 활동으로 증거를 확보하였고, 성공적으로 수사도 마쳤지만 이제는 새로운 난제가 도사리고 있다.

바로 재판과정이다. 과거와는 달리 공안사범들은 이제 사법부를 향해서도 온갖 트집을 잡아 모든 법적 절차를 총동원하여 재판 지연 투쟁을 전개한다.

간첩사건은 가능한 조속하게 재판을 진행하여 그 진실 여부를 명확히 밝혀야 한다. 왜냐하면 그것은 국가안보나 국익 보호와 직결되는 문제임과 동시에 신속하고 공정한 재판은 피고인들에 대한 인권 보호에도 기여한다.

또한, 피고인이 구속 상태에서 재판을 받아야만 도주나 증거 인멸의 우려가 차단되기에 정확한 범죄 실체를 밝혀낼 수가 있다. 그래서 간첩사건은 집중심리를 통해 최대 6개월인 구속기간 내에 1심 재판을 마무리하는 것이 일반적이다.

공안사범들의 새로운 투쟁방식… '재판 끌기'

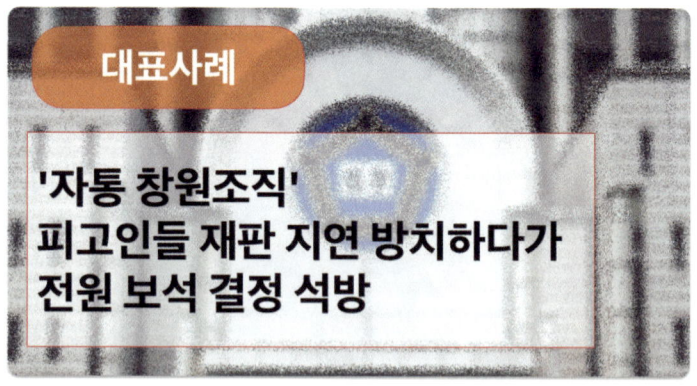

그런데 최근 들어 과거에는 볼 수 없었던 새로운 행태, 즉 재판부를 대상으로 공판 투쟁을 벌이는 양상이 두드러지고 있다.

우선, 국민참여재판 신청을 한다. 그런데 공안사건의 경우, 적용되는 법률이 일반 형법이 아닌 국가보안법이며 사건 심리나 디지털 증거물 검토 과정도 심도 있는 전문 영역이 많기 때문에 일반인들이 사건의 본질을 정확히 판단하기란 대단히 어렵다.

그래서 재판부가 국민참여재판 신청을 기각하면 피고인측은 재항고를 하며 또 시간을 끈다. 그러다 온갖 구실을 대고 재판부 기피 신청까지 한다. 국민참여재판 신청 직후 곧바로 재항고, 거기다 재판장인 부장판사에 대한 고발도 서슴지 않는다.

이 과정에서 정해진 구속 만료기간인 6개월이 경과하면 피고인들은 석방되며, 그들은 교묘히 증거를 인멸하거나 공범들 간 범행 은폐를 위한 짜맞추기를 자행한다.

농락당하는 대한민국 사법시스템

국보법 위반 혐의자도 법적 방어권 보장이 필요하지만, 일종의 입법 허점을 악용하여 재판 시스템을 농락하는 것까지 용인되면 안 된다.

무엇보다 국가안보를 튼튼히 지키기 위해서는 재판을 통해 간첩사건의 전모와 그 해악성이 명명백백히 밝혀져야 하는데도 이것이 입법 미비로 인해 제대로 실현되지 못하고 있다는 게 맹점이다.

이제는 공안사범들이 국민참여재판 신청, 위헌심판 신청 등 절차적인 사항에 대해 문제를 제기하며 재판을 지연시키는 경우, 이를 구속기간에서 제외하도록 하는 형사소송법 개정도 조속히 이루어져야 할 판이다.

2023년도 국보법 위반 사건들의 경우

충북동지회 재판의 경우, 구속 수사였지만 1심 기간만 무려 2년 5개월이 걸렸다.

그러다 보니 6개월이라는 법정 구속 기한을 훨씬 넘긴 탓에 피고인들이 모두 보석으로 다 풀려난 상태에서 재판이 진행되었다. 증거인멸과 피고인들 간 범죄사실 은폐나 공모는 당연히 행해졌을 것이다.

자통 창원조직, 자통 제주조직, 민○총 지하조직 간첩사건도 시간 끌기는 마찬가지다. 공판준비 기일조차도 제대로 진행되지 못했다. 변호인측이 비협조와 재판 시간 끌기로 일관하고 있어 또 다른 폐해를 낳고 있다.

이제 사건담당 재판부, 담당 검찰, 심지어 담당 경찰까지 모두 인원이 교체된 상태다. 피고인측 변호인들만 그대로다. 막상 사건을 수사한 국정원은 이런 상태로 제대로 사건 실체 규명이 되지 못할까 봐 가슴앓이만 한다.

공안사건 재판시스템 개선 절실

국민의 재판받을 권리와 피고인의 권리 보호를 위해 만들어진 각종 사법절차가 유독 간첩사건 재판에서만 과도하게 악용되는 것은 현행 형사사법제도의 맹점이다.

또한, 피고인을 변호하는 민변측이 각종 형사절차 제도를 악용하여 재판을 지연시키고 있는 것은 바람직하지 않으며 이에 적극 대응하지 않는 사법부의 안이한 대처도 문제다.

공안사건에 대한 재판 지연은 피고인의 불구속 상태 장기화를 초래하고, 증거 인멸의 기회를 제공할 수도 있으며, 이로 인해 재판의 결과가 달라질 수도 있다.

헌법상 주어진 피고인의 권리는 당연히 보장되어야 하지만 헌법은 국민의 자유와 권리를 국가안보 및 질서 유지 및 공공복리를 위해 필요한 경우 법률로 제한할 수 있다고 규정하고 있다.

형사재판에서 인권의 보호는 헌법의 요구이지만 실체적 진실을 밝히고 국가 안보와 국익을 보호하는 것 또한 헌법의 명령이니 이를 간과해서는 안 된다.

공안사건은 국가기밀 등 중요한 정보가 관련되어 있다는 점에서 국민참여재판 대상에서도 제외해야 하며, 재판절차에도 특례를 두어 신속하게 진행할 수 있도록 해야 한다.

4부

악화가 양화를 구축하다

사회주의는 왜 생겼을까?

역사적 태동 배경

　18세기 영국에서 시작된 산업혁명은 인류 문명 전반에 걸쳐 엄청난 변화를 가져왔다. 수작업에 기초한 모직 또는 방직 작업장들이 기계설비를 갖춘 공장으로 전환됨으로써 노동력 집중을 통한 물품의 대량생산이라는 획기적 단계를 맞이한다.

그 결과, 유럽 인구의 90% 이상에 달하던 서민들은 생계를 위해 하루 20시간 이상의 살인적인 노동을 해야 했고, 기계를 소유한 공장주들은 그 노동력의 착취를 통해 엄청난 부를 축적할 수 있게 되었다. 그들이 바로 자본가다.

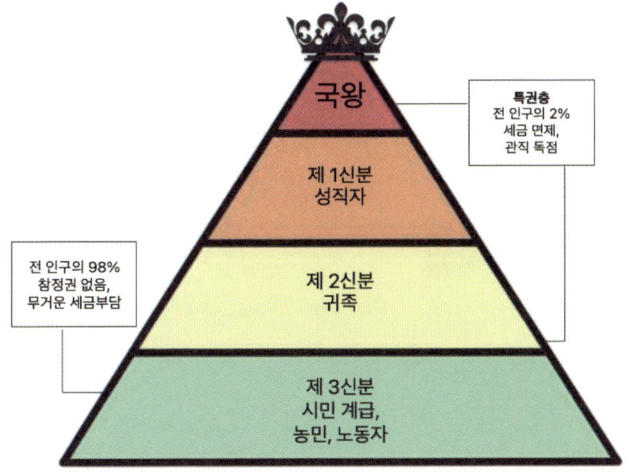

[19세기 유럽국가들의 신분제 구조]

19세기 유럽 국가들은 전국민 중 상위 2%만이 국가의 모든 특권을 독점하며 참정권이 없는 일반시민 98%를 대상으로 가혹한 착취를 행하는 매우 불합리한 신분제 구조를 유지하고 있었다.

왕을 비롯한 상위 2%의 특권층과 결탁한 자본가들

특권층의 최정점은 국왕이며, 제1신분이 교황을 비롯한 성직자였고, 제2신분은 귀족계층이다. 자본가들은 자신들이 보유한 엄청난 부를 바탕으로 상위 2% 세력인 특권층들과 결탁하게 된다.

초기 자본주의의 심각한 폐해였던 '빈익빈 부익부'의 사회구조가 극에 달한 시기였다.

마르크스의 등장

1818년 5월에 출생한 독일의 칼 마르크스는 법학과 철학을 전공하고 그의 저서 '자본론'을 통해 자본주의의 폐단을 신랄하게 비판하였다.

그는 '국가 자산은 특권층의 전유물이 아니며, 사회 구성원들의 공동 소유이므로 부의 공정한 재분배를 확립해야 한다'라는 사회주의 사상을 설파하였고, 인류가 그러한 체제로 전환돼야 한다고 주장하여 유럽 전역의 시민들로부터 전폭적인 호응을 받았다.

그의 철학과 사상은 이후, 정치·경제·사상에까지 지대한 영향을 미쳤으며, 훗날 마르크스주의는 그 용어가 일반명사화될 정도로 인류 역사에 커다란 반향을 불러일으켰다.

후세의 평가는, 마르크스가 인류 역사상 가장 영향력이 큰 인물 중 하나라고 인정한다. 특히 그의 경제학 저술은 오늘날 노동과 자본의 관계에 대한 기초이론으로 자리 잡았을 정도다.

수많은 경제학자, 예술가, 심지어 노조나 정치 정당까지 마르크스의 영향을 받았으며, 마르크스의 사상을 각자의 방식으로 재해석하여 변형하기도 할 정도로 그는 인류의 근대사에 큰 획을 그은 인물로 평가된다.

공산당 선언으로 계급투쟁론 제시

'공산당 선언'은 1848년 마르크스와 엥겔스가 공동 집필한 것으로 전 세계의 프롤레타리아들이 총 단결하여 부르주아 특권층과 싸워서 자신들의 권익을 되찾아야 한다는 선언문이다.

마르크스는 공산당 선언을 통해 사회주의에다 계급투쟁론을 가미한 공산주의 이론을 전파시켰는데, 계급투쟁론의 요지는 아래와 같다.

사회의 98%를 구성하는 하층계급은 노동자와 같은 프롤레타리아 세력들이다. 이들은 참정권도 없으니 제도나 법률로 현재의 모순된 사회구조를 결코 바꿀 수 없다. 그래서 오직 계급투쟁과 폭력혁명으로 상위 2%의 부르주아 특권층들과 싸워서 불합리한 사회구조를 타파해야 한다.

이것이 계급투쟁론에 입각한 공산주의 이론의 핵심이다. 그래서 공산당 선언의 서문과 본문에는 아래와 같은 강렬한 문구가 적혀 있다.

"하나의 유령이 유럽을 떠돌고 있다. 공산주의라는 유령이"

"프롤레타리아들은 공산주의 혁명에서 자신들을 묶고 있는 족쇄 외에는 잃을 것이 없다"

"그들에게는 얻어야 할 세계가 있을 뿐이다."

"만국의 프롤레타리아여 단결하라!"

소련의 탄생

마르크스의 이러한 계급투쟁론을 실행에 옮겨 1917년 세계 최초로 사회주의를 국가이념으로 하는 공산정권을 수립한 이가 소련의 레닌이다. 그는 러시아 내전을 거쳐 노동자는 물론, 각 계층의 민중들로부터 호응을 얻어 국가 장악에 성공한다.

이후, 소련은 동유럽의 맹주로서 강력한 힘을 행사하며 휘하에 수많은 공산주의 위성국가를 지배하에 두게 된다. 북한 또한 소련의 영향과 후원을 받은 김일성의 주도로 1948년 공산주의 정부를 수립하였다.

NL주사파란? 주체사상을 신봉하는 자들

주체사상의 탄생

김일성은 소련과 동구권 공산국가들과는 달리 마르크스의 사회주의에 김일성 우상화 이론을 국가 이념으로 결합시킨 공산주의를 내세웠다. 이것이 바로 '주체사상'이다.

즉, "사회주의 + 김일성 우상화 이론 = 주체사상"이라고 보면 된다.

김일성주의의 핵심은 바로 '주체'인데, "사람이 모든 것의 주인이며, 모든 것을 결정한다"라는 논리다. 정치·경제·사회·문화 등 각 분야에서 혁명적인 최선책을 도출하기 위해서는 인간이 주체적으로 개입하고, 결정하고, 실행해야 한다는 것이다.

　북한은 과거 소련과 동구권 공산주의 국가들을 향해 "우리 북조선은 너희들처럼 마르크스 사상을 그대로 베껴온 것이 아니라 우리만의 독창적인 주체사상을 국가 이념으로 채택했다"라며 자랑해 왔다.

　그래서 북한은 주체사상을 일명 '우리식 사회주의'라고 명명한다.

주체사상을 만든 황장엽

　주체사상을 체계화 한 이는 황장엽이다. 그는 김일성대학 총장 출신의 북한 최고의 엘리트이며, 북한 노동당 총비서장을 지낸 최고위급 인사였다.

　그러나 황장엽은 자신이 만든 주체사상이 피폐한 삶을 살고 있는 북한 주민들의 실상과는 맞지 않다는 것을 누구보다 잘 알고 있었다. 또한 북한의 1세대 권력자였던 그는 김일성이 사망한 후 권좌에서 실각하면서 김정일 정권에 불만을 품고 1997년 대한민국으로 망명하였다.

대한민국 주체사상의 대부 김영환

1980년대 한국의 대학가는 군사정권 타도 집회와 시위가 끊이지 않았고 휴교가 다반사였다. 특히 전두환 정권 시기에는 민주주의를 향한 대학생들의 열망이 최고조로 끓어올랐다.

이 즈음, 서울대 출신 김영환은 북한의 주체사상을 명쾌하게 해설한 '강철서신' 이라는 책자를 썼는데, 1980년대 대학가 운동권들에게는 필독서였다.

이 책은 막심 고리키의 '어머니' 에 못지않은 대한민국 내 사회주의 사상 전파의 기폭제가 된 서적이었고, 나도 대학시절 이 책을 탐독했다.

훗날, 귀순한 황장엽이 '강철서신'을 읽고 깜짝 놀란다. "내가 주체사상을 체계화 한 사람인데, 이 책을 보니 혀를 내두를 만큼 전달력과 완성도가 뛰어나다"라며 극찬할 정도였다.

대한민국 운동권의 두 뿌리, PD와 NL

1980년대 한국의 대학가 학생운동권은 크게 두 부류로 양분된다.

첫째, PD(People's Democracy) : 민중민주주의

일명, 평등파로 불리며 온건적 사회주의에 가깝고, 부의 평등한 재분배나 노동 현장에서의 각종 불합리 타파 등 노동운동과 연계하여 자본주의의 모순점을 극복하는 것을 주창해 온 정파다.

훗날 이 기조를 계승하여 2000년 1월 민주노동당이 창당 되었다.

둘째, NL(National Liberation) : 민족해방주의

일명, 자주파 또는 민족해방파로 불리며, 대한민국 정부의 정통성을 인정하지 않는다. 이들은 북한과 협력하여 연방제 통일을 이루어야 한다고 주장한다.

또한, 대한민국에 주둔한 미군들을 점령군으로 규정하며, 미제를 한반도에서 완전히 축출하고 남북한 간 우리 민족끼리 자주적·민족적 통일을 이루는 것이 진정한 민족해방(National Liberation)이라고 내세운다.

이들 중 일부 과격세력들이 주체사상을 신봉하면서 북한 대남공작조직과 깊숙이 연계되어 왔다.

퇴화되었지만 위험한 NL주사파

주체사상이 현실적으로 인민들에게 전혀 적용되지 못하는 허구성을 절감하고 그 창시자인 황장엽은 1997년 4월 대한민국으로 귀순을 했고, 대한민국 주체사상의 대부 김영환은 밀입북하여 세 차례나 김일성을 만났지만 그도 역시 비참한 북한 주민들의 생활상을 직접 목격하며 주체사상에 환멸을 느끼고 전향하였다.

그러나 아직도 과거 맹목적으로 신봉했던 주체사상의 허울에서 벗어나지 못한 채 사회 곳곳에서 목소리를 내는 자들이 많은데, 이들의 존재는 독버섯처럼 견고하게 세력화되어 있다.

대한민국의 체제는 인정하면서도 주체사상에 대한 완전한 결별도 없는 이중적 행태를 견지하고 있기 때문에 국가 존립의 입장에서 볼 때 이들과의 동거는 위험하다.

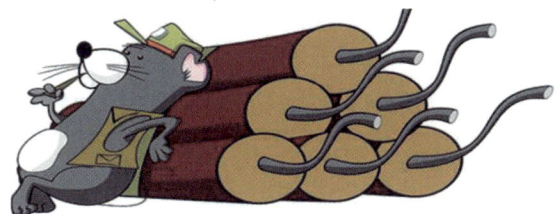

주사파의 뇌관은 언제 터질지 모른다

북한에 대해서는 단호해야 한다.

올바른 신념을 가진 사람은 강하지만, 잘못된 신념을 가진 사람은 괴물이 된다. 나는 아직도 주체사상이라는 껍데기를 추종하는 NL주사파가 대한민국에 있을 것이라고는 생각지 않는다. 다만, 일부 세력들이 과거의 강력한 사상적 심취로 인해 아직도 북한에 대한 무조건적인 동조나 호응으로 반응하고 있다면 곤란하다.

북한 주민들은 인도적 관점으로 봐야 하겠지만, 98%의 일반주민들을 압살하며 착취하고 있는 2%의 북한 권력층들의 악마적 행태에 대해 목소리를 낼 줄 알아야 하는 것이 대한민국 위정자들의 의무다.

비참한 북한 인권 참상에 대해 침묵하는 것이 능사가 아니며 북한의 각종 군사 도발이나 범죄적 만행에 대해 입을 닫는 것도 깡패에게 자비를 구걸하는 비겁한 짓이다.

대한민국의 자충수, '대북전단 금지법'

북한이 어떤 집단인가? 그들에게 김일성·김정일·김정은이라는 존재는 우상화를 넘어 거의 신격화된 상태다. 대북전단으로 그들의 절대 존엄을 공개적으로 비난하면 북한은 당연히 기겁할 수밖에 없다.

2020년 6월 북한의 김여정은 남북한 간 적대행위를 금지하기로 한 판문점 선언을 근거로 "남조선 당국이 대북전단 살포에 대한 응분의 조치를 세우지 않는다면 단단히 각오해야 할 것"이라는 협박성 담화문을 발표했다.

그 담화가 나온 지 반나절도 되지 않아 통일부는 대북전단과 관련한 법률 정비계획을 발표했고, 2020년 8월 국회 외통위에서 대북전단 금지법안에 대한 입법 절차가 본격적으로 시작되었다.

결국, 2020년 12월 우리 정부는 북한이 가장 꺼려 하는 대북전단 살포를 법으로 금지하는 입법 조치를 단행했다.

북한 제재에 대한 강력한 키를 우리 스스로 포기해 버린 셈이다. 대북전단 살포 금지를 법으로 강제하면서 결국은 우리 스스로 북한의 절대 존엄을 지켜준 모양새가 되어 버렸다. 이에 대해 목숨을 걸고 남쪽으로 귀순한 탈북자들은 가슴을 친다.

당시 대한민국 입법자들은 우리가 북한을 자극한다면 군사적 위험이 가중된다는 논리로 대북전단 살포를 법으로 금지 시켰다. 그러나 탈북자들의 증언에 의하면, 북한의 고위층들은 전쟁이나 극한 상황을 내심 원하지 않는다.

현재 자신들이 누리고 있는 엄청난 기득권을 포기해야 하기 때문인데 그래서 더더욱 엄포와 협박성 발언을 수시로 남발한다(A barking dog never bites).

그런데 대한민국이 이러한 북한의 전술에 보기 좋게 걸려든 꼴이 되었다. 대북전단 살포를 법으로 금지하고 나서 과연 지금 남북 긴장관계가 대폭 완화되었나? 오죽하면 대북전단 금지법에 대해 '김여정 하명법'이라는 오명까지 붙었겠는가?

NL주사파들의 역습, 국가보안법 폐지 운동

북한에게 눈엣가시는 국가보안법, 두려운 존재는 국정원 수사국

나는 지난 30년간 간첩 잡는 수사관으로 활동하며 체감한 사실이 있다.

수십 년간 북한의 대남공작조직이 남한의 고첩들에게 변함없이 일관되게 하달하는 지령문 기조가 바로 "남조선에서 국보법 폐지 운동을 전방위로 전개하라"라는 것이다.

국정원이 지난 수십 년간 간첩 수사 과정에서 압수한 북한 지령문들을 보면 가장 지속적으로 강조하는 주제가 바로 '국가보안법 철폐'다.

북한은 국보법 철폐를 위한 구체적인 실행방안까지 제시해 왔다. "분열된 재야세력들이 단합하여 국보법 철폐를 위해 한목소리를 내야 한다", "각종 집회 현장에서 국보법 철폐 주장을 부각시켜라", "여론의 주목을 끌기 위해 헌법재판소에 국가보안법 위헌 제소를 하라" 등 매우 다양하다.

그렇다면 북한은 왜 이토록 국가보안법 철폐에 목을 매는 것일까? 국보법으로 인해 탄압받는 남한의 민주열사들의 인권이 걱정되어서일까? 당연히 아니다. 그들의 목적은 오직 하나다.

자신들의 대남 간첩활동을 저지하는 가장 부담스러운 존재인 국정원 수사국이 국가보안법을 근거로 남한의 지하당 조직을 적발한 후 조직원들을 사법처리시키고 있기 때문이다.

국정원 수사국을 직접 없애지는 못하니 그 활동 기반인 국가보안법을 철폐하려는 것인데 성문을 닫고 견고히 방어하는 적군에게 식수 보급로를 차단하려는 전략이다.

지금까지 총 8차례에 걸쳐 국가보안법 위헌 제소가 있었다

국보법 폐지론자들은 그간 헌법재판소에 수차례 국보법 위헌 제소를 했으며 특히, 북한을 이롭게 하는 각종 다양한 형태의 이적행위를 처벌하는 국보법 7조 조항을 매우 부담스럽게 생각하며 수년간 집중 공략해 왔다.

그동안 국보법 제7조가 헌법재판소에서 합헌 판단을 받은 것은 국보법이 1991년 일부 개정된 이후 총 8차례다.

그런데 2004년 8월 국가기관인 국가인권위가 법무부에 국보법 폐지를 공식 권고하는 초유의 사태가 벌어졌다. 노무현 정부 시절 이야기다.

1948 제정된 이래 국가기관이 국보법 폐지를 건의한 것은 최초였다. 국보법은 그만큼 많은 풍파를 겪어온 셈이다.

물론, 헌법재판소와 대법원은 국보법에 대해 당연히 합헌 판결을 내렸고, 특히 대법원은 판결문을 통해 '국보법 폐지는 국가안보의 일방적인 무장해제'라는 명확한 입장을 제시하였으며, 그 기조는 지금까지 유지되어 오고 있다.

국가보안법 제7조 관련 역대 헌법재판소 판단

날짜	판단	비고	결정
1991년 5월 31일 (법률개정)	국민 기본권 부당하게 제한해서는 안돼 규정 신설		
1992년 1월 28일	8 : 1 위헌		합헌
1996년 10월 4일	8 : 1 위헌		합헌
1997년 1월 16일	8 : 1 위헌		합헌
1999년 4월 29일	8 : 1 위헌		합헌
2002년 4월 25일	9 (전원일치)		합헌
2004년 8월 26일	9 (전원일치)		합헌
2015년 4월 30일	8 : 1 위헌	동조 부분	합헌
	6 : 3 위헌	소지·취득 부분	합헌
2018년 3월 29일	4 : 5 위헌	소지 부분	합헌
2023년 9월 26일	6 : 3 위헌	7조 1항	합헌
	6 : 3 위헌	제작·운반·반포 부분	합헌
	4 : 5 위헌	소지·취득 부분	합헌

자료 : 헌법재판소

※ 재판관 6명 이상 동의시 위헌 결정
※ 1991년 5월 개정 이전 판결분은 생략하였음

국보법 폐지가 안되니 이제는 국정원 수사권 박탈인가?

그런데 참 희한한 일이 벌어졌다. 성 밖에서 식수를 차단하지 않아도 성 안에서 자체 내분이 일어나 최정예 병사들의 무기 사용이 금지되었다.

2020년 12월 민주당은 국정원 수사권을 박탈하는 내용의 개정 국정원법을 국회에서 강제로 통과시켰다. 이 과정에서 국민적 합의나 사회적 숙고는 없었다. 오로지 국회 다수당이라는 힘만으로 입법 통과시켜 버린 거다.

이렇게 되니 북한으로서는 만세삼창이다. 대한민국을 내부교란시킬 수 있는 최적의 환경이 조성된 셈인데 이제는 국보법이 건재해도 그것을 근거로 활동하는 국정원의 수사권이 박탈 되었으니 북한이 대남공작 간첩활동을 전개하는 데 있어 아무 거리낄 것이 없다.

우리는 월남의 패망 교훈을 반드시 기억해야 한다

전 세계 유일의 분단국가 대한민국은 북한과 휴전선을 맞대고 군사 대치 중에 있으므로 국가안보를 위해 언제나 촉각을 곤두세우며 긴장해야 한다.

전쟁 승리를 위한 최상의 전략은 재래식 무기를 이용한 무력도발보다는 적국에 대한 장기간의 간첩 활동을 통해 서서히 내분을 조장하는 스파이전이 가장 효과적이다.

그런 다음 적정한 시기, 군사적 전면전을 통해 한 번에 적국을 멸망시키는 게 최상의 방법인데 그 대표적인 사례가 바로 월남의 패망이다.

오욕의 순간

치명적인 실수, 화교 간첩 증거위조 사건(2014년 4월 발표)

　2013년 국정원 수사국은 탈북자로 신분을 속이고 서울시 공무원으로 채용되어 북한이탈주민 업무를 수행하던 화교간첩 유칠성(가명)에 대해 국보법 위반 혐의를 적용, 구속 수사 후 검찰에 송치했다.

　국정원은 유칠성이 간첩임을 확신했지만, 재판과정에서 중국동포 협조자에게 속아 그로부터 받은 비합법 증거를 법정에 제출하는 패착을 두고 말았다.

　세계 최고의 싸움꾼을 뽑는 UFC경기장에는 피 튀기는 난투극이 벌어지지만 반드시 정해진 룰에 따라 싸워야 한다. 손가락으로 상대의 눈을 찌르거나 팔꿈치로 뒤통수를 가격하는 등의 행위는 엄격히 금지되며, 실격패 사유다.

　재판의 룰을 벗어나는 반칙으로 인해 국정원이 실격패를 당한 셈인데, 오로지 승리만을 위해 싸워야 하는 절박한 격투기 선수의 심정이라 할지라도 해서는 안 될 실수를 범했다.

　이 사건의 후폭풍은 너무도 참담한 결과를 가져왔다. 10년 뒤 국정원 대공수사권이 완전히 폐지되는 단초를 제공한 것이다.

교각살우(矯角殺牛) : '간첩 수사권'이 라는 뿔이 그렇게 싫던가요?

　CIA, FBI, 모사드가 대단한 조직이지만 이들이 이제껏 성공만 거듭해 왔을까? 아니다. 치명적인 실수나 오판으로 인해 국익 손실을 초래한 사례도 빈번했다.

　과거 CIA는 1990년대 소련의 붕괴를 전혀 예측하지 못했고, 9.11테러의 주범 오사마 빈 라덴을 한때 협조자로 관리하며 전폭 지원한데다 테러의 사전 징후조차 파악하지 못하는 결정적인 실수를 저질렀다.

　모사드도 실패 사례가 많다. 1973년 제4차 중동전쟁 발발 예측 실패로 전쟁초기 엄청난 국가적 재앙을 겪었으며, 1998년 1월 스위스에서 도청공작이 적발 당하는가 하면, 2023년 10월 하마스의 대규모 공습을 전혀 예상치 못해 이스라엘 민간인 1,300명 이상의 사망자가 나오는 대참사를 겪었다.

　FBI도 마찬가지다. 보스턴의 마피아를 소탕하는 과정에서 FBI요원이 마피아 두목 제임스 벌저에게 오히려 포섭되어 역이용 당하는 망신을 겪기도 했다.

　입법권자들은 국정원의 단 한 번의 실수에 대해 다시는 회복되지 못할 정도의 처절한 응징으로 칼날을 휘둘렀고, 대한민국의 흑역사를 종식해야 한다는 명분을 내세우며 국민들을 현혹시켰다.

화교간첩 유칠성 공판에서 국정원이 중국동포 협조자에게 속아 비합법 증거를 제출한 실수는 뼈아팠지만 그 한 번의 실수 때문에 수사권이 박탈되었어야 했다면, 당시 여당 입법권자들이 그러한 입법권 행사 이전에 최소한 국민적 여론을 충분히 수렴하거나 경청해 보는 과정을 거쳤어야 했다.

12.12 군사쿠데타 때문에 군대를 해산해야 하는가?

영화 '서울의 봄'이 1,000만 관객을 넘어섰다. 그만큼 국민들에게 큰 반향을 불러일으켰고 한국 현대사의 어둡고 아픈 현장을 생생하고 드라마틱하게 묘사했기 때문일 것이다.

국가를 위해 몸 바쳐야 할 군 장성들이 작당하여 쿠데타를 일으키고 정권을 찬탈한 것은 한마디로 중대한 반란행위다. 성공한 쿠데타는 처벌할 수 없다는 법적 논리를 떠나 이것은 결코 있어서는 안 될 군인들의 일탈행위였다.

그렇다면 후세대는 이런 비극의 역사를 잉태한 군 조직을 아예 폐기시켜야 하는가? 중요한 국가기관의 잘못된 권한 행사에 대해서는 제도와 시스템을 바꾸어 개선하면 될 일이지 통째로 폐기하는 게 과연 능사인가?

12.12사태는 군인들이 국방의 의무를 망각한 채 쿠데타로 정권을 장악한 비극이다. 수사권 폐지 입법권자들의 논리라면 정권을 찬탈한 대한민국 군대 조직도 폐기시켜야 한다. 군이 없어도 예비군과 경찰이 얼마든지 나라를 지킬 수 있다는 게 그들의 국정원 수사권 폐지 논법이다.

대통령의 공약사항이기 때문에 없애야 한다고 했다. 그렇다면 대통령의 공약을 만든 사람은 국가의 정책과 기조를 마음대로 바꿀 수 있는 전권을 받은 자인가? 중요한 국가정책의 폐기나 신설은 입법권자들의 편향적 이념논리가 아니라 국민적 합의를 바탕으로 순리에 따라 정상적인 절차를 밟아 이루어져야 한다.

국정원 수사권 폐지 과정

국정원 수사권이 폐지될 수 있는 최적의 여건 조성

2013년에는 대한민국 헌정사상 처음으로 현직 국회의원이 약 130명의 조직원들을 심야에 은밀히 소집하여 내란을 모의한 RO사건이 있었다. 국정원은 이 RO사건을 처리했지만 그 혁혁한 성과도 화교간첩 증거 위조사건으로 인해 빛이 바랬다.

2013년 국정원은 재판과정에서 비합법 증거를 제출하는 패착을 두면서 깊은 수렁에 빠지고 말았다. 1961년 창설된 이래 국가를 위해 수많은 간첩 사건을 완벽하게 처리해 온 국정원의 치명적이고도 뼈아픈 실책이었다.

잠깐의 오만으로 인해 국정원은 돌이킬 수 없는 비극의 씨앗을 잉태한 셈이다.

그리고 4년 뒤 2017년 3월 박근혜 대통령이 탄핵을 당하면서 2017년 5월 문재인 대통령이 취임하고 그 후 2020년 4월 총선에서 민주당이 총 300석 국회의원 의석 중 183석이라는 압도적 숫자의 의석을 차지하며 거대 여당이 탄생했다.

국정원 수사권 폐지 완료

문재인 정부 시절 국정원은 정확한 반박논리로 입법의 부당성을 제기했지만 정권의 실세들은 '국정원 수사권 폐지'가 대통령 공약사항이니 대통령 직속기관이 그 말을 들어야 한다는 논리로 강하게 압박했다.

결국, 여당 입법권자들에 의해 국정원 수사권 폐지는 완료되었고, 아이러니하게도 그것은 수십 년간 북한이 그토록 갈망해 오던 숙원사업이었다.

국정원 수사권 폐지 주장의 문제점

간첩수사는 단순히 수사국만의 단독 업무가 아니며, 과학·해외·북한 전담 부서들과의 다양한 업무 협업하에 진행되는 종합예술이다.

그래서 수사 업무만 달랑 떼어서 경찰로 이관한다는 논리는 한마디로 무지하다. 각 부서마다 보안과 차단의 원칙이 엄격한 국정원 조직의 특성상, 여타 부서들이 경찰들에게 제각각 업무 지원을 하면 된다는 말도 연목구어의 발상이다.

도대체 왜, 누가, 국정원 수사권을 박탈하려 했는지 그 정확한 진의를 알고 싶다.

수사권을 이관 받는 경찰조차도 달가워하지 않는다. 이것은 국정원 수사권 폐지 행위가 사전에 국민적 합의를 충분히 거치지 않은 매우 비정상적인 입법이었다는 반증이기도 하다.

오랜 기간 고도로 전문화되어 있어야 할 간첩수사 역량을 어느 날 국회에서 뚝딱 입법 처리하여 당신들이 가져가라고 하니 경찰이 난감해 하는 것은 당연하다.

지금 상황을 보면 아직 준비가 덜 되었다는 느낌이 역력하다. 국정원 수사권 폐지론자들이 그토록 갈망했던 바람이 과연 이런 결과였는지 반문하고 싶다.

국정원 수사국의 대체기관인 경찰의 간첩수사가 입법권자들의 말대로 제대로 잘 작동되었으면 좋겠지만 아쉽게도 아니다. 국정원도 경찰도 반대했지만, 입법권자들은 북한이 환호하는 '국정원 수사권 폐지'를 억지로 관철시켰다.

유사한 사례, 검찰 수사권 폐지의 후유증

비슷한 예로 검수완박의 대체제로 내세운 공수처가 지금 제대로 작동이나 하고 있는가? 또한 중요범죄 수사권을 박탈당한 검찰이 과연 예전과 비교하여 국민들을 위해 훨씬 더 잘 역할을 수행하고 있는가?

현재 사회 전반에 퍼져있는 마약사범의 심각성이나 2022년 이태원 사고와 같은 대형 참사에 대해 검수완박 이전의 검찰이었다면 검·경 합동수사단을 꾸려 각 기관 전문가들을 소집하고 축적된 전문 수사역량들을 총동원하여 신속하고 빈틈없이 사건 처리를 했을 것이다.

지금 상황은 어떤가? 검수완박 이전과 이후를 비교해 본다면 입법권자들의 날치기 입법 강행이 얼마나 잘못된 것이었는지 생생히 확인할 수 있다. 식물기관으로 전락한 공수처만 봐도 여실히 드러난다.

국가안보에 대해 아예 관심이 없는 사람들

국정원 수사권 폐지론자들에게 '국가안보'는 어떤 존재일까? 그들에게 있어 중요한 것은 '우리 민족끼리'라는 따위의 정서에 기초한 인적 유대와 친북, 반미, 반일 등과 같은 이념적 가치가 중요할 뿐, 다른 고려사항은 없는 듯하다.

그들은 국가안보를 무시하지도 않지만 중요시하지도 않는다. 그들에게 '국가안보'라는 주제는 아예 관심이나 고려대상이 아닌 듯싶다.

오로지 자신들이 추종하는 민족 통합, 자주 통일, 반일, 반미 등과 같은 이념적 확신을 토대로 강력한 카르텔을 형성하고 권력이라는 꿀단지에 빠져 우리 편만 배부르면 된다는 패거리주의식 행태를 보이고 있다.

쇠귀에 경 읽기

또한 그들은 나와 반대의 입장에 선 사람들을 타도해야 할 적대세력으로 규정하고, 여론 조장을 통해 국민들이 서로 증오하며 싸우도록 교묘히 이 나라를 갈라치기 한다.

이러니 수사권 폐지론자들에게 국가안보의 중요성, 간첩 수사기관의 전문성 유지 필요성 등에 대해 입에 침이 마르도록 설득해 본들 무슨 소용이 있을까? 그들은 자신들의 관심사 밖의 일에는 아무런 고려조차 하지 않는다.

수년 전 국정원이 청와대나 당시 국회의원들에게 간첩수사권 박탈 부당성에 대한 문제점을 숱하게 제기했지만 마이동풍이었다. 이제 보니 그 이유를 알 만하다.

결국 수사권을 폐기시켜 버린 입법권자들

2020년 12월 거대여당은 월등한 수적 우위를 앞세워 국정원의 수사권을 박탈하는 내용의 개정 국정원법을 야당과 협의 없이 일방적으로 통과시켰다.

그 당시에는 국방부 장관 내정자가 청문회에서 북한이 주적이라는 말을 하지 못하고 머뭇거릴 정도로 나라의 기강이 해이해졌으며, 느슨한 안보관은 군대는 물론, 일반 국민들에게까지 악성 바이러스처럼 빠르게 확산되었고 종착지는 국정원 수사권 폐지였다.

국가안보를 대하는 선진국들의 자세

세계 최강국 미국도 민주당과 공화당 간 정쟁이 심하다. 일본, 영국, 프랑스 등 일류 선진국들도 정치 다툼이 끊이지 않는다. 그렇지만 이들은 '국가안보'라는 주제를 앞에 두고서는 정쟁을 삼간다.

9.11테러가 발생했을 때 미국은 일치단결했다. 엄청난 대재앙 앞에 야당이 정부를 향해 제대로 대응하지 못했다며 비난에 몰두하지 않았다. 반대진영 정치인들이 악담을 퍼붓거나 국민들을 선동하여 국론을 분열시키는 어리석은 행위를 하지 않았으며, 국가적 재난 앞에서 모두가 합심했다.

이들은 국가의 안위가 걸린 문제에 있어서는 당리당략을 내세우지 않는다.

미국은 대통령이 바뀌었다고 해서 현직 CIA나 FBI 수장을 곧바로 쫓아내고 대통령이 비전문가인 자신의 측근을 정보·수사기관 수장에 앉히는 일이 드물다.

자신들이 살고 있는 국가의 안전이 본질적으로 담보되어야 하기 때문이다.

이런 단순한 상식이 선진국에는 확고하게 뿌리 내려져 있다.

왜냐하면 이런 것들은 국가안보와 직결된 중대한 문제이기 때문이다. 반면, 대한민국은 국가의 안전보다는 당리당략만 우선시하는 정치문화 때문에 국익 가치가 등한시되는 느낌이다.

5부
군복을 입지 않은 전사들

국정원 수사관은 왜 강한가?

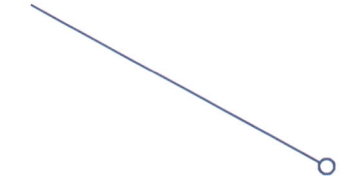

일당백의 국정원 수사관

국정원 수사관은 매우 강력하고 근성도 탁월하다. 업무 특성상 법학 전공자들이 많지만 인문학, 사회학, 어학, 심지어 IT전공자들도 포진해 있을 만큼 인재풀도 다양하다.

이들은 입사를 하고 실무배치 전에 혹독한 신임자 교육을 이수하며, 부서 배치 이후에는 일사불란한 조직문화 속에서 강하게 단련된다.

나도 입사 직후 약 1년간 연수교육을 받았다. 공수훈련, 해양훈련, 어학교육은 물론, 태권도, 합기도, 야간 담력훈련을 포함하여 사회 전반에 걸친 다양한 소양교육까지 이수하면서 오로지 국가와 국민에 대한 충성과 봉사를 신념처럼 받아들였다.

국정원 수사관들은 우직할 정도로 맡은 바 임무에 최선을 다한다. 야근이나 휴일근무는 물론이고, 대규모 간첩수사가 벌어질 때는 몇 달간 집에 못들어가는 경우도 비일비재하다. 오죽하면 국정원 내 여타 부서 직원들조차 수사국 근무를 꺼릴 정도다.

특히 수사관들은 돈을 많이 버는 것보다 국가를 위해 특화된 업무를 한다는 데 대한 자부심이 매우 강하다. 그래서 30년간 근무하고 퇴직한 대부분의 수사관들은 평생을 회사 업무에만 올인했던 탓에 재테크나 투자 분야에 서툴기 짝이 없다.

국정원 내에서도 매우 충직하고 위계질서가 강력한 조직, 오죽하면 국정원 수사관들 간에도 "우리는 군복만 입지 않았지 한겨울에도 눈밭에서 굴러야 하는 특전사보다 더 심신이 고단한 사람들"이라는 우스갯소리가 있을 정도다.

업무 환경이 열악하고 혹사당하는 요원들이 국정원 수사관들인데 이들은 탁월한 추진력과 업무 목표에 대한 완성도가 높기 때문에 더욱 빛을 발한다.

간첩수사에 특화된 국정원 수사관

국정원 수사관들은 까다로운 임용 절차를 거쳐 최종 선발이 된다. 그리고 입사 후 국가보안법과 형사소송법을 마르고 닳도록 학습하면서 혹독한 실전 수사 경험을 통해 이론과 실무에 정통한 고급인력으로 양성된다.

이런 관점에서 본다면, 국가보안법에 생소하고 공안수사 경험이 전무한 검사들보다 국정원 수사관들이 훨씬 더 전문성이 높고 업무 완성도가 뛰어나다.

다만, 검사들은 사법고시를 통해 역량이 검증된 사람들이라 한차례 수사를 지휘하고 나면 업무 습득이 대단히 빠르다는 장점이 있다. 그래서 복잡한 간첩사건의 지휘 경험이 수차례 축적된 검사들에게는 공안통이라는 타이틀이 붙는 것 같다.

경찰도 최대한 빠른 시간 내에 간첩수사 전문역량이 완비되기를 간절히 바라지만 이를 위한 여러 가지 제도적·환경적 제약이 만만치 않을 것이다.

63년간 축적된 간첩수사 노하우

미국은 정보기관 CIA, 수사기관 FBI로 업무영역이 분리되어 있는 반면, 한국의 국가정보원은 정보와 수사를 함께 다루는 정보수사기관 체제로 유지되어 왔다. 정보력과 수사력을 함께 공유하니 권력이 너무 막강하다며 수사권을 없애버린 걸까?

국정원 직원들은 전 세계 곳곳에서 대한민국을 위한 국익 정보활동과 북한에 대응하기 위한 각종 간첩 첩보수집 활동까지 병행한다.

특히, 수사관들은 북한의 해외 간첩활동에 대해 각 국가별 특성에 따라 맞춤형 대응역량도 완벽히 갖추고 있다. 이런 점은 국정원이 최고의 간첩수사 역량을 보유한 엘리트 조직이라고 자부하는 이유 중 하나다.

신설되는 경찰 안보수사기관이 이 정도 단계까지 도달하려면 오랜 기간 해당인원과 예산, 조직 등 법적·제도적 절차를 완비해야 할 것이다.

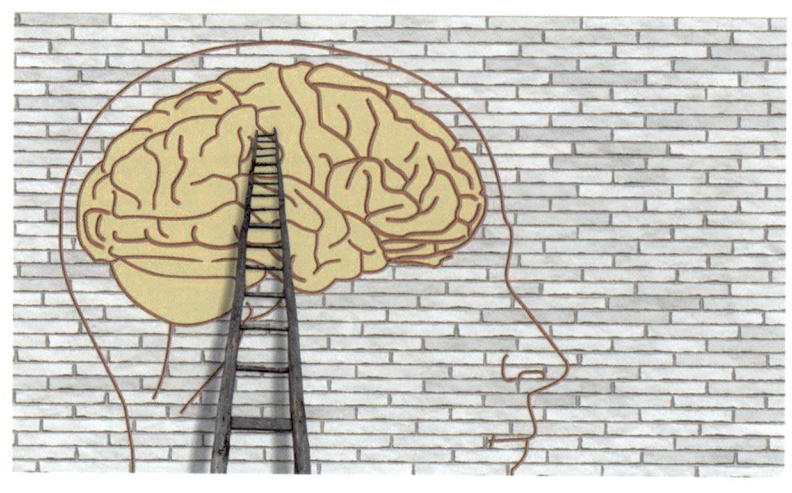

간첩수사의 신경망 조직

국정원 내 과학부서는 첨단기술 역량을 총동원하여 북한의 대남 간첩활동 전반에 걸쳐 첩보를 수집할 수 있고, 그 첩보를 인계받은 수사국이 사회 전반에 은밀히 활동하고 있는 국내 지하당 고첩세력들을 색출해 왔다.

수사국은 지난 수십 년간 간첩 사건 처리 경험을 바탕으로 고난도의 업무 노하우를 축적해왔고, 국정원 내 여타 부서들과도 긴밀히 협업하면서 검·경·군과의 공조를 통해 대한민국 간첩수사를 견인해 온 중추신경망이었다.

그런데 2024년부터 간첩수사 업무 수행 방식은 기존의 컨트롤 타워 중심의 패턴이 완전히 붕괴되고 기관 상호 간 협업 형태로 바뀌어 버렸다. 경찰이 수사를 전담하고 국정원은 보조적 역할만 수행하도록 된 것이다.

간첩수사의 속성을 모르는 사람들의 입장에서 보면 수사는 경찰이 해도 되고, 교육만 잘 시킨다면 누가 해도 가능할 것처럼 보인다.

세계 최고 수준의 증거화 기법 역량

나는 수십 년간 간첩수사를 해오는 과정에서 체득한 게 있다. 대한민국 국정원의 증거화기법 역량은 발군이라는 점이다. 디지털 증거물의 압수·분석을 통한 증거화 과정에 있어 무결성과 합법성을 증명하는 능력이 세계 최고수준이다.

아이러니하게도 그런 단계로까지 진화된 이유가 있다. 예전 왕재산이나 일심회 간첩사건, RO내란음모 사건 등의 재판과정에서 민변 변호사들은 국정원이 증거로 제출한 디지털 증거물에 대해서는 온갖 트집잡기로 일관해 왔는데, "사진이 조작된 것 같다", "포렌식 과정을 신뢰할 수 없다", "증거물 USB 복제과정에서 인위적인 조작을 했다" 등 끊임없는 문제 제기로 재판을 지연시키거나 재판부를 지치게 만들어 왔다.

그래서 아예 논란의 소지 없이 완벽하게 증거화하는 기법이 끊임없이 발전되어 온 결과다.

그래서 국정원은 범죄 증거 확보 단계부터 모든 증거화 과정을 완벽하게 구현하여 재판부에 제출한다. 수사관들 대부분이 포렌식 자격증을 소지하고 있을 만큼 IT전문성도 뛰어나다.

세계 각국의 정보기관들이 국정원과 업무 공조를 할 때 디지털증거물 포렌식 노하우에 대해서는 기법 전수를 요청할 정도다. 고도로 암호화된 북한 지령문 스테가노그라피도 국정원은 어떻게든 그것을 풀어낸다. 이러한 대체 불가한 노하우가 첩첩이 쌓여 있다.

국정원 내 모든 부서들과 협업·공조가 가능한 업무 시너지의 주체
국정원은 강한 조직이며 그중 수사국은 조직을 떠받치는 튼튼한 뿌리였다. 국가의 안보가 견고해야 그 나라는 주변국들에게 함부로 침탈 당하지 않는다. 남·북한이 군사대치하고 있는 대한민국의 경우는 더욱 그렇다.

만약 수사국이 북한을 추종하는 지하 간첩조직이나 내란 음모 기도 RO사건과 같은 대형수사에 착수한다면 모든 부서들은 각자의 전문성을 총동원하여 수사국과 긴밀히 공조한다. 한마디로 업무 시너지 효과를 극대화하는 거다.

과학부서, 북한부서, 해외부서 등 국정원의 모든 부서들 역량이 총집결되어 수사국으로 녹아 들어와서 완벽한 수사를 진행할 수 있다는 점이 최대의 강점이었다.

나는 국정원 수사관으로 30년을 근무했다. 소위 말하는 끗발 있는 지휘부서에 근무한 적도 없다. 좋게 보면 한 우물만 판 격이지만, 달리 보면 고지식하게 한 분야에만 올인을 한 조직생활의 외눈박이라고 할 수도 있겠다.

그러나 수사국에서 청춘을 바친 것이 너무도 감사하고 자랑스럽다. 수사관의 신분으로 국가안보의 최전선에서 밤을 새우며 노력하고 땀을 흘린 것은 내 인생 최고의 보람이었다.

또한 음으로 양으로 나를 지도해 주신 선배님들과 힘든 길을 묵묵히 함께 따라와 준 후배님들에게도 이 지면을 빌어 진심으로 감사의 마음을 전한다.

나는 내 청춘을 바친 이 조직생활을 끝내고 난 후 무언가를 남기고 싶었는데 지금 나와 함께 인연을 맺은 후배들 이외에도 앞으로 이 조직을 책임질 이름도 얼굴도 모를 미래의 후배들을 위해 자랑스러운 '수사국의 조직정신'을 글로 남겨주고 싶었다. 그게 바로 '대공수사국 토라' 다.

내가 조직생활을 통해 뼈저리게 절감한 내용들을 기재한 이 '대공수사국 토라'에는 수사관들이 중요시해야 할 조직생활 덕목이 다 녹아 있다고 자부한다.

'대공수사국 토라'를 읽으며 현직후배들은 험난한 조직생활에 조금이나마 마음의 위안을 찾았으면 하는 바람이고, 일반국민들은 자신의 직무에 최선을 다하는 국정원 수사관들에 대해 따뜻한 응원을 보내는 계기가 되기를 희망한다.

디아스포라

AD 70년 이스라엘이 로마제국에 의해 완전히 멸망된 이후 유대인들은 전 세계로 뿔뿔이 흩어져 무려 2,000년 동안 나라 없는 유랑민으로 떠돌게 된다.

그런데 정말 신기하게도 세계 각국에 정착한 유대인들은 해당 국가의 문화에 잘 적응하면서도 그들의 언어와 역사와 민족 전통을 온전히 기억하며 보존해 왔다.

시오니즘

이들은 세계 각지에서 오랜 기간 엄청난 핍박을 당해왔지만 자신들의 언어와 문화를 지금까지 온전히 보존한 채 철저한 민족주의로 똘똘 뭉쳐 있다.

필자가 2017년 미국 시애틀에 연수를 갔을 때 이스라엘 최대 절기인 유월절 행사를 맞아 호텔 1층을 통째로 대관한 유대인들의 기념행사 장면을 목격했다. 그들이 전통의상을 입고 찬송하며 의식을 행하는 모습을 보니 신기하면서도 한편 부러웠다.

언젠가는 잃어버린 내 조국을 다시 회복하겠다는 강한 일념으로 후손들에게 대를 이어가며 자신들의 언어와 역사를 대물림 시켜온 끝에 1948년 5월 그들은 이스라엘이라는 나라를 기적적으로 다시 건국했다.

토라(Torah)

세계 최고의 민족애와 결집력을 자랑하는 이스라엘의 힘의 원천은 무엇일까?

바로 '토라(모세5경)'다. 유대인들은 자녀에게 5세때부터 모국어로 쓰인 토라를 암송시키는데 이 토라를 통해 모든 이스라엘 국민들은 율법을 철저히 지키고 투철한 신앙심으로 애국심을 발휘한다. 민족적 역량으로 따지면 세계 최강이다.

대공수사국 토라

조직에서 구성원들을 결집시키는 가장 강력한 원동력은 조직정신이다. 대공수사국의 존재가치는 간첩 검거다. 그런데 간첩 잡는 과정이 참으로 험난하다. 그렇기 때문에 수사관들은 확고한 의지와 뚜렷한 소신으로 무장해야 한다.

직업적 소신은 각자의 몫이지만, 국정원 수사관들이 지향해야 할 정신적 자세는 일관된 교범처럼 공유되는 게 좋다. 그래서 여기 '대공수사국 토라'를 제시한다.

대공수사국 토라

수사국 조직문화

수사국은 전통적으로 '상명하복이 철저한 조직'이라는 평가 속에 업무근성과 충성심이 탁월한 부서로 호평을 받고 있다.

반면, '국장의 입김이 강력한 지시일변도 조직', '복종문화가 몸에 밴 대공탄광' 등의 비아냥을 받기도 한다.

왜 그럴까? 수사국 직원들은 휴일·야간 구분 없는 증거수집 활동, 확신범인 간첩들과의 치열한 싸움, 각종 대공상황 처리 등 고단한 격무들을 완벽히 처리하기 위해 강한 위계질서가 몸에 배어있기 때문이다.

그럼에도 불구, 수사국 직원들의 가치는 매우 높다. 조직 내 핵심 지휘부서로 전출간 수사국 직원들은 꾸준히 축적된 인내력과 성실성을 바탕으로 자신의 진가를 십분 발휘한다.

그러나 이처럼 지시 이행 및 상명하복으로 잘 조직화된 사람들이 훗날 간부가 되어 똑같은 패턴으로 생활하면 곤란하다. 위계질서에 충실한 것도 좋지만, 그 조직문화에 지나치게 매몰되면 숨 막힌다.

오랜 기간 지시 이행만 칼같이 잘 해오던 직원이 시간이 흘러 고급간부가 되었을 때 과연 업무 지휘도 자발성 있고 창의적으로 잘할 수 있을까? 자기 소신 없이 지시 이행만 잘하는 기계가 될 우려는 없는가?

지시이행과 상명하복이 철저한 수사국 문화는 강력한 조직애가 큰 장점이다. 그러나 충성심이 강할수록 자유로운 창의성을 기대하기 어렵다.

특전사나 해병대가 자유영혼으로 충만할 수 없고, 천재예술가는 군인정신이 투철할 수 없다. 이처럼 충성심과 창의성은 병행하기 어려운 상반된 가치이므로 조직에서 둘 다 취하기는 쉽지 않다.

충성도가 높은 조직일수록 조직원 간 끈끈한 인간애가 장점이지만 소신행보보다는 지시 복종이나 세태에 굴종하기 쉽다. 그렇다면 이 수사국 조직에서 내가 견지해야 할 필수덕목은 무엇인가?

수사관들은 하루하루 맹목적으로 생활해선 곤란하다. 뭐가 옳은지, 왜 이 일을 하는지 항상 생각해야 한다. 또 뭐가 불합리한지 그걸 바꾸기 위해 내가 뭘 어떻게 해야 하는지 늘 고민하고 실천해야 한다.

불합리한 것이 쉽게 개선되지는 않는다. 그러나 내가 개선해 보려고 노력하는 것이 매우 중요하다. 이런 의식을 갖고 노력하는 사람만이 훗날 조직의 핵심인물이 될 것이다.

매사에 불평만 하거나 맹목적인 낙관론만 가진 외눈박이는 많다. 우리는 비판적 사고를 가져야 하지만 그에 대한 대안도 강구해야 한다. 비판적 사고와 긍정적 마인드를 둘 다 겸비한 사람이 가장 강력하기 때문이다.

수사국의 정신

첫째, 창의성 ⇒ 만드는 게 아니고 찾는 거다

'왜 수사국은 창의성이 발휘되기 힘든 조직인가?'라는 점을 곰곰이 따져보면 나름 타당한 이유가 있다.

수사국은 업무 특성상, 확고한 충성심으로 일사불란하게 움직여야 하는 상명하복 조직이므로 직원들을 지휘하는 초급·중급·고급간부들의 리더십이 명확하게 나타나며, 특히 조직 정점에 위치한 국장의 지휘권은 매우 강력하게 발산된다.

여기에 슬픈 함정이 있다. 유·무능 여부와 관계없이 자기 목소리가 센 간부는 직원들을 압도하는 대가로 소통 단절을 감수해야 한다. 심지어 개인적 독선이 강하면 후배들은 장벽을 쌓는다.

이런 이유로 소통 단절이 일상화되다 보면 새롭게 보고 자유롭게 표현해야 하는 창의성은 점차 사라지게 된다.

창의성 없는 조직은 주로 간부만 말을 하고 직원들은 듣기만 하는 반면, 창의성 있는 조직은 서로가 자발적으로 다 함께 대화한다.

창의성 없는 조직은 발표자인 내가 무슨 내용을 얘기할 것인지만 신경 쓴다. 아무리 지루해도 발표자는 시나리오 대로만 읽는다.

창의성 있는 조직은 발표 내용보다 직원들이 어떻게 받아들일지를 신경 쓴다. 발표자는 읽지 않고 외워서 쉽고 명쾌하게 전달한다.

세상의 많은 부분은 고정관념이라는 벽으로 가로막혀 있다. 조직도 마찬가지다. 생각과 관행의 틀에서 벗어나 그 벽 너머를 보는 것, 그게 창의성이다.

'창의적으로 생각한다는 것', '창의적으로 접근한다는 것'은 세상에 없는 새로운 것을 만드는 것이 아니라, 버젓이 있었지만 그냥 스쳐 지나가면서 보지 못한 것을 발견해 내는 작업이다.

> **참고사례**
>
> 1961년 중앙정보부 창설 이래 수사국은 수십 년간 지금까지 간첩수사에 임하는 조직원들의 자세와 결기를 다지는 직무교육을 정례적으로 시행해 오고 있다.
>
> 최근의 북한 대남공작 실상을 공유하고 전체적 업무전략을 공유하는 자리이기도 하며, 말미에는 수사국장님의 총평이 이어진다.
>
> '지금이 가장 큰 위기이고, 열심히 해야 한다'라는 국장님의 훈시가 구구절절 옳은 말씀인데도 귀로만 들릴 뿐 가슴에 와닿지 않는다.
>
> 내가 군기가 빠져서일까?
>
> 아니다. 발표내용 제목만 봐도 직무교육이 어떻게 진행될 것인지 뻔히 예상되기 때문에 벌써 지루해지고, 어떤 발표내용도 마음에 와닿지 않는 것이다.
>
> 심리학자들은 "인간은 미리 예측되는 상황에서는 호기심이 급격히 저하되므로 그 내용을 잘 받아들이지 못할 뿐 아니라 쉽게 잊어버린다"라고 강조한다.

우리는 직무교육이 아무리 지루해도 '엄숙하고 진지해야 한다'라는 사고의 틀 속에 갇혀있기 때문에 교육종료 직후 모든 걸 곧바로 망각해 버리는 비극을 반복하고 있는 셈이다. 창의는 꿈도 못 꾼다.

직무교육 발표패턴과 고루한 교장선생님 훈시는 서로 쌍둥이처럼 닮았다.

효과가 없다면 방식을 바꾸어야 한다. 그게 창의다. 그래서 2018년 직무교육에서는 피아노가 연주되었다. 그때 가을의 전설 OST(The Ludlows)를 연주한 사람이 바로 나다.

왜 피아노를 연주했는가?

당시 직원들은 연이은 격무에 파묻혀 정신적으로 긴장되어 있었다. 오랜 전투로 인해 지쳐있는 병사들에게 사단장님의 일장훈시는 허공 속의 담배연기다. 잠시 니코틴의 맛을 느낄지는 모르겠지만 훅 하는 바람에 모두가 날아가 버린다.

그때는 달콤한 힐링이 최고의 효과를 낸다. 사랑하는 가족의 목소리를 듣거나 아름다운 음악을 들으며 정신적 에너지를 충전하는 게 훨씬 낫다. 영화 쇼생크탈출에서 앤디가 죄수들에게 들려준 가곡 '피가로의 결혼'을 듣고 모든 재소자들이 그 음악이 무슨 곡인지도 몰랐지만 얼어붙은 듯 그 자리에서 말할 수 없는 감동을 느끼지 않았던가?

그때 나는 국장님께도 사전 보고 없이 즉석에서 피아노를 연주했다. 25년 전 작은 일탈을 하며 영화 '가을의 전설' 을 훔쳐보았던 그 문제아가 이제는 '가을의 전설' OST를 연주하며 강력한 업무루틴 속에 짓눌려 있는 조직원들과 색다른 카타르시스를 공유하고 싶었다.

후배들은 지금까지도 내게 그때의 소감을 이야기한다. "수십 년간 들었던 직무교육 내용들이 하나도 기억나지 않지만 지부장님께서 그날 연주하신 피아노의 선율은 아직도 귀에 생생합니다. 뭔가 가슴이 후련했어요"

'자기 혹사'와 '열정'을 구분 못하는 사람이 많다. 무작정 열심히 하는 것은 열정이 아니다. 무식하게 자기희생을 하는 것도 열정과 거리가 멀다.

일을 제대로 기획하여 원활하게 첫 단추를 꿰는 원동력이 '창의력'인데 그것만으로는 부족하다. 잘 시작한 일을 끝까지 해내는 힘, 즉 '열정'이 있어야 제대로 완성이 된다.

둘째, 열정 ⇒ 열정과 즐거운 삶은 형제지간이다

좋은 출발의 시작점을 위한 필수요소가 창의력이라면, 그 업무를 마무리단계까지 끌고 가는 힘은 바로 열정이다.

그런데 무작정 열심히 하는 것은 열정이 아니다. 열정은 아래와 같이 달리 표현되기도 한다.

❶ 내 일의 결과가 남 앞에서 부끄럽지 않아야 한다는 마음가짐
❷ 주어진 일은 끝까지 완수하겠다는 끈기 있는 책임감
❸ 이미 보편적인 공식으로 자리 잡은 불합리한 관행은 결코 똑같이 따라하지 않겠다는 전문가적 소신

사소한 일에도 최선을 다하는 열정은 좋지만 조심해야 할 것이 있다. 타인이 나를 사소한 것으로 성가시게 하더라도 그것조차도 인정해 줘야 한다는 점이다. 나와 의견이 달라도 남을 인정해 줘야 한다.

진정한 프로는 나와 생각이 다른 사람을 깎아내리거나 비하하지 않는다.

나 스스로를 열정 있는 프로라고 자부한다면 다른 사람의 열정도 존중해주어야 하기 때문이다.

열정적으로 생활하기 위해 반드시 필요한 마음자세가 있다. 바로, 시인의 마음으로 세상을 바라봐야 한다는 것이다.

하루하루를 작은 감동과 감흥으로 살아야 한다. 이러한 자세는 내 주변의 모든 사물들을 새롭게 보는 훈련이다. 작은 감흥과 설렘들이 모여 열정이 되고, 그것이 즐거운 삶의 핵심요소가 된다.

삶과 일은 밀접하게 연결되어 있다. 내 삶을 잃어버린 채 결코 일을 잘하기 어렵다. 즐거운 삶과 일의 성과는 정비례의 관계다. 일에 흥미를 잃었다는 것은 삶의 열정을 잃어버린 것과 같다.

열정을 자기 혹사나 일 중독으로 착각해서는 곤란하다. 열정은 삶을 즐기는 가운데 만들어지는 것인데 많은 분들은 이 점을 오해한다.

예전에 일부 선배들은 나 자신의 삶을 완전히 포기한 채 24시간 업무에만 올인 하셨다. 어마 무시한 자기희생을 한 것이다.

마치 조직의 모든 문제들을 본인이 짊어진 것 마냥 하루 종일 심각한 얼굴로 전전긍긍하면서 후배들을 닦달하면서 말이다.

사무실 분위기가 좋다는 소문이 돌면 그 즉시 해당 간부는 국장으로부터 '직원 장악을 제대로 못하여 군기가 빠졌다'라는 질책을 받기도 했다. 과거시절 얘기다.

문제는 이런 분들이 '나는 매우 열정적으로 업무를 하고 있다'라고 착각해 왔고 많은 후배들은 그런 환경 속에서 숨죽여 왔다는 점이다.

삶이 즐거워야 일도 즐거워지는 법인데 나 자신의 삶을 무작정 희생해야 일이 잘 된다고 확신하며 자기 혹사를 한다면 내 삶도, 일도 모두 망가뜨리는 우를 범하게 된다.

다시 말해, 가정을 제쳐두고 나 자신의 행복을 포기하며 일상적이고 기계적인 야근과 휴일 근무를 반복하는 것은 열정이 아니다.

지혜로운 간부는 사소한 일을 하면서도 업무효율 극대화를 도모하기 위해 후배들의 설렘과 열정을 끊임없이 촉발시키면서 이들을 행복한 삶으로 이끈다. 즐거운 사무실에서 성과가 나오기 때문이다.

업무를 잘 완수하기 위한 원동력은 '설렘'이고, 이 설렘은 열정의 밑바탕이 된다. 그리고 설렘과 열정은 일에 파묻혀야 생기는 것이 아니라 풍성한 삶 속에서 제대로 생겨난다.

풍성한 삶이란, 하루하루를 설레며 살고 그런 삶 속에서 열정을 만들어가고, 그 열정으로 성과를 창출하는 것이다. 그래서 우리는 행복한 설렘을 위해 내 삶을 풍성하고 다양하게 만들어야 한다.

셋째, 관계 ⇒ 뭐니뭐니 해도 사람이다

일을 잘하는 사람은 주목을 받고, 인간관계를 잘하는 사람은 칭송을 받는다.

조직사회는 인체의 신경망처럼 무수히 많은 관계로 엮여져 있다. 그래서 내가 누군가에게 좋은 영향을 끼치면 그것은 훗날 고스란히 나에게 돌아온다. 반면, 남에게 상처를 주면 훗날 몇 배로 돌려받는다.

그만큼 인간관계는 중요하다. 조직생활을 잘 하려면 인간관계를 잘하는 마당발 스타일이 매우 유리하다.

관계의 소중함을 자각하고 내 곁에 있는 사람의 소중함을 알아 그 관계를 키우면서 그 사람의 기운을 북돋아 주는 게 핵심이다.

선배는 후배에게 기운을 북돋아 주며 기력을 솟아나게 만들어서 스스로 일하게 만드는 세련된 인간관계 기공사가 되어야 한다.

내 곁에 있는 후배 한 사람도 감동시키지 못하면서 어떻게 층층시하 높은 상관들의 마음을 사로잡고 감동을 줄 수 있겠는가?

그래서 간부를 발탁할 때 그의 평판을 보는 것이다. 직속상관이 아닌 후배들의 평판이 특히나 더 중요하다.

말 한마디로도 놀라운 결과를 만들어 낸다. 모두가 눈치를 보며 담당관을 비난할 때 누군가의 격려 한마디가 그 직원을 발전시킨다. 일의 성사 여부는 상호 인간관계가 어떠하냐가 그만큼 중요하다.

타인에게 관심을 두되, 지나치게 개인적인 영역까지는 참견하지 말고 그 사람의 결정을 응원하고 지지해 주면서 그가 내게 도움을 요청해 온다면 최대한 도와주어야 한다.

선배수사관의 덕목

아름다운 가치 '후배들 보호' ⇒ 제대로 된 선배의 최고덕목

역대 수사국장들에 대한 평가는 극명하다. 후배들의 칭송을 받는 사람, 지금도 욕바가지로 먹는 사람, 무색무취한 사람, 왜 그럴까?

간단하다. 후배들의 신망을 받는 국장들은 공통점이 있다. 이분들은 눈높이를 후배들에게 맞추었다. 맹목적인 지시를 반복하거나 자기 독재하는 분들과는 차원이 달랐다. 아래위를 잘 조화하며 지혜롭게 이행했다.

선배들이 후배들을 진심으로 아끼고 사랑해 줄 때 수사국의 문화는 활기가 넘치고 직원들의 사기는 충만하게 된다.

수사관의 야성이 살아야 조직이 살아나고, 일하고자 하는 욕망이 자율적으로 팽창할 때 닦달하지 않아도 업무 성과는 따라온다.

과거 일부 간부들은 애국심과 국가안보를 부르짖으며 후배들을 압박하여 기계적인 실적을 강요했고, '업무 독려'라는 미명하에 직원들을 몰아붙이기도 했는데 가끔 그 저의를 의심받기도 했다.

과연 진짜 순수한 진정성을 가지고 후배들을 압박했는가 말이다. 내가 승부를 봐야 해서?(이번에 큰 거 한방으로 승진 꿀맛), 지휘를 잘해서 윗분께 인정받고 싶어서?(그러면 나 혼자 열심히 하면 된다)

거창한 명분을 내세우지만 사심이 개입되어 업무를 쥐어짤 때 후배들은 매우 피곤해진다. 진심이 아닌 사심이 충만한 간부는 새파란 후배들도 다 안다. 면종복배할 뿐이다. 옛 시절 얘기다.

일은 사람이 한다. 따라서 일이 잘 되게 하려면 후배들의 능력을 이끌어 내야 한다. 그래서 선배는 업무 전문성을 당연히 구비해야 하며, 후배 전문가들을 잘 다스리는 소통력도 갖추어야 한다.

단, 업무회의나 집단토의 때 돌아가며 발표시키는 것은 제대로 된 소통이 아니다.

무작정 최선을 다하려고 눌러 대거나 일을 어떻게 풀어나가야 할지 구체적인 대안 제시도 못하면서 막연히 열심히 하라고만 뿜어대는 부지런한 무능자가 되어선 곤란하다.

유능한 리더는 전문가를 묶는 능력이 탁월하여 함께 있는 모든 사람을 주인공으로 만들며, 에이스 한두 명 만을 혹사하는 어리석은 지휘를 하지 않는다.

선배는 솔직하고 진솔한 마음으로 후배들을 대해야 한다. 잠시 위기 모면을 위한 거짓말, 언행 불일치, 윗사람에게만 맹종하면서 자기소신 없이 지시 이행에만 급급해서도 안된다.

조직에서 선배는 후배들과의 따뜻한 관계 속에서 생명을 누린다. 그러므로 내가 습득한 노하우를 후배들에게 아낌없이 전수해 주는 것도 수사국 선배로서 갖추어야 할 중요한 의무다.

조직은 최고 간부의 일장훈시나 기계적인 지시사항 전달만으로는 결코 진화되지 않는다. 선배들의 따뜻한 애정과 깊은 배려가 담긴 진심 어린 후배 사랑이야말로 조직 발전의 최우선 가치다.

> 책임질 줄 알아야 한다 ⇒ 지시하는 선배는 많지만, 책임지는 선배는 드물다

아무리 완벽하게 준비해도 사고는 날 수 있다. 매우 꼼꼼한 점검과 사전 리허설은 사고의 확률을 낮춰주기 때문에 하는 것이다. 그래도 사고가 났다면 책임은 선배인 내가 져야 한다.

후배에게 지시하는 선배는 많지만, 사고가 났을 때 책임지는 선배는 찾아보기 힘들다. 가장 힘든 일이 선배들의 것이고, 나머지가 후배들의 몫이다.

강재구 소령은 계급이 높아서가 아니라 그 정신이 높아서 기억되고 있다.

대부분 말로만 할 뿐, 실제로 행동하지 않는다. 후배를 위해 내가 책임진다는 선배가 많아야 조직이 단단해진다.

선배가 난제를 지시했을 때 후배가 완수해 오지 못하면 혹독하게 질책해도 된다. 다만, 책임감 있는 선배라면 아래와 같아야 한다.

후배가 못한다고 호되게 꾸짖고 나서는 내가 할 수 있어야 한다.

확실한 범증 수집을 못했거나 왜 검찰과 협의를 제대로 못했냐고 모질게 질타했다면 그리고 나서 내가 한 번에 해결할 수 있어야 한다. 그런 능력을 갖춘 사람만이 후배를 꾸짖을 자격이 있다.

배려할 줄 알아야 한다 ⇒ 말은 쉽고, 실천이 어렵다

직장에서 승진은 누구나 꿈꾸는 희망이다. 직업적 소명을 갖고 열심히 일하는 것이 큰 보람이고, 승진은 추가된 달콤한 보너스다.

그렇다면 이 치열한 경쟁 속에서 어떤 사람이 쉽게 승진을 할까? 바로 배려를 잘 하는 사람이다.

후배가 괴로워하면 왜 그러냐고 물어봐 줘야 하고, 업무로 힘들어하면 대신해줘야 하며, 삶에 지쳐 있으면 잘 다독여 줘야 한다.

내 앞자리, 내 옆방, 내 위·아래층의 후배가 쩔쩔매고 있는데도 그냥 내 일만 열심히 하는 선배들은 배려심은 물론이고 공감 능력이 떨어지는 사람이다. 향후 이런 분들이 출세하면 일방통행형 간부가 된다.

후배들은 논리정연하고 말 잘하는 선배보다 말없이 희생해 주는 선배를 원한다.

반면, 직속후배뿐만 아니라 나와 소속이 다른 후배들에게도 마음을 열고 소통하며 고민을 공유하면서 진심으로 배려해 주는 선배는 조직에 활기를 준다. 이런 선배들이 많아야 직장이 따스해진다.

인사철이 되면 공감과 배려가 부족한 선배는 주로 직속상관의 입을 통해서만 승진시켜 달라는 요구가 나오지만, 공감과 배려가 뛰어난 선배는 다른 부서 후배들의 입을 통해 칭송이 나온다.

후배수사관의 덕목

> 항상 물어봐야 한다 ⇒ 찾아라! 구할 것이고, 두드리라! 열릴 것이다

상명하복이 뚜렷한 수사국 문화 특성상 후배들이 선배에게 어떤 것이라도 자유롭게 물어보는 것이 조금 망설여질 수 있다.

게으른 자는 배울 생각도 않는다. 우직한 자는 오랜 시행착오 끝에 혼자서 배운다. 그러나 지혜로운 자는 물어보고 빨리 배운다.

묵묵히 일하는 수사관이 각광받던 시대는 지났다. 많이 물어보는(bite 말고 ask) 사람이 업무자세가 좋은 수사관이다. 업무능력이 뛰어난 선배에게 항상 물어보고 그의 경험을 공유해야 한다.

후배로부터 질문을 받았을 때 나타나는 선배의 양태도 여러 가지다. 적당히 얼버무리는 선배는 본인이 잘 모르는 거다. 일부러 정확히 가르쳐 주지 않는 선배는 이기적인 사람이다. 장황하게 설명하는 선배는 자기 자랑을 하고 싶은 거다.

유능하고 지혜로운 선배는 따뜻하면서도 명쾌하게 응답한다. 후배들은 이런 귀감이 되는 선배를 멘토로 삼고 술밥을 대접하면서 그의 모든 노하우를 속속들이 다 뽑아내어 내 것으로 만들어야 한다.

질문은 지혜의 시작이다.

질문을 하려면 신중한 사고와 행동이 필요하다. 질문하려면 기본적으로 뭘 좀 알아야 할 것 아닌가? 질문하는 태도나 그 내용만 봐도 후배의 자질을 금방 알 수 있다.

후배는 질문을 통해 선배들을 설득시킬 수도 있다. 왜냐하면 내가 질문을 하면 선배는 질문에 답하기 위해 잠시 생각을 하게 된다. 상대방을 생각하게 만드는 것이 바로 설득이기 때문이다.

정곡을 찌르는 질문을 함으로써 좀 더 나은 대인관계를 만들기도 한다. 왜냐하면 좋은 질문을 하기 위해서는 선배의 말을 성의 있게 경청해야 하고 그 과정이 지속되면서 상호교감도 커지게 된다.

적절한 질문은 대화에 윤기가 흐르게 하고 지루하던 대화에 활기를 불어넣기도 하며 어색한 사람에게 효과적인 사교도구도 된다.

내가 질문하지 않는 이유는 권위에 도전하기를 겁내기 때문이며, 일을 두려워하며 몸을 사리기 때문이고 훗날 뭔가 책임질까 두렵기 때문이다.

권위주의를 타파하는 방법은 선배의 솔선수범보다 후배들의 가치 있는 질문이 더 효과적이다. 내가 물어봄으로써 내 의사를 표현할 수 있고, 선배의 경각심을 자극하기도 한다. 이게 소신이고 용기다.

→ 질문이야말로 개인을 바꾸고, 조직문화를 바꾸는 강력한 수단이다.

직언할 줄 알아야 한다 ⇒ 업무적 자신감과 소신이 있어야만 가능

사례 1 ▶ 제나라 왕 경공이 재상 안영(晏嬰)에게 물었다.

"충신은 왕을 어떻게 섬겨야 하는가?"

재상 안영이 대답했다.

"충신은 왕이 재난을 당해도 따라 죽지 않으며, 왕이 망명할 때에도 전송조차 하지 않아야 합니다."

왕이 대단히 불쾌해 하며 그 이유를 묻자 안영이 대답했다.

"신하가 좋은 의견을 간하여 그것이 채택되었다면 왕이 평생 亂을 당할 일이 없고, 신하도 죽을 일이 없습니다. 또한 좋은 묘책을 내놓아 그것이 채택되었다면 도망가거나 망명할 일이 없으니 왕을 전송할 일 또한 없습니다. 만약 좋은 의견을 내놓았는데도 채택이 되지 않아 亂이 발생하여 왕과 신하가 함께 죽는다면 그것은 아무 가치 없는 개죽음입니다. 또 좋은 묘책이 채택되지 않아 도망칠 일이 생겨 왕을 전송한다면 이 역시 신하로서 왕을 제대로 섬기지 못했기 때문입니다."

이처럼 충신이란 왕에게 좋은 말만 하는게 아니라 올바른 말을 해야 하는 자이지, 함께 재난에 빠지거나 죽는 자가 아니라는 말씀이다.

사례 2 ▶ 춘추전국시대 위나라 왕과 두 재상

위나라 왕의 남동생이 중산국을 정복하고 돌아왔다. 그런데 왕은 중산국을 다스릴 왕으로 일등공신인 남동생이 아닌 자기 아들을 책봉했다. 누구도 이 문제를 지적하지 못하자 두 재상이 간언한다.

재상 적황 ⇒ 강직하고 드셈

"주군은 어리석은 군주입니다. 중산국 왕에 동생이 아닌 아들을 보내셨으니 이것은 대단히 잘못된 것이고, 군주의 지혜롭지 못함이 단적으로 드러난 사례입니다"

재상 임좌 ⇒ 강직하나 지혜로움

"주군은 대단히 현명한 군주입니다. 왜냐하면 군주가 현명하면 신하들이 어떤 말도 맘껏 간언할 수 있기 때문이지요. 지금 임좌의 말이 매우 듣기 거북하셨겠지만 올바른 지적이므로, 이는 임금께서 현명하다는 증거입니다"

좋은 상사는 직언을 수용할 줄 알아야 하고, 좋은 부하는 뚜렷한 소신과 정확한 식견을 갖추고 상사가 수용을 하든, 하지 않든 바른말 할 줄 알아야 한다. 다만, 직언하는 방식에 따라 하수와 고수로 구별될 뿐이다.

지혜가 묻어나는 직언이 난무해야 바람직한 조직이다. 좀 틀린 말이라도 자유롭게 발산되어야 한다. 바람직하지는 않지만 아첨이 좀 난무하는 조직도 봐줄 만하다. 그러나 가장 최악은 직언이든 아첨이든, 아예 말이 없는 조직이다.

탁월한 필력을 겸비해야 한다 ⇒ 수사관의 최고 덕목

수사관은 다방면에 걸쳐 모든 것을 할 줄 아는 만능이어야 한다. 그러나 그 중에서도 빼어난 글솜씨를 보유하고 있다면 금상첨화다.

왜냐하면 내가 작성한 각종 수사서류가 검찰이나 법원에서 간첩혐의자의 유·무죄 판단의 근거자료가 될 수도 있으므로 정확하고 명쾌한 필력은 꽤 긴요하다.

또한, 어느 날 갑자기 원장과 대통령께 중요한 업무보고를 해야 할 경우가 생긴다면 담당수사관인 내가 직접 작성하는 것이 가장 바람직할 것이다.

상하관계로 맺어진 조직에서는 글의 힘이 말보다 훨씬 더 강하다. 말만 잘 하는 사람은 떠벌이라고 낮게 보지만, 글을 잘 쓰는 사람은 소리 없는 고수라고 칭송한다. 그만큼 글 잘 쓰는 필력이 중요하다.

> 중국 삼국시대 때 촉나라 승상은 제갈량이었다. 오늘날 국무총리다.
>
> 그런데 아버지 유비와는 달리 무능하기 짝이 없던 촉나라 왕 유선은 나라 안팎의 정세를 걱정한 나머지 승상 제갈량이 자리를 비우는 것을 좀처럼 허락하지 않았다.
>
> 제갈량이 위나라와 전쟁을 하기 위해 출병 목적으로 몇 차례에 걸쳐 구구절절 읍소를 했지만, 무능한 왕은 막무가내로 그를 붙잡았다.
>
> 그러나 충성스러운 제갈량은 왕의 선친 유비의 遺志인 위나라 정벌을 위해 진정한 애국심과 결기를 담아 그 유명한 출사표를 작성하여 유선에게 상소했다.
>
> 이에, 아무리 말로 설득해도 요지부동이었던 유선이 이 출사표를 읽고 난 후 마음이 크게 움직여 제갈량의 깊은 속뜻을 이해하게 된다.

그런데 글을 잘 쓰고 싶지만 한 가지 애로사항이 있다. 필력은 결코 단기간 내 향상되지가 않는다는 점이다. 오랜 기간 조금씩 꾸준히 훈련해 온 사람만이 일정 기간 후 달필의 경지에 도달하게 된다.

필력은 팔힘과 손목 힘이 좋다고 잘 쓸 수 있는 게 아니다. 글은 손이 아니라 머리로 쓰는 것이므로 잘 쓰려고 항상 고민해야 하고, 탁월한 기법이 담긴 책자를 끊임없이 봐야 하며, 선배들의 멋진 보고서가 어떻게 만들어지는지 열심히 따라 배우는 사람만이 고수가 된다.

조직에서 하수·중수는 발에 차이지만, 필력 좋은 고수는 매우 드물기에 빛이 난다.

우리의 정신

국정원 수사국은 대한민국의 어벤저스다.

수사관은 가족도 초개같이 버리고 오로지 국가를 위해 이 한 몸 바치는 것이 당연하겠지만, 사실 우리가 그 정도까지의 희생을 요구받지는 않는다.

국정원이라는 튼튼한 보호막 아래 내 가족을 편안히 잘 부양하고 있는 현 상황에서 국가를 위한 충실한 복무는 당연한 직업적 의무다.

수사국은 그동안 많은 풍파를 겪어 왔지만 국가안보 수호를 위한 선배들의 피나는 노고와 후배들의 열정이 한데 어우러진 탄탄한 조직 전통이 지금까지 이어져 내려오고 있다.

수사관은 간첩세력을 반드시 척결해야 하며, 승진과 같은 대가를 바라지 않고 수사행위 자체만으로 보람과 긍지를 가져야 한다. 그러나 간첩을 잡는 과정은 참으로 힘들고 고통스럽다.

수사관은 사람을 단죄하는 일을 한다. 때문에 업무에 있어 한 치의 오차나 실수가 허용되지 않는다. 일을 할 때는 철저하고 냉정하고 완벽하게 해야 한다. 그러나 삶을 대하는 마음은 따뜻해야 한다.

창의성·열정·관계는 수사국의 정신이다. 우리는 강력한 조직애와 충성심을 바탕으로 이 정신을 늘 되새기면서 일에 있어서는 냉철한 이성을, 삶에 있어서는 따뜻한 감성을 유지하면서 살아야 한다.

돌아올 수 없는 강

법이란 무엇인가?

투키 윌리엄스 사건

미국 LA에 거주하던 스탠리 투키 윌리엄스(Stanley Tookie Williams)는 17세 때 조직폭력단을 만들었고 1979년 편의점 직원과 무고한 시민 3명을 산탄총으로 잔인하게 강도 살해한 무자비한 범행을 저질러 사형판결을 받았다.

살아생전의 투키 윌리엄스   출처 : 위키백과

이후 사형수로 복역하던 윌리엄스는 크게 뉘우치고 새사람이 된다. 2001년부터 5년 연속으로 노벨평화상 후보에 올랐고 노벨문학상 후보에도 4차례나 오르게 된다

24년간 샌프란시스코 감옥에서 복역하던 그는 지난날의 과오를 회개하고 청소년들의 폭력조직 가입 근절을 위한 국제적인 운동을 펼치는 한편, 어린이들을 위한 동화책도 썼다.

그는 미국에서 가장 유명한 사형수였고 그의 이야기는 영화로 만들어질 정도였지만 여전히 형장의 이슬로 사라져야 할 사형수였다. 이미 사형판결이 확정된 상태였기 때문이다.

윌리엄스의 변호인과 각계 사회운동가들은 그를 구명하기 위해 8차례나 주법원과 연방법원에 탄원서를 내고 소송을 제기했지만 결국 2005년 LA상급법원은 윌리엄스의 사형집행일을 12월 13일로 확정한다. 윌리엄스가 살인을 저지른 지 꼭 26년 만이고 주법원에서 사형이 확정된 지 17년 만이었다.

터미네이터가 고수한 법의 원칙

그러나 연방제 국가인 미국의 경우, 해당 주지사에게 사형집행에 대한 감형권이 있다. 당시 캘리포니아 주지사는 영화 '터미네이터'로 유명한 배우 아놀드슈왈츠제네거였다. 그러나 아놀드는 투키 윌리엄스에 대한 감형권 행사를 거부했다.

언론의 엄청난 비난과 질타가 뒤따랐지만 아놀드의 소신은 확고했고, 그는 아래와 같은 논거로 감형 거부 입장을 고수했다.

"윌리엄스가 저지른 범죄행위에 대해서는 적법한 절차를 거쳐 재판결과가 확정되었다. 그 이후 상황이 변했다 하더라도 그것이 공정하고 합법적으로 이루어진 재판 결과이므로 다시 뒤집고 번복할 수는 없다"

즉, 어떠한 상황에서도 법은 정확하게 집행되어야 한다는 논리다.

사회질서 확립을 위한 필요성 때문에 사형제도를 존속하고 있는 이상, 법은 법대로 엄정하게 집행되어야 한다. 사형제도가 필요 없다는 사회적 합의가 이루어진다면 그때 사형법을 없애면 될 것이다.

대한민국의 법 문화

우리는 어떤가? 대한민국은 김영삼정부 말기인 1997년 12월에 23명을 사형시켰다. 그리고 이후 지금까지 사형 집행이 없다. 국제앰네스티는 지난 10년간 사형집행이 없을 경우, 사형 폐지 국가로 규정하므로 대한민국은 사실상 사형 폐지 국가다.

참으로 애매모호하고 불명확한 법 문화다. 이런 점들이 대한민국은 공정하고 엄정한 법 집행이 되고 있지 않다는 반증 아닐까?

우리는 사형제도를 유지하고 있지만 사형을 안 하려거든 사형규정을 없애야 한다. 왜냐하면 범죄에 대한 응당의 처벌을 약속하며 만들어진 법령이므로 이것이 그대로 시행되어야 맞기 때문이다.

여론이 무서워서, 사회적 반향이 두려워서, 애초 원칙을 정해둔 법 집행을 망설인다면 이 사회의 정의는 바로 서기 힘들다. 지난 30년간 법 집행을 업으로 살아온 나는 이러한 불합리한 현상이 도무지 이해되지 않는다.

게다가, 우리나라의 입법권자들은 때때로 중요한 법을 제정하거나 폐지하는 데 있어 그 절차적 정당성은 깡그리 무시하고 꼼수와 편법을 동원하여 입법을 관철시키기도 한다. 그만큼 우리 사회는 법을 경시한다.

입법 폭력이 자행되는 나라 대한민국

법이란, 사회의 복잡다단한 구성원들이 서로 간에 부당한 침해나 불합리한 피해를 사전에 예방하기 위해 규제를 명문화해 놓은 최소한의 안전장치이자 엄정한 약속이다.

그래서 법을 제정하거나 폐기할 때는 반드시 국민 전체의 공감대를 얻어야 하며, 법 시행이나 폐지 전에 대국민 여론 수렴과 각계 전문가들의 견해까지 폭넓게 경청해야 하는 것이다.

그런데 우리는 어떤가? 국회에서 다수 의석의 힘을 가진 세력이 그들을 추종하는 일부 국민들과의 야합을 거쳐 마치 전체 국민들의 여망인 것처럼 호도하면서 일방적으로 특정 입법을 추진하거나 폐기한 경우는 없는가?

국민들이 잘 모르는 법안들이 그냥 국회를 통과하고 있거나 절실한 법안들이 처리 지연으로 인해 폐기되기도 하며, 때때로 입법권자들은 편향된 이념 논리를 앞세워 국민들을 현혹시키면서 자신들의 입법 행위를 정당화시키기도 했다.

이러한 잘못된 입법행위 중 최악의 사례는 '국정원 수사권 폐지'다.

2020년 국회는 왜 국정원 수사권을 공격했을까?

당시 민주당의 핵심 주류 의원들과 청와대 실세들은 국보법 위반 전력자가 많았다. 이들에게 국정원 수사국은 눈엣가시다. 자신들의 민족통일 열망과 꽃다운 청춘을 송두리째 빼앗아 간 존재였기에 매우 적대시한다.

1980년대 주사파 세력들은 남한 정부를 미제에 의해 조종되는 꼭두각시 정부로 규정하였고, 당시 쿠데타로 집권한 전두환 정권에 대한 반감이 컸다.

그들은 이후 군사정권 시절을 거치면서 민주화 투사라는 네임택을 거머쥐게 되었지만, 이제는 힘을 가진 기득권 세력이 되었고 과거 자신들이 그렇게 혐오해 왔던 구세대의 입법권 강행 구태를 그대로 답습하고 있는 느낌이다.

개인적 위법 일탈과 금전적 사리사욕을 취하는 내로남불은 양반이다. 문제는 국회에서의 압도적 힘의 우위를 앞세워 자신들의 입맛에 맞는 입법 행위를 속전속결로 자행하고 있다는 게 문제다.

부동산 정책 실패나 시대 조류에도 맞지 않는 소득주도 성장 정책 등이 서민들의 삶을 고달프게 했다면, 국가안보 방어력을 무력화시킨 국정원 수사권 폐지는 당장 가시적 피해는 나타나지 않더라도 국가의 존폐를 위협할 수 있는 매우 우려스러운 입법이었다.

적군의 독화살보다 더 치명적인 반간계(反間計)

　천하통일을 꿈꾸며 유방과 항우는 서로 치열하게 싸워 왔는데 언제나 항우가 힘의 우위에 있었다. 그에게는 범증이라는 특급 참모가 버티고 있었기 때문이다. 범증은 천문에 밝고 지략도 매우 뛰어났기에 유방의 목숨을 위협하는 존재였다.

기원전 204년 형양성 전투에서 고전하던 유방은 고심 끝에 반간계 전술을 구사한다. 범증이 항우 몰래 자신과 은밀히 내통하고 있는 것처럼 위장한 것이다. 우둔한 항우는 충신 범증을 의심하게 되고 강직한 범증은 항우의 곁을 떠나고 만다.

아직 항우의 휘하에 용맹한 장수들이 포진하고 있었지만 가장 굳건한 버팀목이었던 책사 범증이 사라지자 결국 항우는 유방과의 해하성 전투에서 패망했다.

싸움을 할 때는 상대방의 급소를 때리는 게 효율적 전략이지만 상대를 자중지란으로 몰아 스스로 약화시키는 반간계가 최고의 전략이다. 그것만큼 효과적인 게 없다.

난폭하고 예측 불가능한 북한 집단에 대해 우리는 강력한 국방력과 주변 동맹국 간 결속을 강화해야 하며, 내적으로는 국론 분열 없이 일치단결된 모습을 갖추어야 한다. 스스로 무장해제하는 행태는 적의 반간계에 말려드는 어리석은 선택이다.

"개정 국정원법상 국정원은 수사권만 사라졌지, 정보 수집이나 조사권한은 보유하기 때문에 경찰과 정보 공유만 잘하면 된다"라 는 某 국회의원의 황당 주장

한마디로 말장난이다. 이런 말은 간첩수사 시스템을 조금이라도 아는 사람이라면 절대로 할 수 없는 무지한 발언이다.

2008년 형사소송법 개정 이후 피의자에 대한 판사의 유·무죄 판단은 조서 중심주의가 아닌 공판 중심주의로 바뀌었다. 공판 중심주의란, 피의자에 대한 유·무죄 여부를 법정에서 채택된 증거에 의해서만 판단한다는 원칙을 의미하므로 그만큼 증거능력이 있는 증거를 수집하는 것이 간첩수사에서는 특히 중요하다.

그래서 국정원 직원이 아무리 결정적인 유죄 증거를 수집했다 하더라도 그 증거가 정당한 절차를 통해 확보되었는지, 또 권한 있는 자(수사권이 있는 자)가 합법적으로 수집했는지의 여부가 관건이 된다.

증거능력이 무엇인가?

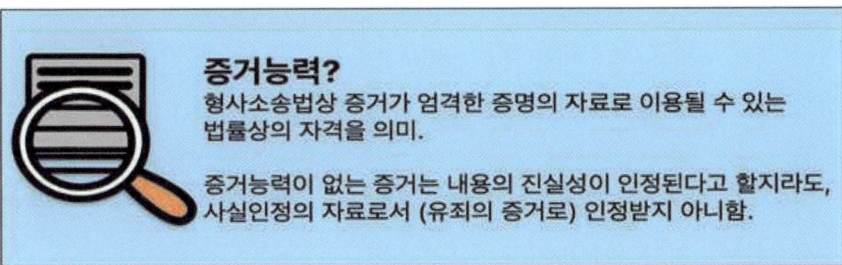

증거능력이란, 법정에서 증거로 인정받을 수 있는 법률상의 자격을 뜻하는데 만약 피의자의 범죄행위를 입증하는 결정적 증거라 할지라도 증거능력이 없다면 유죄의 증거로 사용될 수가 없다.

예를 들면, 교통위반 단속 권한을 가진 경찰관이 눈앞에서 교통 위반을 목격하면 그 운전자에 대해 곧바로 스티커 발부가 가능하지만, 권한 없는 교통정리 자원봉사자는 스티커를 발부하지 못한다. 그만큼 정당한 권한 보유 여부가 중요하다.

간첩수사도 마찬가지다. 수사권을 가진 수사관이 합법적인 절차에 따라 수집한 자료가 증거능력을 인정받을 수 있는 합법적인 증거가 된다(권한 있는 자의 증거 수집).

이제 수사권이 없는 국정원 직원은 간첩혐의자나 그 관련자의 자발적 협조가 전제된 면담조사만 해야 하는 상황인데 이런 조사 권한이 무슨 소용이 있는가?

어떤 정신 나간 간첩혐의자가 수사권도 없는 국정원 직원에게 자발적인 조사 협조를 하겠는가 말이다.

국정원은 수사권이 수반되는 증거 수집과 피의자 내수사는 하지 말고, 사이드 업무만 하라는 것인데, 이것은 국정원이 간첩수사를 아예 하지 말라는 것이며, 양쪽 발목을 잘라놓고 최선을 다해 기어서 달리라는 격이다.

수사권이 없는 국정원 직원은 이메일이나 통화내역 입수 등 직접 증거를 수집할 권한이 없고, 간첩 혐의자나 그 주변 인물에 대한 조사 권한만 주어진다. 이런 국정원 직원에게 "날 잡아 잡수시오" 라며 조사 협조를 하는 간첩 혐의자가 있을까?

주는 자와 받는 자

경찰의 일반형사범 수사와 국정원의 간첩수사는 뭐가 다른가?

살인, 강도, 절도, 경제 사범 및 기타 잡범들을 다루는 일반형사범 수사와 공안사범을 대상으로 하는 간첩수사는 수사 방식이나 법률 적용이 판이하게 다르다.

일반형사범은 수사관이 범죄행위만 입증하면 처벌이 가능하지만, 국보법 위반 사범은 범죄행위에다 피의자의 행위가 적을 이롭게 할수 있다는 인식, 즉 이적지정(利敵知情)을 갖고 범행했다는 것까지 입증해야 처벌이 가능하다.

따라서 국가보안법 위반 사범에 대해서는 수사관이 그가 북한을 이롭게 한다는 것을 알고도 범행 했다는 이적지정을 입증하는 것이 관건인데, 고학력 출신 확신범들인 공안사범들의 내면적 이적지정 양태를 증명하기란 매우 어렵다.

즉, 일반형사범은 외형적 범죄행위만 입증하면 유죄를 선고받지만, 간첩은 외형적 간첩행위에다 피의자의 이적지정까지 모두 입증해야 유죄 판결을 받는다.

이처럼 간첩수사는 증거를 수집하는 과정도 힘들고 범죄사실 입증도 매우 어렵다.

이적지정(利敵知情)

따라서 국가보안법 조문에 '국가의 존립 안전이나 자유민주적 기본질서를 위태롭게 한다는 정을 알면서'(이적지정) 국보법 위반 범죄행위를 한 자를 처벌한다고 명시되어 있다.

간첩을 수사하려면 해박한 법률 지식과 풍부한 수사경험은 필수

간첩 혐의자들은 모두 확신범이며, 대부분 초범이 아닌 재범들이라 국가보안법이나 형사소송법 제반 절차에 대해서 수사관들보다 더 정통하다는 우스갯소리가 있다.

상당 부분 맞는 말이다. 즉, 수사관은 풍부한 경험과 법리에 정통하지 않으면 피의자들을 제대로 조사하기가 어렵다.

과거 민혁당, 일심회, 왕재산, RO와 같은 국보법 위반 대형 사건을 보면 피의자들이 대부분 대졸 이상의 고학력 인텔리다.

그래서 수사관이 이들에 대한 신문을 제대로 진행하기 위해서는 586세대의 운동권 계보는 물론이고, 사회주의 및 북한의 주체사상에 대한 배경지식도 충분히 숙지하고 있어야 한다.

특히, 주무수사관은 증거 인용을 위한 국가보안법 법령에 정통해야 하며, 피의자를 설득할 수 있는 언변도 뛰어나야 하고, 수사서류 작성 능력도 탁월한 엘리트 요원이어야 한다.

수사관은 만능이어야...

그러나 조사과정에서 수사관이 사소한 허점이나 절차상의 실수를 범했을 때 역으로 피의자측으로부터 고소·고발까지 당하는 곤욕을 치르기도 한다.

그래서 이런 크고 작은 불상사를 원천적으로 차단하기 위해서라도 가장 우수한 엘리트 수사관이 주무수사관을 맡는다.

이제 간첩수사를 전담하게 될 경찰은 공안사범들의 이러한 다양한 역공에 대해 각별히 잘 대비해야 할 것이다.

2024년부터 대한민국 간첩수사 활동의 공백은 없을까?

이제 대한민국의 국가안보 공백은 불가피하다. 약 60여 년간 축적되어 온 국정원의 수사 노하우들이 사장되지 않도록 최선의 노력을 다해야 한다.

단언컨대, 민혁당, 일심회, 왕재산, RO, 충북동지회, 자통 창원조직·제주조직, 민○총 침투 지하조직 같은 대규모 사건들은 당분간 발표되기 어렵다. 이런 심도 있는 간첩수사를 처리해 왔던 최정예 수사기관이 무력화되었기 때문이다.

간첩수사는 복잡다단하고 어려우며, 수십 년간 축적된 노하우가 필수요소다.

최초 첩보 입수, 해외에서의 증거 수집, 전문화된 내수사 기법 등이 복합적으로 서로 잘 융합되어야 성공적인 수사로 갈무리된다.

이제 간첩수사를 전담하게 될 경찰은 국내 고첩들과 북한공작원간 제3국에서의 접선동향 수집을 위한 해외수사 역량 구비는 물론이고, 북한의 암호화 스테가노그라피 간첩통신 해독을 위한 최첨단 과학수사 역량도 갖추어야 할 것이다.

軍 방첩사령부(前기무사)가 간첩수사 활동의 보완적 역할을 할 수는 없는가?

보완이 어렵다. 방첩사령부는 군인들의 범죄행위를 수사하는 곳이며, 그 범죄들 중 간첩행위에 대해서도 수사를 할 수 있기는 하지만 간첩수사만을 전담하는 인력이나 노하우가 축적되어 있지는 않다.

이스라엘에 모사드가 없다면

이스라엘 민족은 AD 70년 로마에 의해 완전히 멸망되었고, 이후 각국으로 뿔뿔이 흩어지는 디아스포라를 겪으며 전 세계에서 핍박을 당했지만 1948년 기적적으로 지금의 중동지역으로 돌아와 다시 나라를 건국했다.

그런데 약 1,000여 년간 자신들의 영토에서 살고 있던 팔레스타인들에게 이곳이 원래 하나님께서 자신들에게 약속한 땅이었다며 무력으로 쫓아낸 것이 문제다.

그 결과, 이스라엘은 사방의 아랍국가들과 적대적 관계에 놓이게 되었고 현재 이집트, 이란, 이라크, 시리아, 요르단 등과 대치 중인 상태다.

그런데 이스라엘은 아랍연합국과 전쟁만 벌어지면 항상 승리한다. 6일전쟁이 대표적이다. 왜 그럴까? 이스라엘은 국가안보에 있어서는 모든 국민들이 그야말로 하나로 똘똘 뭉치는 강력한 응집력을 자랑하기 때문이다.

그 국력의 원천이 모사드다. 주변의 아랍국가들은 겉으로는 거칠게 이스라엘을 비난하지만 내심 모사드를 두려워한다. 예를 들면, 모사드는 이스라엘에 위협이 되는 이집트의 핵개발 과학자를 쥐도 새도 모르게 암살해 버릴 정도다.

이스라엘 국민들은 모사드에 대해 무한 애정과 신뢰를 보낸다. 최고권력자인 총리조차도 모사드를 정략적 목적에 이용하지 않는다.

이에 반해, 대한민국은 매우 대조적이다. 자국의 정보수사기관을 이렇게 공격하는 나라는 전 세계 어디를 둘러봐도 없다. 조직의 활동방향이 문제라면 시스템을 바꾸어 개선하면 될 것인데, 이렇게 스스로 무력화시켜 버린 점은 너무나도 뼈아프다.

사라진 국정원 수사권에 대한 반추

수사권 복원 가능성은 없는가?

현재로선 없다. 입법 통과된 사안이라 수사권 회복이 불가능하며 원복 법안이 다시 국회를 통과되는 것 말고는 방법이 없다. 많은 국민들의 여론 공감대가 형성되어 그것이 강력한 국민적 요구로 이어질 때 국회에서 재검토될 수는 있을 듯하다.

법안 폐기가 잘못되었다면 당연히 다시 원상태로 복원해야 맞겠지만, 지금으로서는 차선책을 고려해야 할 상황이다.

지난 정부, 국회는 검수완박법을 통과시키며 검찰의 수사역량도 대폭 축소시켰다.

충분한 국민적 여론 수렴 과정도 없이 검찰의 주요 역할을 대신할 기관으로 공수처를 신설했다. 고위공직자 비리 범죄를 바로잡겠다는 본연의 의도보다는 그냥 검찰의 견제기관으로 다급하게 신설했다는 표현이 맞을 정도다.

국정원도 마찬가지다. 수사권을 폐기시키고 그 역할을 경찰이 대신하도록 했다. 보이지 않는 전쟁을 수행하고 있는 국가기관의 역할을 이렇게 날려 버린 것은 입법 폭력이라고 밖에 달리 표현할 길이 없다.

한동훈 前법무부 장관의 촌철살인 명언

국정원 간첩 수사권과 관련하여 2024년 3월, 한동훈 국민의 힘 비대위원장의 발언을 접하고 나는 깜짝 놀랐는데, 검찰 공안부 근무경력이 없는 한 위원장이 간첩수사의 속성에 대해 이토록 정확하게 꿰뚫어 보는 통찰력에 감탄이 절로 나온다.

아래는 언론에 보도된 한 前 법무부 장관의 발언이다.

"첩보나 간첩의 문제는 경찰이나 검찰이 감당하기 어렵다. 저도 검사였지만 이건 다른 영역이며, 첩보·정보의 영역이지 수사 영역이 아닌 것이다. 그래서 대부분 나라에선 정보기관에서 간첩 잡는 업무를 한다"

"그런데 민주당은 그걸 없애 버렸다. 이건 경찰, 검찰로 대치할 수 있는 업무가 아니다. 국정원 대공수사 기능을 반드시 회복하겠다"

그의 발언내용을 뉴스로 접하고 나는 마음으로 울었다. 그리고 수많은 국정원 수사관들도, 저 하늘 위의 이름 없는 별들도 나와 똑같은 심정이었으리라.

국정원 수사권 폐지 이후 대안

지혜로운 다윗왕

이스라엘의 다윗왕은 자신이 저지른 죄악으로 인해 하나님의 진노를 받아 첫째 아들이 태어나자마자 중병에 걸리는 징벌을 받는다. 뒤늦게 죄를 뉘우친 왕은 아들을 살려달라며 하나님께 간절히 기도하고 며칠 동안 식음을 전폐했다.

그러나 그의 아들은 일주일 만에 사망했고 신하들은 임금이 크게 상심하여 아예 곡기를 끊을까 봐 걱정하며 왕에게 왕자의 죽음을 알리지도 못하고 망설인다.

뒤늦게 아들의 죽음을 안 다윗왕은 오히려 목욕재계하고 음식을 먹으며 예전처럼 재빨리 기력을 회복했다. 의아해하던 신하가 왕에게 그 이유를 물었더니 다윗이 대답했다.

"아기가 살아 있을 때 굶은 것은 혹시나 하나님이 나를 불쌍히 여겨 아이를 살려 주실까 기대했지만 이제 아기가 죽고 없는데 굶어본들 무슨 소용이 있겠는가? 지금 굶는다고 죽은 아기가 다시 살아 돌아올 수는 없지 않은가?"

다윗왕은 국가를 제대로 운영해야 하는 제왕의 책무 때문에 돌이킬 수 없는 아들의 죽음에 대해 도를 넘는 비통함에 빠지지 않았다.

국정원 수사권이 박탈되었다고 한탄하고 원망할 수만은 없다. 국가안보는 일분일초라도 방어에 소홀해서는 안 되기 때문이다. 이제는 국정원의 간첩수사권 박탈로 인해 예상되는 여러 가지 문제점들에 대해 최적의 대안을 강구해야 한다.

수사권을 폐지한 입법권자들에게 바라는 사항

입법권자들은 대한민국의 흑역사를 청산하기 위해 국정원 수사권을 폐지했다고 했으니 이제 흑역사가 청산되는지 아닌지 지켜보면 된다. 그런데 이 '흑역사 청산'이라는 명분 때문에 국가안보에 심각한 공백이 생긴 것은 유감이다.

이제 입법 통과가 완료되어 버린 작금의 현실 앞에 한탄할 수만은 없다. 다만, 입법권자들에게 앞으로의 상황을 잘 지켜 보라고 당부하고 싶다.

아니, 반드시 지켜보아야 한다. 왜냐하면 그 결과가 좋지 않은 방향으로 이르렀을 때에는 합당한 사후 입법 조치를 취해야 하는 것도 국민들로부터 권한 위임을 받은 자들의 책무이기 때문이다.

사고를 저질러 놓고 나 몰라라 하면 안 된다.

'국정원 수사권을 폐지하고 경찰이 수사하도록 하면 끝', 이 등식은 절대로 바람직하지 않다. 경찰이 간첩수사를 잘 하기를 바랄 따름이지만, 일정기간 경과 후 입법권자들의 행태는 충분히 예상된다.

국정원을 향해서는 "3년씩이나 유예기간을 주었는데 왜 경찰에게 제대로 이관을 해주지 않았는가?"라며 질타할 것이고, 경찰에 대해서는 더욱 신랄하게 비판할 것이다. "간첩수사 시스템을 왜 신속하게 완비하지 못했나?", "도대체 왜 간첩수사 실적이 나오지 않는가?", "국정원으로부터 업무 인계를 제대로 받았는가?" 등으로 타격할 것 같다.

입법권자들이 해야 할 의무

입법으로 국정원 수사권이 박탈됨으로써 국가라는 존재의 내부장기는 치명적으로 곪아갈지 모른다.

그런데 실제로 박탈을 해보니 그것이 최선이 아니라 잘못된 선택임이 판명되면 입법권자들은 제대로 된 대안을 제시해야 한다. 왜냐하면 그들의 잘못된 법안 강행으로 인해 이 모든 사달이 났기 때문이다.

정보기관이 간첩수사권까지 보유하는 것이 그토록 싫었다면 이제는 간첩수사권만 가진 기관에 대해 힘을 실어주고, 독립성도 보장해 주고, 신뢰해 주는 절차가 필요하다. 국가와 국민을 위해 반드시 그렇게 해야 한다.

그런데 지금 국회의 행태를 보면 전혀 그럴 것 같지는 않다. 만약 경찰이 천신만고 끝에 어떤 간첩수사에 착수한다면 입법권자들은 자신들의 정치적 이해관계 유·불리에 따라 경찰을 물어뜯을 수도 있다.

앞으로 어떻게 해야 할까?

국정원 수사권은 이미 사라졌기에 이제는 앞으로 어떻게 해야 국가안보 공백을 최소화할 것인지에 대한 효과적인 대안을 강구하고 실행해야 한다.

이 대안 창출 과정에서 입법권자들은 당리당략만 따지지 말고 국가안보라는 존재를 제1의 가치로 우선시해야 한다. 너도 살고 나도 살아야 하기 때문이다.

이제 국정원은 CIA처럼 순수 정보기관으로서의 역할에만 치중해야 할 상황이며, 수사국은 수사권 없이 북한의 대남 공작활동을 차단해야 하는 조사국으로 그 역할이 쪼그라들었다.

지금은 경찰이 국정원의 간첩수사 역량을 제대로 대체할 수 있도록 최대한 여건 조성을 해 주는 게 최선이겠지만, 여러 가지 제도적·환경적 제약이 예상된다. 장기적으로 가장 확실한 방안은 독립수사기관의 신설이 정답이다.

FBI '안보수사청'과 같은 한국형 간첩수사 독립 전담기관을 만들어야 한다

간첩수사는 그 분야가 매우 방대하고 복잡다단하기에 전문역량을 지속적으로 일관성 있게 축적하기가 어렵다. 이런 다양성들을 독자적으로 품어서

꾸려 나갈 수 있는 독립 수사기관을 창설하는 게 최선의 방책이다.

즉, 미국의 FBI처럼 간첩수사를 전담하는 독립기관인 '안보수사청'과 같은 별도의 조직이 신설 되어야만 한다.

지금과 같은 정치 환경이라면 경찰도 어떠한 사건을 계기로 기득권자들의 정권 유지 논리에 따라 간첩수사권이 또다시 박탈 당하거나 제한당할 수 있다.

따라서 공수처와 같이 정략적 목적으로 급조된 그런 기관이 아닌, 오로지 간첩수사만을 전담하는 독립된 수사기관이 만들어져야만 한다.

국정원 소속도, 경찰 소속도 아닌 안보수사청과 같은 별도의 독립된 기관을 신설하여 그곳에 북한의 간첩활동을 차단할 수 있는 모든 요소들을 포함시켜야 한다.

독립 수사기관이 아닐 경우, 수사결과에 대해 정치 외풍에 시달린다.

만약, 향후에 경찰이 간첩수사에 착수한다면 정치 외풍을 받을 가능성이 높다.

그간 좌파세력들은 법원의 최종판단이 내려진 명확한 수사결과 앞에서도 그것을 부정하고 여론 선동과 왜곡된 언론플레이로 일관하면서 국정원을 공격해 왔다. 그간의 행태를 고려해 볼 때 앞으로 경찰에 대해서도 그렇게 할 가능성이 농후하다.

이들은 경찰의 간첩수사 결과 발표에 대해 어떠한 꼬투리라도 물고 늘어져 마치 경찰 전체가 정치권과 결탁을 했다거나 정권의 외압을 받아 조작된 수사를 했다는 식으로 매도할 것이다.

이런 부담을 덜어주기 위해서라도 독립 수사청이 반드시 필요하다.

탄탄한 국정원조차도 간첩수사 발표 때마다 반대세력들로부터 온갖 형태의 음해와 공격을 받아왔다.

이들은 사실관계 확인이 어려운 음해성 기사로 언론 플레이를 하고 수사관은 물론, 국정원장까지 고소·고발하기도 했으며 이런 부분에 대해 반박하고 대응하느라 간첩수사에만 몰두해야 할 수사관들은 많은 불필요한 에너지를 소모하기도 했다.

무대응으로만 일관한다면 일반국민들은 반복적으로 지속되는 가짜뉴스에 현혹될 수 있고, 범죄사실의 실체적 진실이 잘못 알려질 수도 있기 때문에 거짓된 주장에 대해서는 일정 수준의 대응이 반드시 필요했다.

전력을 쏟아부어도 모자랄 판에 간첩수사 역량이 정치권이나 좌파세력들이 쏟아내는 여러 가지 비생산적이고 소모적인 이슈에 대응하느라 낭비되어 온 것이다.

간첩수사 전담조직을 꾸리고 있는 경찰이 잘해주길 바란다.

지금 경찰청 산하에 간첩수사 전담조직을 만들어서 인력을 충원하고 교육시키고 예산도 확대 배정하고 세부적인 조직구조도 짜고 있다고 한다. 그러나 경험과 노하우를 축적하려면 오랜 시간과 경험이 필요하다.

이것은 국가안보가 걸린 문제이므로 한치의 느슨함도 허용되어선 안된다. 왜냐하면 국가안보는 한번 무너지고 나면 다시는 돌이킬 수 없는 불가역성을 지니고 있기 때문이다.

신설되는 경찰의 간첩수사 전담조직이 수십 년간 대남공작활동에 이골이 날 만큼 고도로 전문화되어있는 북한공작원들을 어떻게 압도할 수가 있겠는가? 그러한 문제는 인원과 예산의 충원만으로는 효과적으로 대처하기가 어렵다.

대한민국 국민들께 드리는 말씀

나는 지난 30년간 국정원 수사관으로 근무하며 직접 보고 체험했던 사실만을 토대로 최대한 객관적인 시각에서 이 글을 썼다.

평생을 국가를 위해 치열하게 헌신했다고 자부하며 특정개인이나 집단을 비난하거나 매도할 목적으로 글을 쓰지 않았음을 재차 밝힌다.

끝으로 지금 이 순간에도 간첩활동을 자행하면서 대한민국의 교란과 파괴를 끊임없이 기도 중인 북한의 대남공작조직에 대해 대한민국 국민 모두는 경각심을 가져야 한다. 그리고 섣부른 위장평화 공세에 결코 현혹되어서는 안 된다.

개인적 소회

국가안보는 정쟁(政爭)의 대상이 아니다. 제발 좀 가려서 먹자

지금 대한민국은 두 개의 진영으로 양분되어 증오와 갈등이 극에 달해 있다. 국민도 국익도 안중에 없으며 그 갈등의 핵심은 모두 정치권에서 촉발된다. 상대진영에게 타격을 주기 위해 거리낌조차 없이 사실을 왜곡하거나 가짜 뉴스를 유포하기도 한다.

정치인들은 말만 근사할 뿐, 당리당략을 위해 국민 편가르기는 물론, 국익 자해행위도 서슴지 않는다. 국민들이 볼 때 한숨만 난다. 상대에게 저열하고 과격한 공격을 하면 할수록 자기 진영에서는 오히려 박수를 받는 지경이니 진흙탕 싸움이다.

침묵하는 대다수 국민들은 답답하기만 하다. 정국의 뇌관이 언제 터질지 모르며 국회는 민생을 해결하는 게 아니라 국민들의 분노를 유발하는 '팬덤 정치'로 일관하며 오로지 당리당략을 위한 싸움의 장이 된 느낌이다. 무엇보다 국가안보를 정쟁의 대상으로 삼아서는 절대로 안 된다.

여야가 각자의 정치적 이견에 대해서는 치열한 의견 대립을 할 수는 있지만 국가안보와 관련해서는 일심동체여야 한다. 국가의 생존권이 걸려 있기 때문이다.

하마스에게 기습 포격을 당해 수많은 사상자를 낸 이스라엘 야당은 정보예측에 실패한 모사드와 정부를 규탄하기보다 당장 하마스에 대한 반격에 착수하기 위해 하나로 뭉쳤다. 시급한 국가안보의 회복에 최우선 가치를 둔 것이다.

십자가에 못 박은 로마병사가 나쁜가? 사람들을 선동한 바리새인들이 더 나쁜가?

약 2,000여 년 전 예수님은 파격적인 행보를 하셨다. 하나님의 가르침을 쉽고 명쾌하게 생활 속의 여러 가지 비유를 통해 백성들에게 설파했다. 거기다 중병을 앓거나 죽은 자를 살리는 기적을 행하면서 민중들 사이에서 엄청난 호응을 받았다.

그런데 이스라엘 권력 지도층인 바리새인 종교지도자들에게 예수님은 눈엣가시 같은 존재였다. 자신들처럼 번듯하게 배우지도 못한 사회 최하층민 목수 출신의 무학자가 감히 신의 아들로 자처하며 본인들의 특권인 하나님의 목자로 자처하고 있으니 참으로 분통 터질 노릇이었다.

바리새인들은 하나님의 대리인이라는 종교적 권세를 내세워 백성들 위에 군림하면서 온갖 사치를 누리고 있었고, 무지한 백성들을 상대로 각종 명목의 세금을 착취하며 부와 권력을 누리고 있었는데 어느 날 이스라엘 북쪽 변방 출신의 예수라는 자가 나타나 자신들의 위선적 행태를 정면으로 반박하며 백성들의 전폭적인 지지를 받고 있었기에 그 위기감과 분노가 극에 달했던 것이다.

바리새인들은 백성들이 성전에서 하나님 앞에 제사를 드릴 때 세금을 받았고, 하나님께 바칠 양이나 비둘기와 같은 제물을 파는 상인들에게서조차 세금을 착취하며 엄청난 수익을 취했지만 무지한 백성들은 이런 사실조차 몰랐다.

통상 우리는 영화나 서적을 통해 사랑과 용서와 포용의 예수님 모습만 보아 왔지만 4대 복음서를 보면 예수님께서 유독 분노한 모습을 보이신 장면이 있다.

바리새인 지도층이 마치 자신들이 하나님의 대변인인 듯 행세하며 백성들을 현혹하고 착취하는 위선에 대해 일갈하시는 장면이다.

이스라엘의 최대 명절은 유월절이다. 모세가 약 200만 명에 달하는 백성들을 이끌고 핍박받던 이집트 땅으로부터 탈출한 날인데 우리로 따지면 광복절인 셈이다.

이스라엘의 모든 사람들은 이날을 맞아 수도 예루살렘의 성전에 모여 하나님께 제물을 바치고 기도를 한다. 이것은 유대인들에게 있어 가장 중요한 민족 절기다.

그런데 성전에 들어가려면 성전 통행세를 내야하고, 제물인 양이나 비둘기를 비싼 값을 주고 사야 했으며. 당시 통용되던 로마화폐를 이스라엘 화폐로 바꾸어서 바쳐야 했다. 그 돈을 바꿔주는 환전상들에게서도 바리새인들은 세금을 받았다.

결국, 일반 백성들의 성전 통행세를 비롯하여 양이나 비둘기를 파는 장사치와 돈을 바꾸는 환전상들까지 모두 세금을 내야 했고 그 폭리의 이득은 고스란히 바리새인 종교지도자들의 몫이었다.

사회 지도층 바리새인들의 위선

예나 지금이나 바리새인들은 항상 존재한다

　백성들을 대변한다고 자처하는 사회 지도층의 탐욕과 위선은 예나 지금이나 똑같다.

　겉으로는 경건하고 도덕적인 척하지만 백성들 위에 군림하면서 하나님의 계시를 전한다는 명목으로 착취를 일삼는 종교지도자들의 위선적 악행에 대해 예수님께서 분노하셨던 것은 당연하다

　마태복음(21장), 마가복음(11장), 누가복음(19장), 요한복음(2장)에 예수님의 모습이 아래와 같이 생생하게 묘사되어 있다.

　"예수님께서 성전 뜰 안으로 들어가 거기에서 팔고 사고하는 사람들을 다 쫓아내시고 환전상들의 탁자와 비둘기 장수들의 의자를 둘러엎으셨다" 그리고 장사치들에게 "이것들을 거두어 가라. 다시는 내 아버지의 집을 장사하는 집으로 만들지 말라"라고 꾸짖으셨다.

　결국, 예수님은 바리새인 종교지도자들에게 체포되고, 로마총독 빌라도로부터 사형선고를 받으셨다. 당시 로마의 속국이었던 이스라엘은 행정 자치권은 있었지만 사형선고를 내리는 사법적 권한은 총독의 전권이었기에 바리새

인들은 빌라도에게 예수님에 대해 사형선고를 언도하도록 압박한 것이다.

그런데 총독 빌라도조차 예수님의 무죄를 확신하며 "도대체 이 사람의 잘못이 무엇이냐? 나는 이 사람에게서 아무런 죄목도 찾아낼 수 없다."라고 말한다.(마태복음 27장, 누가복음 23장, 요한복음 18장)

대한민국의 국가안보에 직접 못질을 가하는 북한의 행위도 나쁘지만, 그런 해악적 상황을 조장한 행위는 더더욱 나쁘다.

일은 사람이 도모하지만 그 성사여부는 하늘에 달려 있다
(謀事在人, 成事在天)

촉나라의 천재지략가 제갈공명은 위나라 사마중달의 대군을 마침내 호로곡이라는 협곡으로 유인하는데 성공했다. 골짜기 양쪽을 봉쇄하고 화공으로 적군들을 모조리 태워 죽이려고 하던 찰나 갑자기 소나기가 쏟아지고 사마중달은 간신히 목숨을 건져 탈출에 성공한다.

이 장면을 지켜보던 제갈공명이 탄식하며 말했다. "세상일을 꾀하는 것은 인간이지만, 일을 성사시키는 것은 하늘에 달렸으니 어찌하겠는가?"(謀事在人, 成事在天)

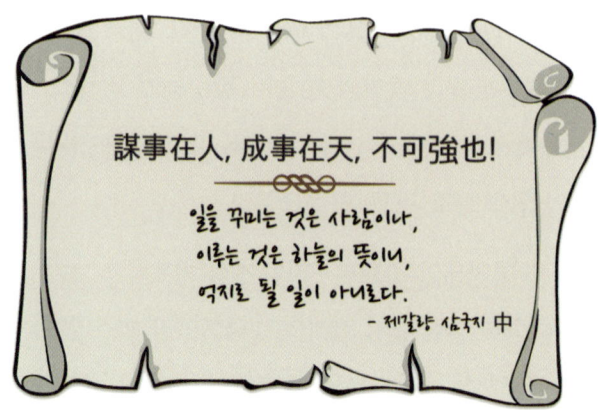

국정원 수사권 폐지에 우려를 표명해 온 많은 국민들과 시민단체들이 사회 전반에 걸쳐 반대의 목소리를 내었지만 수사권 폐지는 이제 현실화되어 버렸다.

이 또한 하늘의 뜻이고 대한민국의 운명이라면 어쩔 수 없다. 다만 이러한 자충수로 인해 눈에 보이지 않는 심각한 피해가 발생되지 않기만을 간절히 바랄 뿐이다.

나라를 구한 잔다르크도 마녀로 간주되어 화형 당했지만 3년 뒤 명예 회복

잔다르크는 프랑스를 구한 전쟁영웅으로 자국민들 사이에는 신의 계시를 받은 성녀 수준으로 신격화되어 있는데, 그녀는 영국과의 백년전쟁에서 거의 패색이 짙었던 프랑스를 기적적으로 승리로 이끌었다.

그러나 이후 전투에서 영국군에게 생포당한 잔다르크는 마녀 혐의를 받고 화형을 당하는 비극을 맞는다. 조국 프랑스를 위해 진심 어린 충정을 다했던 잔다르크에 대해 프랑스 왕 샤를 7세는 오히려 그녀를 추종하는 민중들을 보며 질투심을 느꼈고, 잔다르크의 죽음을 수수방관했다.

결국 백년전쟁이 완전히 종식되고, 억울한 죽음을 당한 잔다르크는 3년 만에 명예가 회복되어 지금까지도 프랑스 국민들이 가장 추앙하는 구국의 영웅으로 존경받고 있다.

예전 某대통령이 "국가보안법은 칼집에 넣어 박물관으로 보내는 것이 좋을 것"이라고 말했고, 국가기관인 국가인권위 조차 국보법 폐지권고 입장을 낸 적이 있다.

이런 상황들을 보며 나는 국가보안법이 언젠가는 민족통일을 가로막는 반민주 악법으로 몰려 폐기 당할까 봐 우려했다. 그러나 다행히도 법무부나 헌법재판소는 국가보안법에 대한 합헌적 입장을 굳건히 유지하고 있다.

그 와중에 국정원 수사권이 화형을 당해 역사 속으로 사라졌다. 그렇지만 잔다르크 사례처럼 향후에라도 간첩수사권의 가치와 존재감이 재평가되어 대한민국을 위해 수사국이 어떤 형태로든 다시 부활되기를 진심으로 기원한다.

간첩수사권이 정쟁의 대상이 될 줄은 꿈에도 몰랐다.

나는 국정원 수사권 폐지를 찬성한 분들이나 반대한 분들 모두가 대한민국을 진심으로 걱정하는 애국자라고 생각하고 싶다. 다만, 국가를 위하는 방식이 다를 뿐이다. 내 방식이 맞을 수도 있겠지만 틀릴 수도 있다.

내 주장을 관철시키는 것도 좋지만, 다른 의견도 수용해야 하고 상대방을 인정해야 한다. 사회적 공감대가 충분히 이루어지지 않았음에도 입법을 강행하는 것이 능사가 아니며, 힘으로 정의를 실현하는 것은 더더욱 정도가 아니다.

지금은 국정원 수사권이 합법적으로 폐기된 상태이므로 그 부당성을 아무리 외쳐본들 공염불이다.

그럼에도 불구하고 수사권 폐지와 관련된 여러 가지 상황들을 다시 복기해 본 이유는 앞으로 국가안보와 관련하여 제2, 제3의 '국정원 수사권 폐지'와 같은 어리석은 자해행위가 다시는 발생되어서는 안 되기 때문이다.

아니라고 판단되면 폐기된 법안은 곧바로 복원시켜야 한다. 특히나 그것이 국가안보와 직결되는 문제라면 정파나 이념을 배제하고 최우선으로 고려되어야 한다.

화려한 공직과 은퇴한 야인

나는 대학 4학년 재학시절 국정원에 합격하고 입사를 했기에 다른 직장을 다녀 본 적이 없다. 30년간 국정원에서만 근무했으니 안에서는 간첩 잡는 일류 수사관이었을지 몰라도 조직 밖에서는 세상 물정 모르는 허당이다.

현직시절, 내가 지금 이 간첩조직을 일망타진하지 않으면 내일 당장 대한민국 안보가 무너지는 줄 알았다. 그래서 야근, 휴일근무, 밤샘을 마다않고 최선을 다해 업무에 올인했다.

미국 최연소 합참의장이자 흑인 최초로 국무무장관을 지낸 콜린 파월이 말년에 평범한 노인으로 살면서 손녀딸에게 줄 햄버거를 구입하려고 버거킹 보다 좀 더 싼 맥도날드 매장을 찾지 못해 쩔쩔 맸다는 그의 자서전 내용이 떠올랐다.

평생을 군인으로 살았고 현직 시절 전 세계를 호령한 세계 최강국의 군사지도자였지만 화려한 공직을 은퇴하고 나니 코흘리개 사회초년병과 다를 바 없는 우스개 푸념 같았고 전적으로 그 상황에 공감한다.

잊을 수 없는 첫사랑

지금 돌이켜 보면, 재직시절 그렇게 치열하게 살았던 편린의 기억들이 이제는 영영 다시 접하지 못할 아련한 첫사랑의 추억처럼 남았다.

뉴스를 통해 전해 듣는 국정원 소식들은 그냥 담담할 뿐이다. 그리고 가끔씩 현직 후배들과 소주잔을 함께하며 추억을 소환하는 것이 작은 행복이다.

그런데 내 청춘을 바친 곳이라 그런지 조직에 대한 애정의 골이 너무나 깊이 박혀 있다. 내 첫사랑에게 의료진이 일방적으로 안락사 결정을 내렸고 올해 초 숨을 거두었다고 하니 안타깝기만 하다.

안락사 방침이 내려지던 와중에 나는 그 잘못된 결정을 반대하거나 강렬하게 저항하지 못한 데 대해 일말의 책임감을 느끼며 진심으로 반성하고 있다.

비록 돌이킬 수는 없지만 이렇게라도 기록을 남기는 것이 한때는 수사국 조직에서 몸을 담고 국가를 위해 복무했던 공직자로서의 작은 의무라고 생각한다.

이제는 전직으로서 많은 사람들의 공감대와 울림을 받아 간첩 수사권 소멸로 인해 손상을 입게 될 국가안보의 신속한 회복을 위해 작은 밀알이라도 되고자 이 글을 썼다.

에필로그 ▶ 서서히 증폭되는 위험에는 개구리가 반응하지 못한다.

더 늦기 전에

독일의 생리학자 프리드리히 골츠는 그 유명한 개구리 실험 결과를 발표했다.

펄펄 끓는 물에 개구리를 넣으면 생명의 위험을 감지한 개구리가 곧바로 밖으로 튀어나오지만, 미지근한 물에 담겨진 개구리는 서서히 올라가는 물의 온도 속에서 결국 뛰쳐나오지도 못하고 죽게 된다는 것이다.

지금 국정원 수사권이 당장 폐기되어도 아무런 문제가 없어 보인다. 그러나 그로 인한 국가안보의 비가시적 피해는 엄청나다. 암세포가 서서히 자랄 때 인체는 거의 인지하지 못하지만, 결국은 어느 순간 갑자기 죽음을 맞이하게 된다.

지금도 늦지 않았다. 빨리 되돌려야 한다. 만약 원상복귀가 어렵다면 그에 준하는 실효성 있는 대책을 조속히 세워야 한다.

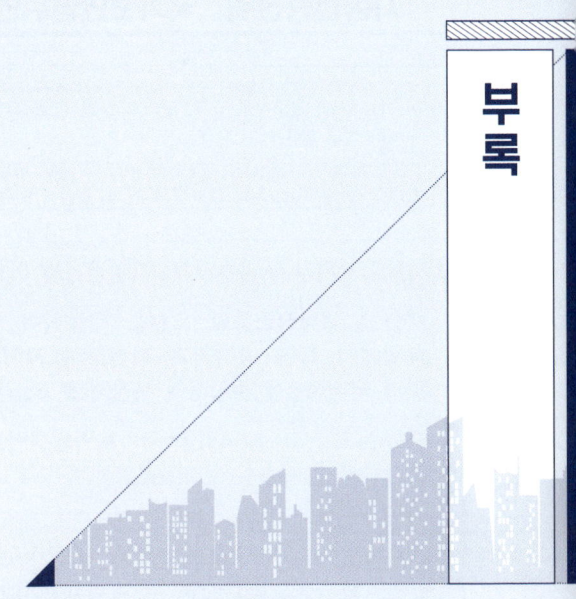

부록

부록 1 간첩단(자통 창원조직-중앙지검)

이 보도자료는 즉시 보도하여 주시고, 공개되는 범죄사실은 재판에 의하여 확정된 사실이 아님을 유의하여 주시기 바랍니다.

서울중앙지방검찰청 전문공보관 박승환
전화 02-530-4780 / 팩스 02-536-5410

보 도 자 료
2023. 3. 15.(수)

「자통민중전위」 국가보안법위반 사건 중간 수사 결과

공소제기 후 공개의 요건 및 범위

☑ 피고인, 죄명, 공소사실 요지, 공소제기 일시, 공소제기 방식, 수사경위, 수사상황, 범행경과 및 수사의 의의 등(제11조 제1항)

☑ 제9조 제1항 제1호 내지 제6호의 어느 하나에 해당하고 미리 공개가 필요한 상당한 이유가 있다고 인정되어 소속 검찰청의 장의 승인이 있는 경우(제11조 제2항 제2호)

☐ 서울중앙지검 공공수사제1부(부장검사 이희동)와 국가정보원, 경찰청은

- 북한의 **대남적화통일 노선을 추종**하여 범죄집단 **「자통민중전위」를 결성**, 해외에서 **북한 공작원과 접선**하여 **지령과 공작금을 수수**하고, 지령에 따라 **국내정세를 수집**하여 **북한에 보고**한 **국가안보 위해조직을 적발**하고,

- 오늘(3. 15.) 그 중 **4명**을 **국가보안법위반죄**(특수잠입·탈출, 회합·통신 등, 자진지원·금품수수, 편의제공, 찬양·고무 등), **범죄단체활동죄로 각 구속 기소**하였음

☐ 수사결과, 북한이 **국내 정세를 실시간 파악**하고 그에 따른 **구체적 투쟁 방법**으로 ① **노동자대회, 시민단체 연대, 촛불집회** 등을 활용한 **정권 퇴진·반미운동**, ② **유튜브·SNS상 유언비어 유포, 청와대 국민청원** 등을 활용한 **여론전**, ③ **국내 선거일정과 정치상황을 반영한 반정부 투쟁**, ④ **노동자·농민·학생 단체에 침투**하여 **조직원 포섭**, ⑤ **대한민국 정부를 비난**하고 여론분열을 조장하는 선전활동 등 **지령을 지속적으로 하달**하고, 피고인들이 그 지령대로 실행·추진한 사실을 확인하였음

☐ 검찰·국가정보원·경찰청은 **추가 공범들에 대한 수사를 계속**하는 한편, 국민의 안전과 자유민주적 기본질서를 위협하는 **국가안보 위해사범**에 대하여 증거와 법리에 따라 **엄정 대응**할 것임

1 피고인 및 공소사실 요지

1. **A○○**(60세, 신발제조 회사 대표, 「자통민중전위」 총책)
   ① '16. 3. 캄보디아에서 북한 공작원 P, 甲과 접선**[회합]**
   ② '18. 5. 베트남에서 북한 공작원 乙, 丙과 접선**[회합]**
   ③ B○○와 공모하여, '19. 6. B○○가 캄보디아에서 북한 공작원 K, 戊와 접선, 김정은 충성결의문 제출, 공작금 미화 7,000달러 및 지령 수수**[특수잠입·탈출, 회합, 금품수수, 편의제공]**
   ④ '18. 8. ~ '19. 7. C○○와 12회, B○○와 8회, D○○와 3회 각 접선하여 북한 지령, 활동 방안 등 논의**[회합]**
   ⑤ C○○와 공모하여, '18. 8. ~ '19. 7. 북한으로부터 지령문 3회 수신, 북한에 1회 보고서 발송**[통신, 편의제공]**
   ⑥ '19. 4., '19. 5. 북한의 주장 및 김정은의 신년연설을 칭송**[이적동조]**
   ⑦ 국가보안법위반을 목적으로 하는 「자통민중전위」 구성원으로 활동**[범죄단체활동]**

2. **B○○**(여, 44세, 무직, 「자통민중전위」 경남 서부지역 책임자)
   ① A○○와 공모하여, '19. 6. 캄보디아에서 북한 공작원 K, 戊와 접선, 김정은 충성결의문 제출, 공작금 미화 7,000달러 및 지령 수수**[특수잠입·탈출, 회합, 금품수수, 편의제공]**
   ② '19. 4. ~ '19. 7. A○○와 8회 접선하여 북한 지령, 활동 방안 등 논의**[회합]**
   ③ C○○와 공모하여, '22. 10. 북한에 보고문 발송**[통신, 편의제공]**
   ④ 국가보안법위반을 목적으로 하는 「자통민중전위」 구성원으로 활동**[범죄단체활동]**

3. **C○○**(58세, 무직, 「자통민중전위」 경남 동부지역 책임자)
   ① '17. 6. 캄보디아에서 북한 공작원 P, 乙과 접선**[회합]**
   ② '18. 8. ~ '19. 7. A○○와 12회 접선하여 북한 지령, 활동 방안 등 논의**[회합]**
   ③ '18. 8. ~ '22. 10. 북한으로부터 14회 지령문 수신하고, 북한에 5회 보고문 발송**[통신, 편의제공]**
   ④ '21. 5. 북한을 규탄하는 이른바 '대북전단'을 풍선에 담아 북한에 날린 박○○을 비난하라는 북한의 지령에 따라, 박○○ 구속 촉구 1인 시위 진행**[이적동조]**
   ⑤ 국가보안법위반을 목적으로 하는 「자통민중전위」 구성원으로 활동**[범죄단체활동]**

4. **D○○**(55세, 무직, 「자통민중전위」 서울지역 책임자)
   ① '17. 7. 캄보디아에서 북한 공작원 K, 丙, 丁과 접선**[회합]**
   ② '19. 4. ~ '19. 7. A○○와 3회 접선하여 북한 지령, 활동 방안 등 논의**[회합]**
   ③ '22. 5. ~ '22. 11. 북한으로부터 6회 지령문 수신하고, 북한에 4회 보고문 발송**[통신, 편의제공]**
   ④ 국가보안법위반을 목적으로 하는 「자통민중전위」 구성원으로 활동**[범죄단체활동]**

   ※ P, K는 기존 사건에서 확인된 북한 공작원, 甲, 乙, 丙, 丁, 戊는 새로운 북한공작원(사진확보)

2 주요 수사 경과

○ '16. 3.~　국정원, 내사 착수 후 해외 공작원 접선 등 채증
○ '22. 11. 9.　피고인 4명 주거지 등 압수수색(국정원·경찰 합동수사)
○ '23. 1. 28.　피고인 4명 체포　※ 각 체포적부심 청구 → 1. 29. 기각
○ '23. 2. 1.　피고인 4명 구속　※ 각 구속적부심 청구 → 2. 16. 기각
○ '23. 2. 17.　검찰 송치 (피고인들 출석거부로 조사 불가)
　※ 구치소 수감된 피고인들에게 총 9회 출석요구하고(그 중 3회는 변호인 요청으로 출석 연기), 검찰 수사관들이 총 3회 구치소에서 출석 요청했으나 거부
○ '23. 3. 15.　각 구속 기소
　※ 송치 후 국가보안법 제19조에 의해 구속기간 2회 연장

3 수사결과 – 국가안보 위해조직 「자통민중전위」 적발, 기소

○ 조직의 성격
　- 김일성·김정일 주의, 주체사상을 지도이념으로 삼고 김정은의 영도로 북한의 대남혁명전략 완수를 목표로 비밀리에 활동하는 범죄집단

북한 지령 일부('22. 9.)

[주요 강령]
- 미제국주의 침략세력과 이와 결탁한 친미예속적 지배세력을 타도하고 노동자, 민중의 주도하에 광범위한 민족자주역량을 묶어세워 자주적 민주정권을 수립한다.
- 정치, 군사, 경제, 문화 등 사회 전 영역에서 미제국주의 잔재와 친미사대주의적 경향을 철저히 청산하고 완전한 민족자주화를 실현한다.
- 자주, 평화, 민족대단결의 원칙에 입각한 연방통일국가를 수립하여 민족의 숙원인 조국 통일과업을 완수한다.

[주요 규약]
- 영생불멸의 주체사상을 지도사상으로 하는 김일성-김정일 주의 조직이며 조직 내 유일 사상체계를 확고히 세운다.
- 위대한 대원수님들의 사상과 주체혁명위업을 계승하신 김정은 원수님을 우리 혁명의 수령으로 높이 받들고 원수님의 유일적 영도를 무조건 절대적으로 관철 한다.
- 조직의 보위를 목숨으로 사수하며 조직에서 결정한 보안규율을 한 치의 더함도 덜함도 없이 그대로 철저히 엄수한다.

○ 북한 대남공작사업 총괄 기구인 「문화교류국」과 연계

- 북한 「문화교류국」은 간첩 직접·우회침투로 대한민국 각계각층 인사를 포섭하여 지하당 조직을 구축하고, 이를 활용하여 **대한민국 체제 전복을 목표로 하는 대남공작기구**

  ※ 1968년 '통일혁명당'사건, 1994년 '구국전위'사건, 2006년 '일심회'사건, 2011년 '왕재산'사건 모두 북한 「문화교류국」과 연계된 사건

- 「자통민중전위」는 「문화교류국」 공작원과 **해외에서 접선**하거나 **인터넷 등으로 지령을 수수**하고, 지령 이행 결과를 북한에 보고

○ 사기업 또는 재단법인 형태로 위장한 조직체계로서 '이사회' 구성

- 이사회는 이사장 - 임원 - 회원으로 이어지고, 그 중요 성원인 이사장은 총책(A○○), 임원은 각 지역 책임자(B○○, C○○, D○○)가 담당

  ※ 임원은 하부 조직원들을 교양·관리하고, 하부 조직원은 강령에 대한 이해도와 준수 의지, 역량 등에 따라 준임원 – 핵심회원 – 예비핵심회원으로 단계적 구성

- 경남지역을 기반으로 수도권으로 진출하여 **조직의 전국화 도모**

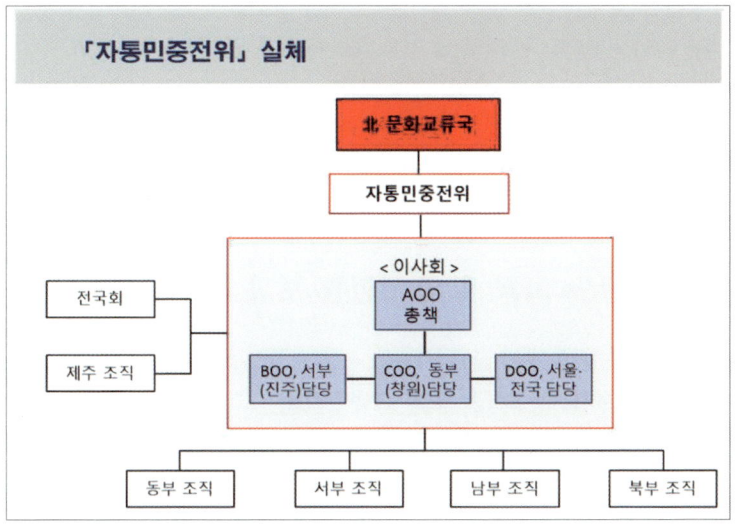

○ 주요 활동 실태

- 캄보디아, 베트남에서 북한「문화교류국」공작원들과 회합하고, 공작금 수령 후 국내로 잠입

- 약 5년간 수십 회에 걸쳐 북한으로부터, ① 반미·반정부 투쟁 및 여론전, ② 노동자·농민·학생 단체 조직을 내세운 촛불시위와 기자회견 개최 등으로 정권 퇴진을 요구하는 대중투쟁 전개 등 '대남혁명전략'에 따른 지령을 수수

- 「자통민중전위」조직원들은 위 지령에 따라 ①'반미·반보수' 관련 집회 참가 및 카드 뉴스 제작·배포, ② 농민·학생 관련 각종 시민단체 또는 노동조합에 침투하여 조직원 포섭 및 의식화 활동 등 전개하고 이를 북한에 보고

○ 북한 지시에 따라 철저한 보안체계로 조직 운영

- 합법적 시민단체를 외곽기구로 삼되, 내부에 비공개조직「자통민중전위」를 두고, 총책(A○○)을 정점으로 '단선연계 복선포치'를 기본형태로 운영

- 북한과 통신에는 스테가노그래피 프로그램을 이용하여 암호화한 문서를 외국계 클라우드에 업로드하여 공유하는 방식 활용

  ※ 스테가노그래피 프로그램 : 전달하려는 기밀 정보를 이미지 파일 등에 암호화하여 숨기는 기법으로 '왕재산' 등 간첩 사건에서 다수 이용(별첨2 참조)

- 북한 공작원 접선시 미리 약속된 상호 인식 방법을 사용하거나, 수사기관의 미행여부를 수시 확인하고, 발각될 경우 보고자료가 저장된 이동식 저장매체를 부수어 삼키자고 논의하는 등 보안 강조

  ※ 주거지 압수수색시 암호화된 USB가 든 지갑을 창밖으로 던지는 등 증거인멸 시도

4 북한 주요 지령 및 피고인들 보고 내용

가. 반미 투쟁, 정권퇴진 투쟁을 선동하면서, 이를 위해 민노총 노동자대회, 시민단체 연대, 촛불집회 등을 활용하라는 지령 하달

① 정부의 노동정책에 반대하는 민노총 주최 지역별 노동자대회가 개최되는 것을 기화로 반정부 투쟁을 극렬히 전개하고, 민노총 중심의 정권 퇴진 운동을 진행하도록 지시('22. 6.)

② 방위사업체가 집중된 지역 특색을 반영하여 반전단체, 민노총 지역본부 등과 연계하여 주한미군철수, 종전선언·평화협정 채택을 주장하는 반미 자주화 시위 개최 지시('18. 8.)

③ 대통령 퇴진을 요구하는 제2의 촛불국민대항쟁 전개 지시
- 개최 일시를 특정하여 지정하고, '지역별 촛불시위 후 상경단 조직, 서울 총집결하여 대규모 촛불집회 개최' 등 구체적 진행방법까지 지시('22. 11.)

⇒ 「자통민중전위」 조직원들은, 서울 숭례문 인근에서 개최된 8.15자주평화통일 대회에 참가하여 '한미동맹해체' 등 구호를 제창하며 거리행진('22. 8.)

나. 보궐선거, 대통령 선거 등 국내 정치일정에 맞춘 구체적 투쟁지침 하달

① '4·7 재보궐선거에서 보수정당 압승으로 정권심판론이 확산되어 친미보수 정권 부활이 우려되니 반보수 집중투쟁을 전개하라'고 지시('21. 4.)

② '야권의 ○○○ 후보 대망론'에 대한 적극 대응 지시('21. 4.)
- 「자통민중위」 댓글팀에 "극우보수단체를 사칭하여 '대망론은 보수난립을 노린 여당의 술책'이라는 괴담을 유포하라"고 구체적 방법 하달

③ 대통령 지지율 하락을 기화로, '제2의 촛불국민대항쟁' 등 명칭하에 대통령 퇴진을 요구하는 투쟁을 전개하라고 지시('22. 11.)

⇒ 「자통민중전위」 조직원이 대통령 지지율 등락에 관하여 북한에 보고('22. 10.)

다. 한·미간 정상회담 내용을 비난하면서 반미투쟁을 전개하라는 지령 하달

① '21. 5. 워싱턴 한미정상회담(문재인·바이든)에 대하여 '친미구걸행각을 과대포장하고, 요란스럽게 떠들어댄다'며 '회담의 허구성과 위험성을 집중 폭로하면서 반미자주의식을 높이기 위한 투쟁을 강화하라'고 지시하는 등 한미정상회담을 '친미구걸 행각'으로 비하('21. 6.)

② '22. 5. 서울 한미정상회담(윤석열·바이든)에 대하여 '대북압박공조를 구걸하면서 북에 대한 대결흉심을 드러낸다'고 비난하고, '시민단체 등과 연계한 한미군사훈련연습중단 촛불집회 등으로 투쟁하라'고 지시('22. 6.)

⇒ 「자통민중전위」 조직원들은, '외교참사' 등 카드뉴스 제작, SNS로 배포(22. 9.)

라. 보수 유튜브 채널에 대한 공격, 특정 언론사 폐간을 위한 청와대 국민청원, 일본 방사능오염수 방류 관련 유언비어 유포 등 구체적 투쟁방법 하달

① 유튜브 공간에서 동조세력이 연대하여 반보수 투쟁 지시('19. 6.)
  - 보수 유튜브 채널에 회원으로 위장 가입하여 사회적 물의를 일으키는 댓글을 게시하도록 하는 등 구체적 활동방법까지 하달

② 특정 언론사 폐간을 요구하는 청와대 국민청원이 30만명을 돌파한 시점에 맞추어 '집중투쟁기간 선포' 지시('21. 7.)
  - '여론전을 통해 특정 언론사 폐간을 요구하는 청와대 국민청원 참가자 수를 늘리고, 특정 언론사의 반통일적 행태를 폭로하는 성명발표, 기자회견을 지속하라'고 강조

③ 반일 감정을 확산시켜 한일 갈등 조장 지시('21. 5.)
  - 韓·美·日 동맹이 추진되던 시기에 일본 방사능오염수 방류와 관련하여 '괴물고기 출현' 등 괴담을 인터넷에 유포하라고 구체적 방법 하달

④ '대북전단 살포는 남북관계를 파탄내려는 미국과 보수세력의 각본'이라는 여론전 등 대북전단 살포 반대 투쟁을 강도 높게 진행하라고 지시('21. 5.)
  ⇒ 「자통민중전위」 조직원들은 대북전단을 날려 보낸 북한인권단체 대표를 구속하라는 1인 시위 등을 전개('21. 5.)

마. 피고인들 소속 정당의 집권전략을 보고받고, '공개적인 전민항쟁 논의는 제2의 통진당 사태를 불러올 수 있다'는 등 투쟁전략 제시

① 국내 정세분석을 통해 ○○당의 기본 투쟁방향과 한계 설정('21. 6.)
  - '○○당의 집권전략에서 전민항쟁을 논하는 것은 국가보안법이 살아있는 상황에서 제2의 통진당 사태를 불러올 수 있으므로 주의하라'고 경고
  - '선거에 승리해도 미국, 군부, 보수세력이 탄압할 것이므로 궁극적인 정권 쟁취는 전민항쟁과 같은 폭력적 방법으로 해결해야 한다'고 지적

② 국내 정치지형에서 ○○당의 입지를 진단하고 정치투쟁 방향 제시('21. 6.)

- ○○당이 지방선거에서 성과를 거두기 어렵다고 평가하면서 극복방안으로 '대중의 관심을 끌 대표적 인물, 정책, 공약이 있어야 한다'고 지적

    ※ "적폐청산 등 정치 구호에 그치지 말고, '무상급식', '반값등록금' 등 구체적 정책을 발굴하라"고 지시하는 등 국내 민심의 흐름까지 면밀히 분석

⇒ 「자통민중전위」 조직원들은 위 ○○당의 당직을 맡아 정치권 진출 시도

바. 노동자·농민·학생 단체에 침투하여 의식화교육을 통해 동조자를 포섭하고, 해당 조직을 반정부투쟁에 동원하라는 지령 하달

① 민노총의 20, 30대 젊은 조합원들을 포섭하라고 지시('21. 3.)

- 사상교육을 실시하고, 「자통민중전위」의 우수한 임원들을 젊은 조합원이 밀집된 대기업 노조 등에 집중 배치하라고 활동지침 하달

    ※ 「문화교류국」은 '현재 민노총 주력은 50대 이상으로 세대교체가 불가피한데, 20, 30대 젊은 조합원들은 신자유주의·개인주의 풍조에서 성장하여 계급의식·단결의식이 부족하고 정치투쟁보다는 임금인상과 같은 생존권해결에만 집착하므로 노동운동의 침체가 우려된다'고 진단

② 농민운동단체들이 전국적 조직체계를 갖추고 CPTPP(포괄적·점진적 환태평양동반자협정) 가입 저지 투쟁을 전개하라고 지시('22. 5.)

- '농민 재난지원금 등 농민들의 생존권 투쟁을 미국산 쌀 수입 반대 등 반미투쟁으로 확대하라'고 지시('21. 4.)

③ '대학생과 청년이 각종 대중투쟁에서 선봉 역할을 담당케 하여 자주통일을 견인할 차세대 주역으로 양성하라'고 지시('21. 7.)

⇒ 「자통민중전위」 조직원들은 CPTPP 가입 저지 집회에 참여하고,('22. 7.), 북한에 관련 사항을 보고('22. 8.)

사. 대형 조선소 협력업체 노조를 장악한 후 파업을 진행하고, 해당 사건에 대해 진행되는 수사기관의 구체적 수사상황을 파악하여 보고

① 실제 파업을 진행하면서 노조의 요구사항, 합의내용 등을 보고하고, 파업 관련 수사를 받으면서 경찰조사를 받은 사실, 휴대폰 압수된 사실 등 보고('22. 8.)

② 이에 북한 「문화교류국」은 특정인이 구속될 가능성에 대비하여, '자통민중전위 보안에 문제가 발생하지 않도록 할 것' 지시('22. 9.)

5 수사 의의

○ 변화된 남북관계에도 불구하고 계속되는 북한의 대남 공작 재확인

- 2000년대 남북정상회담 5회 개최 등 남북간 교류·협력이 이어져 왔음에도, 북한은 여전히 **적화통일을 포기하지 아니한 채** 「문화교류국」을 중심으로 **공작활동을 지속 추진**하며 우리 헌법 질서와 국민의 일상을 위협

- 피고인들은 위 「문화교류국」과 접선하면서 ① 김일성 일가 세습을 찬양하며, 김정은에 대한 충성결의문을 전달하고, ② 스테가노그라피 등 종래 암호통신 수법을 유지하며, ③ 노동자, 농민, 학생 등을 동원한 반정부·반미 투쟁 지속

○ 대한민국 사회 변화에 맞추어 대남공작 방식의 진화

- **유튜브, SNS** 등 온라인 공간에 댓글팀의 침투를 지시하고, **국민청원, 촛불집회** 등 새로운 활동방법을 적극 활용한 여론조작을 지시

- 국내 정세를 면밀히 분석하고, **선거일정·대통령 지지율까지 반영**하여 활동방침을 구체적으로 하달하고, 특정 진보정당의 문제점 개선, 대표적 인물·공약 발굴 등 선거전략 방향까지 상세하게 지시

- 대한민국 20, 30대의 가치관 변화를 정밀 분석하여 대남혁명 역량을 강화하기 위해 타겟형 교육을 실시하도록 독려

○ 북한 공작원의 국내 안보위해세력 장악·관리 실태 확인

- 문화교류국과 「자통민중전위」 조직은 통제·종속 관계

  ※ 북한 지령문에는 「자통민중전위」가 하부 조직원의 거주지 이동을 파악하거나 보고하지 않은 점을 엄중히 질책하는 내용 등 상하관계가 뚜렷이 드러남

- 이사회 하부조직을 설립할 경우 '대상자에 대한 철저한 검증, 문화교류국에 신상자료 송부 및 승인, 강령·규약 하달'을 지시

  ※ 하부조직(이른바 '새끼회사')의 설립 방법을 지시하고, 설립 행사를 진행하는 순서와 사회자를 맡을 사람까지 세세하게 지정

- 국내 노동사건이 발생하면 주요 조직원에 대한 수사상황을 보고하도록 지시하고, 「자통민중전위」는 수사상황과 구속여부 전망까지 상세히 보고

- 북한 공작원은 B○○와 캄보디아에서 접선시 **상부에 보고하고 관리**하기 위하여 B○○의 **사진을 촬영**하고, 김정은에게 보내는 **충성결의문을 작성하도록 지시**하고, B○○는 즉석에서 이행

○ 수사과정에서 적법절차를 준수하고 변호인과 피고인 권리보장에 최선

- 피고인들의 변호인 조력을 받을 권리 및 변호인의 참여권을 충분히 보장하고, 변호인의 일정 조정 요청을 최대한 수용

- 구속 송치 이후에도 **적법한 출석요구와 구인을 거부**한 피고인들에 대해 **소환조사 대신 물적 증거 분석에 수사력 집중**

○ 검찰·국가정보원·경찰의 수사로 반국가활동을 전개한 조직 적발

- 국가정보원은 비밀 조직을 대상으로 6년에 걸친 장기간 해외 채증, 감청 등 끈질긴 내사를 통해 조직적, 반복적 국가보안법위반 행위 확인

- 압수수색 등 강제수사 과정에서 검찰·국가정보원·경찰이 **긴밀히 협력**

6 향후 계획

○ 수사에 참여한 검사들이 공판팀을 구성하여 재판 과정에서 빈틈없는 공소유지로 **범죄에 상응하는 형이 선고**되도록 최선을 다하겠음

○ 배후에 가려져 있는 추가 **공범 수사를 계속 진행**하여 「자통민중전위」의 **실체를 철저히 규명**하고, 피고인들의 진술거부로 인하여 완전히 규명되지 아니한 '지령 이행' 부분 등도 계속 확인할 예정

○ 향후에도 검찰·국가정보원·경찰은 유기적으로 **협력**하여 안보위해세력의 우리 사회 침투·교란을 차단하고, 헌법가치의 중핵(中核)인 자유민주적 기본질서와 국민의 자유로운 일상을 수호하는 데 최선을 다하겠음

별첨1 　　　　**지령문 및 보고문 주요 내용**

가. 반미 투쟁, 정권퇴진 투쟁을 선동하면서, 이를 위해 민노총 노동자대회, 시민단체 연대, 촛불집회 등을 활용하라는 지령 하달

❶ 7월 2일 민노총 노동자대회를 활용한 정권 퇴진 투쟁 지시('22. 6.)

▶ 7월 2일 민노총에서 ○○○패거리들의 반노동정책을 규탄하며 노동자대회를 열겠다고 하므로, 이사회에서는 민노총이 7월중에 단체총파업, 노동자결의대회, 부문별 련쇄파업과 같은 대규모집중투쟁들을 격렬하게 벌여 전반적인 반정부 투쟁을 주도해나가게 하는 한편 7.27, 8.15를 비롯한 주요계기들에 통선대활동과 같은 자주통일, 반전평화투쟁들도 의의 있게 조직하여 ○○○패당을 통치위기에 몰아넣을 것 등 (**4의 가 ①**)

❷ 시민단체와 연대한 한미군사훈련중단 투쟁, 반정부 투쟁 지시('18. 8.)

▶ 대규모 군수공장들과 주요 군사요충지들이 집중되어 있는 지역 특색에 맞게 경남평화회의 등 반전단체들과 합심하여 미군철수, 종전선언 채택, 평화협정 채택 등 반미자주화 투쟁의 불길을 지속적으로 벌여나가고, 6.15경남본부, 늘푸른삼천, 통일엔평화, 통일촌 등 조직이 쥐고 있는 통일단체들을 적극 활동하도록 하여, 주요 계기시 련북 통일행사를 조직할 것 (**4의 가 ②**)

❸ 지역별 촛불집회, 서울 대규모 촛불집회 통해 반정부 투쟁 지시('22. 11.)

▶ ○○○역적패당에 대한 각계 층의 불신과 배척분위기가 날로 고조되고 있는 속에 역도 놈의 퇴진을 요구하는 촛불투쟁이 광범위하게 진행 (중략) 이사회에서는 ○○○역도놈의 퇴진을 요구하는 제2의 촛불국민대항쟁을 일으키는데 목표를 두고 촛불시위를 확대해나갈 것 (**4의 가 ③, 나 ③**)

▶ 각 지역별로 주말 촛불시위를 진행하도록 하며 주요 계기들에 상경단을 조직하여 서울지역에 총집결시켜 대규모촛불집회를 개최할 것 (**4의 가 ③**)

▶ 북침전쟁연습중단을 요구하는 대중투쟁들과 쌀값안정을 위한 농민대중의 투쟁을 비롯하여 ○○○역적패당의 반민족적, 반민중적책동을 반대하는 투쟁들에서 촛불집회형식을 도입하게 하여 **촛불시위가 반○○○투쟁의 주류를 이루도록 할 것** (**4의 가 ③**)

나. 보궐선거, 대통령 선거 등 국내 정치일정에 맞춘 구체적 투쟁지침 하달

❹ 대통령선거에서 특정정당을 공격하기 위해, 극우보수단체를 사칭해 괴담을 유포하는 등 모략자료들을 신빙성 있게 만들어 전파하도록 지시('21. 4.)

▶ 보수패당이 지난 지자체보궐선거에서 압승한데 기고만장해 현 집권세력의 경제정책실패와 부패의혹, 무능력을 집요하게 물고 늘어지면서 사회전반에 정권심판론을 지속적으로 확산시켜보려고 발악적으로 책동하고 있음 (④의 나 ①)

▶ 이를 방임하는 경우 다음 해 대선에 영향을 미쳐 친미보수정권이 다시 들어앉는 부정적 결과를 초래할 수 있으므로 이사회에서는 보수세력이 떠들고 있는 정권심판론을 폭로분쇄하기 위한 집중투쟁을 조직전개할 것 (④의 나 ①)

▶ 선전팀을 발동해 보수정권의 부활은 제2의 △△△참극을 불러오게 된다는 위기의식을 불어넣기 위한 여론전을 전개하고, 댓글팀들이 태극기부대를 비롯한 극우보수단체들로 사칭해 ○○○의 야권후보대망설은 보수난립을 노린 집권여당의 의도적 술책이라는 괴담을 널리 유포시킬 것 (④의 나 ②)

▶ 이사회에서는 보수세력들의 동향과 정세변화를 예리하게 주시하면서 댓글팀 성원들이 보수세력내부의 대립과 갈등을 격화시킬수 있는 모략자료들을 신빙성 있게 만들어 방법있게 내돌리기 위한 사업을 할 것 (④의 나 ②)

❺ 대통령 지지율 하락을 기화로, '제2의 촛불국민대항쟁' 등 명칭하에 대통령 퇴진을 요구 투쟁을 전개하라고 지시('22. 11.)

▶ ○○○역적패당에 대한 각계 층의 불신과 배척분위기가 날로 고조되고 있는 속에 역도 놈의 퇴진을 요구하는 촛불투쟁이 광범위하게 진행되고 있으므로 이사회에서는 ○○○역도놈의 퇴진을 요구하는 제2의 촛불국민대항쟁을 일으키는데 목표를 두고 촛불시위를 확대해나가기 위한 사업에 새끼회사들과 전국회를 적극 불러일으킬 것 (④의 나 ③)

다. 한·미간 정상회담 내용을 비난하면서 반미투쟁을 전개하라는 지령 하달

❻ '21. 5. 워싱턴 한미정상회담(문재인·바이든)을 '친미구걸 행각'으로 비하 ('21. 6.)

▶ ('21. 6.) 최근 □□□패들이 지난 5월에 있은 친미구걸행각을 과대포장하면서 요란스럽게 떠들어 대고 있는 속에 각계층속에서 미국의 바이든 행정부에 대한 환상과 기대감이 조성되고 있는 것과 관련해 이사회에서 광범위한 대중속에 반미자주의식을 더욱 높여주기 위한 실천활동을 적극 벌려나가야 할 필요성이 제기되고 있으므로 이사회에서는 이번 한미정상회담의 허구성과 위험성을 집중적으로 폭로하며 지역내 민중속에 반미자주의식을 높여나가기 위한 다양한 실천활동을 더욱 적극적으로 조직전개하도록 할 것 (④의 다 ①)

▶ ('21. 6.) 지역내 통일운동 및 남북경제협력단체들이 개성공업지구재가동, 남북철도 및 도로연결과 같은 역사적인 남북선언들의 사항을 미국의 눈치를 보지 말고 독자적으로 결정하고 실행할것을 당국에 지속적으로 들이대게 해 □□□패들을 강하게 압박하도록 할 것 (④의 다 ①)

❼ '22. 5. 서울 한미정상회담(윤석열·바이든)을 비난하고, 시민단체 등과 연계한 한미군사훈련연습중단 촛불집회 등으로 투쟁하라고 지시('22. 6.)

▶ ('22. 6.) 지난 한미정상회담에서 강력한 대북압박공조를 구걸하면서 미국의 반공화국압살정책에 편승하여 북에 대한 대결흉심을 드러낸 ○○○패거리들은 북의 자위적인 미사일발사시험을 걸고들며 굳건한 한미동맹을 바탕으로 안보태세를 강화하고 필요한 모든 수단을 동원하여 신속하고 단호하게 대응하겠다고 하면서 또다시 반북대결정책을 노골적으로 드러냈다. 이사회에서는 ○○○보수패거리들의 집권으로 조성된 정세국면의 엄중성을 이사들과 임원들에게 깊이 인식시키는 것과 함께 이사회의 영향하에 있는 대중단체들을 반○○○ 투쟁에 총궐기시키기 위한 실천투쟁계획들을 구체적으로 세우고 작전과 지휘를 짜고 들어갈 것 (④의 다 ②)

라. 보수 유튜브 채널에 대한 공격, 특정 언론사 폐간을 위한 청와대 국민청원, 일본 방사능오염수 방류 관련 유언비어 유포 등 구체적 투쟁방법 하달

❽ 유튜브 활동 강화 및 보수 유튜브에 대한 역공작 지시('19. 6.)

▶ 관련 단체 역량을 총 동원해 진보진영 유튜브를 구독하거나 자체 유튜브 채널을 개설하고 각 채널이 조직적으로 연계활동을 할 것 (④의 라 ①)

▶ 보수세력의 유튜브 채널에 대해 고소고발전을 진행하고, 핵심 조직원이 보수 유튜브 채널에 들어가 사회적 물의를 일으킬 수 있는 댓글이나 만평을 일부러 게시하여 법적문제를 일으키는 역공작을 펼칠 것 (④의 라 ①)

❾ 특정 언론사 폐간을 위한 청와대 국민청원 독려 등 활동 지시('21. 7.)

▶ OO일보 폐간을 요구하는 청와대국민청원참가자수가 30만명을 돌파하고 OO일보폐간운동본부가 조직되고 있으므로, 진보운동단체 등을 적극 내세워 여론전 및 내적활동을 벌여 청와대국민청원참가자수를 늘이고, OO일보의 반민족적이며 반통일적인 죄행을 폭로하는 성명전, 기자회견 및 항의시위를 조직전개할 것 (④의 라 ②)

❿ 방사능오염수 방류 계기로 일본과의 갈등심화를 위한 활동 지시('21. 5.)

▶ 최근 미국이 반공화국정책공조를 노린 한미일동맹을 적극 추진하고 있는 가운데, 일본이 후꾸시마원자력발전소의 오염수를 방류하기로 결정한 것과 관련해 반일기운이 급격히 높아지고 있음 (중략) 남한과 일본의 대립과 갈등을 되돌릴 수 없을 지경으로 몰아넣는 투쟁을 조직전개할 것 (④의 라 ③)

▶ 환경운동가의 TV대담을 통해 일본의 오염수가 한반도에 미칠 재앙 논증하고, 여론팀을 통해 괴물고기출현 등 괴담을 인터넷통해 유포하며, 어민들을 내세워 삭발농성, 대규모해상시위 등을 진행할 것 (④의 라 ③)

⓫ '대북전단' 살포를 반대하는 여론전 전개 지시('21. 5.)

▶ 미국과 보수세력이 인권문제를 걸고 대북삐라살포금지관련법을 수정해야 한다고 압박을 가하고 있는 상황에서, 반공화국삐라살포를 강행하였으므로, 이를 저지하기 위한 집중투쟁을 강도높게 조직 전개할 것 (④의 라 ④)

▶ 미중앙정보국의 자금조달 등 자료를 통해, 남북관계를 파국상태에로 몰아가려는 미국과 보수세력의 치밀한 각본이라는 여론전을 벌이고, 삐라살포가 가져올 파국적 후과에 대하여도 지역사회에 확산시킬 것 (④의 라 ④)

마. 피고인들 소속 정당의 집권전략을 보고받고, '공개적인 전민항쟁 논의는 제2의 통진당 사태를 불러올 수 있다'는 등 투쟁전략 제시

⑫ 공식기구에서 전민항쟁(폭력혁명) 문제를 논의하는 것은 제2의 통진당 사태를 불러 올 수 있으므로 주의해야 한다는 의견('21. 6.)

▶ ○○당의 집권전략자문위원회라는 공식기구내에서 전민항쟁문제를 논의한다는것 자체가 위험천만한 사고 (중략) 국가보안법이 아직 살아있고 보수의 칼날이 진보세력들을 특히 자주통일세력들을 겨냥하고 있는 조건에서 전민항쟁과 같은 문제를 공개합법적으로 논의한다는 것은 적들에게 탄압의 빌미를 주는것으로 되며 (중략) 제2의 통진당사건이 일어나지 않는다고 장담할 수 없음 (④의 마 ①)

⑬ 대한민국은 미국의 식민지이기 때문에 진보집권은 선거가 아닌 전민항쟁에 의해서만 가능하고, 참신한 전략으로 전진한다면 통진당의 명예회복도 가능하다는 의견('21. 6.)

▶ 진보집권이든 우리가 요구하는 정권전취는 반드시 전민항쟁과 같은 폭력적 방법으로 해결하여야 함. 그것은 잘 아시다싶이 이남사회성격과 그로하여 파생되는 변혁운동의 성격으로부터 선거에 의한 진보집권, 정권전취란 있을 수 없기때문 (중략) 이남사회가 철저히 미국의 식민지로 되여있고 그를 무력으로 담보하고 있는 미군과 국군이 있으며 진보세력, 혁명세력을 말살하려고 하는 친미보수세력들이 존재하는 한 이루어질 수 없는 희망사항 (④의 마 ②)

▶ 참신한 전략전술로 난국을 뚫고 전진을 이룩한다면 통진당의 명예회복도 자연히 따라오게 될 것 (④의 마 ②)

⑭ 국내 정치지형에서 ○○당의 입지를 진단하고 정치투쟁 방향 제시('21. 6.)

▶ 진보세력이 얼마든지 부르주아선거를 통해 집권할 수 있다고 보는 것 같은데 그것은 사실상 환상에 가까운 견해이고, ○○당은 대중의 관심을 끌고 그들의 심장을 틀어잡을 수 있는 대표인물과 정책대안을 내놓지 못하고서는 그 어떤 부르주아선거에서도 유의미한 성과를 거둘 수 없다는 것을 똑똑히 알고, 꽉 막혀 있는 인물난, 정책대안의 부재라는 제한성을 돌파해내는데 모든 힘을 기울이고, 정당의 정체성은 막연히 '적폐청산'을 외치는 것으로 형성되지 않으므로 '무상급식', '반값등록금' 구호처럼 손에 잡히고 피부로 느껴지는 구체적인 내용을 담을 것 (④의 마 ②)

바. 노동자·농민·학생 단체에 침투하여 의식화교육을 통해 동조자를 포섭하고, 해당 조직을 반정부투쟁에 동원하라는 지령 하달

⑮ 노동조합의 젊은 층 조직원 포섭 및 노동조합 임원 선거에서 '자통민중전위'와 연계 가능한 세력의 당선 도모.('21. 3.)

▶ 현재 민노총의 주력은 1980년대 중엽 노동자대투쟁시기 노동운동에 합류하였던 50대이상의 조합원들이므로 민노총의 세대교체 문제는 불가피한 과제로 제기될 것, 민노총의 새로운 주력으로 등장할 20대, 30대의 젊은 조합원들은 신자유주의, 개인주의문화의 사회풍조속에서 성장한것으로 하여 계급의식, 단결의식이 부족하고 정치투쟁보다는 임금인상과 같은 생존권해결에만 집착. 이러한 사태가 지속

▶ 이사회에서는 노동자들이 집중되여 있는 ㅇㅊ, ㅈㄱ지역에서 활동하고 있는 임원들중 능력있는 임원들을 공공운수노조, 금속노조, 화학섬유노조를 비롯해 젊은 조합원들이 밀집되여있는 대기업의 지역노조들과 현장단위들에 집중포치하여 계급적각성이 높고 대중적 신망이 있는 젊은 대상들 포섭할 것 (④의 바 ①)

⑯ 업종별 농민운동단체들이 전국 규모의 조직체계를 갖추도록 한 다음 미국 쌀수입 문제 등과 결부하여, 반미·반보수 투쟁 적극 참가 독려('21. 4.)

▶ 전국ㅇㅇ생산자협회, 전국△△생산자협회와 같은 업종별 농민운동단체들이 조직되는데 따라 지역에서 하부구조를 구축하는데 힘을 넣어 업종별 농민운동단체들이 전 지역적 규모의 조직체계를 갖추어나가도록 노력할 것 (④의 바 ②)

▶ 농민재난지원금지출, 농민수당법제정, 농지개혁을 비롯해 광범한 농민들의 생활상요구를 반영한 투쟁구호들을 많이 내들게 하며 점차 미국산쌀수입문제 등과 결부하여 민족자주, 연북통일구호들도 방법있게 사용할 것 (④의 바 ②)

⑰ 학생을 미래에 자주통일을 견인해 갈 주역으로 보고 각종 대중투쟁에서 선봉적인 역할을 하도록 하는 활동 방향 제시.('21. 7.)

▶ 대학생진보넷 지역지부, 청년 100씨 등 지역내 청년학생단체들이 6.15청년학생본부가 조직하는 각종 대중투쟁에서 선봉적 역할을 맡아하게 할 것 (④의 바 ③)

⑱ CPTPP(포괄적·점진적 환태평양동반자협정) 가입저지 투쟁 진행('22. 5.)

▶ 전농에서 활동하고 있는 임원들과 전국회원들을 통해 CPTPP가입저지투쟁을 비롯한 실천투쟁들에 광범위한 농민들을 망라시켜 ㅇㅇㅇ패거리들의 반미중정책을 깊이 인식시키는 한편 대북적대정책철회, 전쟁반대 평화협정체결, 미군철수, 국보법 철폐와 같은 반미반보수투쟁에도 적극 참가시켜 농민들을 계몽 각성시키도록 하여야 할 것 (④의 바 ②)

사. 대형 조선소 협력업체 노조를 장악한 후 파업을 진행하고, 해당 사건에 대해 진행되는 수사기관의 구체적 수사상황을 파악하여 보고

⑲ ○○조선 협력업체 파업 상황 등 보고('22. 8.)

▶ 거통고 조선하청 투쟁

가. 요구사항 - 임금 30%인상/ 상여금(설,추석,여름휴가) 각 100% 등 (중략)

나. 합의내용 - 임금 4.5% 등 (중략)

다. 기간과정에 대한 약평

- 조선하청의 요구성이 전사회적 요구로 됨. 즉, 경제투쟁의 영역이지만 조선하청의 현실을 아래에서부터 분석하고 요구하고 이를 공조직을 통해 전 사회적, 정치적 요구로 만들어 내었음/ **경제적 요구를 사회정치요구화 하는 과정에 대한 사례**

- 금속과 민주노총이 주도적으로 조선하청 투쟁에 과감한 투쟁을 배치하였고 이를 **사회정치쟁점으로 여론을 만들어 냄** (중략)

- 조직형태변경(민주노총탈퇴 시도)에서 교훈으로 반성되는 점은 조합원을 믿지 못하면 정세판단을 제대로 하지 못한다는 것임/ 전반 제조직, 전현직 간담회등을 통해서 확인된 것은 탈퇴 가능성이 높다는 판단이 있었음. 그로인해 ○○조선 **지회가 많이 흔들렸고 파업투쟁에도 부정적 영향을 미쳤음**/ 그러나 실제 투표에서는 조합원들이 민주노조를 선택하였음/ 이는 계급운동에서 조합원들이 민주노조를 바라보는 시각으로 판단됨/ 또한 조선하청의 투쟁이 사회정치적 투쟁으로 만들어지고 언론에서 우호적 상황이 조성된 측면도 조합원들 판단에 영향을 미친 것으로 판단

⑳ ○○조선 협력업체 파업 주도한 조직원의 수사 상황 등 보고('22. 8.)

▶ 경찰조사를 받았고 전화기가 압수된 상태임. 아직 구속자는 아무도 없으며 ○○조선에서 500억원 손해배상소송을 걸었음. 도크점거농성관련하여 지회장이 주도한 것으로 정리하여 전적으로 책임지기로 하였음

▶ F는 구속되지 않을 가능성이 큼. 부지회장을 맡고 있는 상황이라 투쟁의 일선에서 물러설 수는 없는 상황임. 전면에서 활동하면서 역량구축사업을 할 수밖에 없음. 다만 공백을 피하기 위해 구속되지 않도록 활동을 조율하기로 하였으며 사찰을 주의하고 보안규율을 각별히 지킬 것을 요구하였음. 별도의 휴대폰으로 C과 비상선을 가지기로 하였으며 월 1회 회의를 유지하기로 함

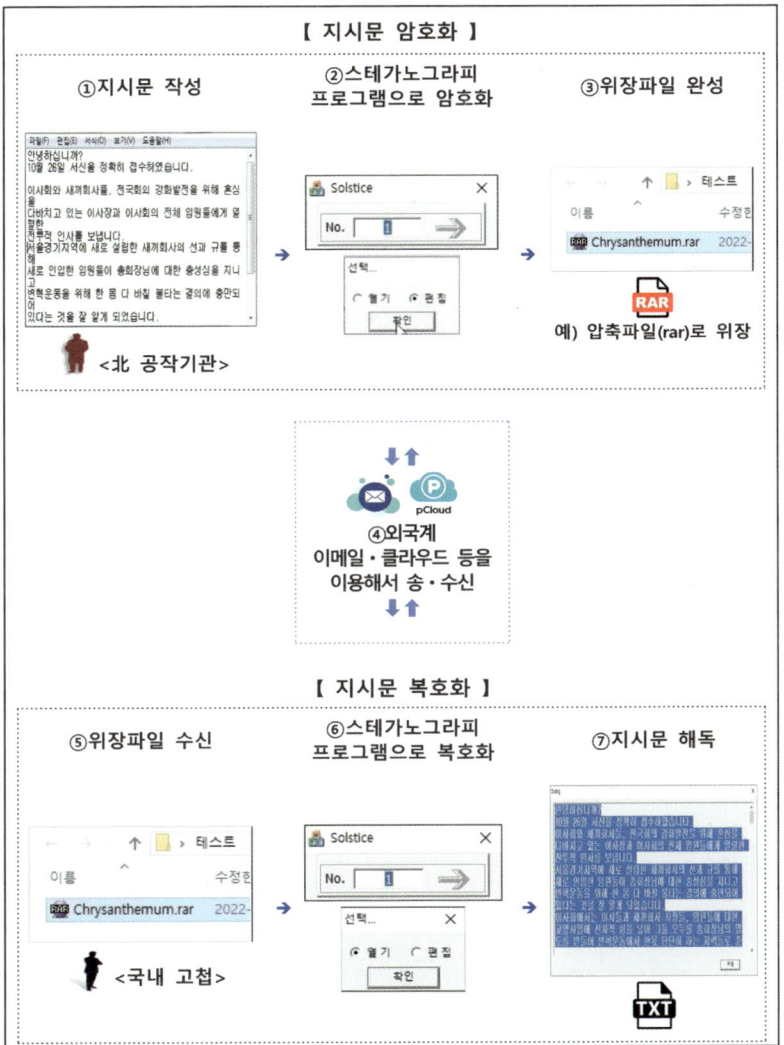

부록 2 간첩단(자통 제주조직-제주지검)

이 보도자료는 즉시 보도하여 주시고, 공개되는 범죄사실은 재판에 의하여 확정된 사실이 아님을 유의하여 주시기 바랍니다.

보 도 자 료
2023. 4. 5.(수)

제주지방검찰청 전문공보관 김선문
전화 064-729-4422 / 팩스 064-729-8359

제주 이적단체 국가보안법위반 사건 중간수사결과

공소제기 후 공개의 요건 및 범위

- ☑ 피고인, 죄명, 공소사실 요지, 공소제기 일시, 공소제기 방식, 수사경위, 수사상황, 범행경과 및 수사의 의의 등(제11조 제1항)
- ☑ 제9조 제1항 제1호 내지 제6호의 어느 하나에 해당하고 미리 공개가 필요한 상당한 이유가 있다고 인정되어 소속 검찰청의 장의 승인이 있는 경우(제11조 제2항 제2호)
- ☑ 사건관계인이 공적(公的) 인물인 경우로서 오보 또는 추측성 보도의 방지, 수사의 공정성을 위하여 예외적 실명 공개가 필요하다고 인정되어 소속 검찰청의 장의 승인이 있는 때, 실명과 구체적인 지위(제12조 제1항 제2호)

● **제주지검 형사제2부(부장검사 오기찬)와 국가정보원, 제주경찰청은**

 - 해외에서 **북한 공작원과 접선**하여 **지령과 암호통신 장비를 수수**하고, 북한 지령에 따라 **국내정세를 수집**하여 보고하며, 북한의 **대남적화통일 노선을 추종**하는 이적단체인 **국가안보 위해조직을 적발**하였음

 - 오늘(4. 5.) 그 중 3명을 국가보안법위반죄(특수잠입·탈출, 회합·통신, 이적단체구성, 간첩, 편의제공 등)로 **구속(2명) 및 불구속(1명) 기소**하였음

● **수사결과**, **제주 이적단체**는 북한의 지령에 따라 하부조직의 결성식을 갖고, 강령·규약을 제정하는 등 **지휘통솔체제를 구비**하였고, 북한의 지령과 단체의 강령·규약에 따라 ① **국가기밀과 국내정세 수집·보고**, ② ○○당 **제주도당의 영향력을 이용**한 **반정부·반미 투쟁**, ③ 노동·농민 생존권 및 지역 현안을 중심으로 **연대투쟁**, ④ **주체사상** 등 **북한 선전 및 교양사업** 등을 추진한 사실을 확인하였음

● 검찰·국가정보원·경찰청은 **추가 공범들에 대한 수사를 계속**하는 한편, 국민의 안전과 자유민주적 기본질서를 위협하는 **국가안보 위해사범**에 대하여 증거와 법리에 따라 **엄정 대응**할 것임

1 피고인 및 공소사실 요지

1. A○○(여, 53세, 前 ○○당 제주도당 위원장, 제주 이적단체 총책)

① '17. 7. 캄보디아에서 북한 공작원 P, 甲, 乙과 접선, 지령과 간첩 통신교육 및 장비를 수수, 지령 수행을 위해 국내 입국 **[특수잠입·탈출, 회합]**

② B○○, C○○와 공모하여, '18. 12. 제주 이적단체「ㅎㄱㅎ」결성을 준비하면서, '22. 8. 북한 문화교류국으로부터 조직결성 지침과 조직 강령·규약을 하달받고 노동, 농민, 여성 등 부문 조직 결성 총괄 **[이적단체구성]**

③ '17. 10. ~ '22. 11. '사이버 드보크 방식'으로 북한으로부터 지령문 13회 수신, 북한에 14회 보고서 발송 **[통신]**

④ '22. 3.~8. 지령에 따라 ○○당 제주도당의 당원 현황 등을 대북보고 **[간첩]**

⑤ '22. 3.~6. 3회에 걸쳐 북한 대남공작원 활동을 칭찬하는 등 찬양 **[찬양·고무]**

⑥ '22. 2.~ 11. 북한의 대남공작전략에 이익이 되는 민노총 투쟁 일정, 이적단체 후원회 명단, 좌파단체 동향 등 정보를 대북보고 **[편의제공]**

2. B○○(53세, 전국농민회총연맹 사무총장, 제주 이적단체 농민 부문 책임자)

① A○○, C○○와 공모하여, '22. 8. 북한 문화교류국으로부터 조직결성 지침과 조직 강령·규약을 하달받고 '23. 2. 농민 부문 하위조직을 결성을 결의하는 등 제주 이적단체「ㅎㄱㅎ」구성 **[이적단체구성]**

② '22. 12. ~ '23. 1. 북한 지령에 따라 '전국민중대회' 및 '한미 국방장관 회담 규탄 기자회견' 등을 통해 반정부 활동 선동 **[이적동조]**

③ '22. 2. ~ 5. A○○에게 북한 대북보고에 반영할 '농 부문 보고서' 등을 제공 **[편의제공]**

3. C○○(48세, ○○당 제주도당 위원장, 제주 이적단체 노동 부문 책임자)

① A○○, B○○와 공모하여, '22. 8. 북한 문화교류국으로부터 조직결성 지침과 조직 강령·규약을 하달받고 '22. 9. 노동 부문 하위조직인 '한길회'를 결성하는 등 제주 이적단체「ㅎㄱㅎ」구성 **[이적단체구성]**

② '22. 10. ~ 11. 북한 지령에 따라 '전국노동자대회', '제주촛불문화제' 등을 통해 반정부 활동 선동 **[이적동조]**

③ '22. 1.~ 9. A○○에게 북한 대북보고에 반영할 '노동 부문 보고서' 등을 제공 **[편의제공]**

※ P는 기존 사건에서 확인된 북한 공작원, 甲, 乙은 새로운 북한공작원(사진확보)

2 수사 경과

○ '17. 8.~ 　국정원, 내사 착수 후 해외 공작원 접선 등 채증
○ '22. 11. 9. 　피고인 A○○ 주거지 등 압수수색(국정원·경찰 합동수사)
○ '22. 12. 19. 　피고인 B○○, C○○주거지 등 압수수색(국정원·경찰 합동수사)
○ '23. 2. 18. 　피고인 B○○, C○○ 체포 ※ 각 체포적부심 청구 → 2. 20. 기각
○ '23. 2. 21. 　피고인 B○○, C○○ 구속
○ '23. 3. 8. 　검찰 송치 (피고인들 출석거부로 조사 불가)
○ '23. 4. 5. 　피고인 A○○ 불구속 기소, 피고인 B○○, C○○ 구속 기소
　※ A○○는 암 투병 중으로 건강상태 등을 고려하여 불구속 기소

3 수사 결과

○ 북한 문화교류국과 접선 후 지령에 따라 이적단체를 구성하고 간첩활동

北 문화교류국 접선·지령		제주 이적단체 「ㅎㄱㅎ」 구성		간첩 활동	
'17. 7.	캄보디아 접선	'18. 12.	단체 결성 준비 (피고인 3인 체제)	'22. 1.~ '22. 11.	국가기밀 전달
'17. 10. ~ '22. 11.	지령 및 대북 보고 통신	'22. 8. ~ '22. 9.	강령·규약 채택 이적단체 구성		반정부, 반미 활동
					노동, 농민 등 정세 보고
▶ 통신교육 및 장비 수수 ▶ 제주 지하조직 결성 지령		▶ 강령·규약 하달 지령 ▶ 활동 방향, 투쟁 계획 지령		▶ ○○당, 농민단체 등 활용 ▶ 반정부 활동 보고	

※ 지령문·보고문에 제주 이적단체를 'ㅎㄱㅎ'으로 지칭하고 있고, 이는 보안을 위한 약정음어로 초성을 활용한 것으로 판단됨

○ 북한「문화교류국」에 예속된 이적단체 구성

- 북한「문화교류국」은 대남혁명을 달성하기 위해 혁명 매개체로 활용할 제주지역 지하조직을 구축하면서, 직접 강령과 규약을 하달하고 지령 이행사항을 감독하는 등 철저한 상명하복 관계를 형성함

　※ '일심회' 사건(2006년), '왕재산' 사건(2011년) 모두 북한「문화교류국」과 연계

○ 제주 이적단체의 성격

- 북한 문화교류국을 상부선으로 하여, 주체사상을 지도이념으로 **대남혁명전략** 완수를 목표로, '**총책 → 지도부 → 부문 조직**' 등 **지휘통솔체제**를 가지고, 北 지령에 따라 조직을 결성하고 지령 수행 결과를 보고하는 **이적단체**임

- 제주 「ㅎㄱㅎ」은 '**총책**(A○○), **노동 책임자**(C○○), **농 책임자**(B○○), 조직성원, 예비성원' 등 10여명으로 파악되고, 약정 음어를 사용하며 북한 문화교류국과 직접 통신하는 **전형적 이적단체**임

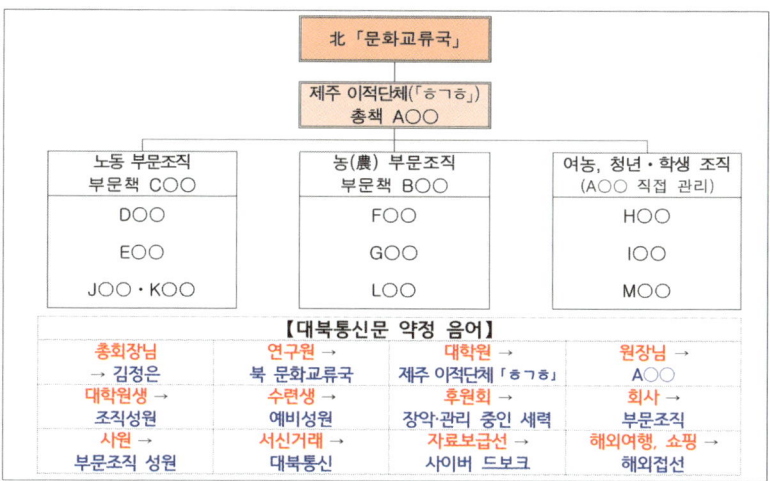

○ 주요 활동 실태

- '17. 7. 캄보디아에서 북한 공작원들과 **회합한 이후** '17. 10.부터 압수수색 5일 전인 '22. 11. 4.까지 사이에 외국계 클라우드를 이용하여 대북통신을 하였고, 수사 과정 중 **지령문 13건, 대북보고문 14건** 확보함

- 북한으로부터, ① ○○당 제주도당과 지역 노동·농(農) 부문 역량 강화, ② 민노총 제주본부 등 연대 추진, ③ 촛불집회·반미투쟁·정권퇴진 등을 요구하는 대중투쟁 전개 등 **대남혁명전략**에 따른 **지령을 수수함**

- 이적단체 **조직원들은**, 위 **지령에 따라** ① ○○당 제주도당 당원수 등 부문별 현황과 구성원 사상학습 실적, ② 노동, 농민 부문 등 정세 파악 및 조직원 포섭 상황, ③ 반미·반정부 관련 집회 활동 등을 **북한에 보고함**

○ 북한 지시에 따라 철저한 보안체계로 조직 운영

- 비합법(지하조직)·반합법(후원회)·합법(○○당 제주도당 등)을 결합하여 총책을 중심으로 지도부와 조직성원간 철저한 '단선연계'로 비밀성을 유지함
- 북한과 통신에는 문화교류국이 제공한 암호프로그램(스테가노그라피)으로 암호화한 문서를 외국계 클라우드에 업로드하여 공유하는 방식을 활용함
- 북한 공작원 접선 시 미리 약속된 상호인식방법을 사용하거나, 수사기관의 미행 여부를 수시로 확인하고, 지하조직 결성과 관련한 비밀엄수 지침을 하달하는 등 보안유지를 강조함

○ 제주 이적단체와 「자통민중전위」 비교

- 북한 문화교류국과 연계된 대북통신과 활동 방식에서 공통점이 있으나, 조직체계나 활동 지역과 대상에 있어 차이점이 확인됨

구분		제주 이적단체	자통민중전위
공통점	북한연계	▸ 캄보디아 등 해외에서 북한 공작원과 회합 ▸ 주체사상 기초한 남조선 혁명 목적 ▸ 상명하복의 지휘체계 및 지도부 임무 분담, 조직성원 사상학습 점검	
	대북통신	▸ 북한 「문화교류국」과 대북통신 연락 (약정 이메일·클라우드, 음어·암호프로그램 사용 등)	
	활동방식	▸ 국내 정보수집, 조직 건설 확대, 핵심 육성·포섭 등 지하당 임무 수행 ▸ 통일전선(대중투쟁)·선전 사업 전개 및 진보정당 활동과 선거 개입 등 추진	
차이점	조직체계	총책 ➡ 농·노동 지도책 ➡ 조직성원 ➡ 예비성원	총책 ➡ 이사진 ➡ 임원 ➡ 준임원 ➡ 핵심 ➡ 예비핵심
	활동지역	제주지역 현안과 관련된 지령, 지역 인물 육성 강조	경남지역에서 태동하여 서울 및 전국 단위로 분화·발전
	활동대상	노조 외에도 정당·농민단체 중심으로 지역사회 진출 기도	지역 노조·시민단체 중심 친북활동 및 각종 집회 활용

4 수사 의의

○ 舊「통합진보당」출신 세력들의 지하혁명조직 재결성

- 제주 지하조직은 2014. 12. 헌법재판소의 위헌정당 결정으로 해산된 舊「통합진보당」출신 세력들이 북한에 포섭되어 이적단체를 결성하여 활동하다가 검거된 **최초 사례임**

- 「통합진보당」 및 「민중당(2017. 10. 창당)」의 주요 직책을 연속하여 수행하다가, 「○○당(민중당이 2020. 6. 당명 변경)」 제주도당 중심으로 지하혁명조직을 재결성한 사실을 확인하였음

  ※ 총책 A○○는 「통합진보당」 제주도당 여성위원장 및 도의원 비례대표 출마(낙선) 후 「민중당」 및 「○○당」 제주도당 위원장 등 주요 직책 수행

  ※ B○○과 C○○는 「통합진보당」 제주도당 선거운동을 지원하는 등 지지자로 활동하다가 「민중당」 제주도당 창당 준비위원으로 활동

○ 북한 대남혁명기지의 지역거점 구축 시도

- 북한은 종전 **일심회·왕재산** 등 **지하조직** 사건에서 주로 수도권을 중심으로 결성되어 그 영향력을 수도권 외곽으로 확산시키는 방법으로 친북세력을 양성해왔음

- 그러나 이번 사건을 통해, **대남혁명기지의** 지역거점을 구축할 목적으로 성장 가능성 있는 **지역정당** 대표·**시민사회단체** 대표 등을 **포섭·육성**하여 그 **영향력을 활용**하려 한 사실을 확인하였음

○ 제도권 정당·노동·농민단체에 침투 시도

- 「○○당」·「전국농민회총연맹」·「민노총」 등 사회적 영향력이 큰 정당·노동·농민단체에 진출하여 해당 단체에서 중심 역할을 담당하려 하였음

- 「○○당」 제주도당 위원장, 「전국농민회총연맹」 사무총장, 「민노총」 공공연대노조 제주본부장 등 제도권 합법단체의 주요 지위에서 세력 확장을 시도하고, 국가기밀 전달 및 반정부 활동을 주도한 사실을 확인하였음

  ※ 총책 A○○는 「○○당」 제주도당 제1기 위원장(2020. 6.~2022.7.), C○○는 제2기 위원장(2022.8.~현재)을 각 역임하며 제도권 정당 장악

○ 장기간 일관되게 여론분열 책동

- '18. 9. '문○○패들을 압박하기 위한 투쟁'을 지시한 후 '22. 3.부터 '보수 후보 공약검증 등 낙선운동'을 지시하였고, '22. 5.부터 촛불집회를 언급하며 대통령 탄핵 투쟁을 지시하는 등 **여론 분열을 책동**함

- 정권교체를 전후하여 일관되게 자유민주주의 체제를 부정하고 끊임없이 우리 사회의 분열을 꾀하고 있다는 사실을 확인하였음

○ 수사과정에서 적법절차를 준수하고 변호인과 피고인 권리보장에 최선

- 변호인 조력을 받을 권리를 충분히 보장하고, 적법한 출석요구를 거부한 피고인들에 대해 소환조사 대신 **물적 증거 분석**에 수사력을 집중하였음

5 향후 계획

○ 수사에 참여한 검사들이 공판팀을 구성하여 재판과정에서 빈틈없는 공소 유지로 **범죄에 상응하는 형이 선고**되도록 최선을 다하겠음

○ 배후에 가려져 있는 추가 **공범 수사를 계속 진행**하여 제주 이적단체의 **실체를 철저히 규명**하고, 완전히 규명되지 아니한 '지령 이행' 부분 등도 계속 확인할 예정임

○ 향후에도 검찰·국가정보원·경찰은 유기적으로 **협력**하여 **안보위해세력의 우리 사회 침투·교란을 차단**하고, 헌법가치의 중핵(中核)인 자유민주적 기본질서와 국민의 자유로운 일상을 수호하는 데 최선을 다하겠음

별첨1 　　**제주 이적단체의 강령과 규약**

■ 제주 이적단체는 **북한 문화교류국**으로부터 **조직 강령·규약을 하달**받아, 강령·규약에서 **주체사상**을 지도이념으로 삼고, **北 대남혁명전략**에 따른 **대한민국 체제전복과 적화통일**이 조직목표임을 명시

△ 강 령 (4개조)

《○○회》는 한국사회의 자주적, 민주적 발전을 이룩하며 조국통일 위업을 수행하기 위해 다음과 같은 강령을 제기하고 투쟁할 것이다.

[제1조] 《○○회》는 위대한 주체사상을 지도이념으로 한다.

[제2조] 《○○회》는 미국의 식민지사회 제도를 반대하고 민족해방민주주의혁명의 과업을 수행하는 것을 당면목적으로 한다.

[제3조] 《○○회》는 사회변혁*을 위하여 투쟁하는 핵심들로 꿀간을 튼튼히 꾸리고 그 두리에 광범위한 애국력량을 묶어세워 민족해방혁명 수행의 결정적 역량을 마련하며 미제와 극소수 친미반동세력을 타도하고 한국사회에 자주적 민주정부를 수립하기 위해 투쟁한다.

[제4조] 《○○회》는 조국통일 3대원칙과 북남공동선언들을 활동의 지침으로 삼고 민족주체역량에 기초한 조국통일의 역사적 위업을 달성한다.

△ 규 약 (3개조 9개항)

제1조 총칙
① 조직의 명칭은 《○○회》로 한다.
② 《○○회》는 영생불멸의 주체사상을 지도사상으로 한다.
③ 《○○회》은 한국사회의 자주화, 민주화, 조국통일을 실현하며 민족해방민주주의혁명을 완수하는 것을 사명으로 한다.

제2조 조직성원
① 조직성원은 실천투쟁속에서 단련되고 검열파악된 전위투사로서 강령과 규약을 승인하고 혁명임무를 어김없이 수행할 것을 맹세한 사람이 될 수 있다.
② 조직성원은 총회장님의 사상과 이론으로 무장하고 조직의 결정과 위임분공을 책임적으로 집행하며 조직규율을 자각적으로 지키고 자기의 사업정형을 정상적으로 총화보고해야 한다.
③ 조직성원은 혁명과업수행에서 선봉적 역할을 하고 혁명운동에 대한 전술적지도를 책임지며 조직의 비밀을 엄수하고 조직을 목숨으로 보위해야 한다.

제3조 조직
① 《○○회》는 지역내 노(여농)부문에 대한 지도를 실현하고 노(여농)운동부문의 핵심역량을 마련한다.
② 《○○회》는 어떤 당원이든지 당규약을 엄중히 어기거나 집행하지 않을 때에는 제명, 권리정지, 책벌을 적용할 수 있다.
③ 회의는 월에 한번이상 정기적으로 조직하며 새로운 과업이 제시되는 경우 즉시 비상회의를 열고 그 집행대책을 세운다.

* 강령 제3조의 "**사회변혁**": 북한은 적화통일(공산주의 혁명)을 대외적으로 '사회변혁'으로 표현하고 있으나, 이는 북한의 대남혁명전략으로서 주체사상을 유일한 지도이념으로 하고 이에 기초한 북한식 사회주의를 남한변혁의 목표로 삼고 있음

| 별첨2 | ## 지령문 및 보고문 주요 내용 |

가. 북한과 직접 연계한 제주지역 이적단체 구축

❶ 제주 이적단체의 활동 방향과 투쟁계획 지침 하달('21. 10. 19.)

▶ 대학원생들이 총회장님의 시정연설에 제시된 대남정책을 관철하기 위한 사업을 잘 조직하였으면 합니다.

▶ 또한 대학원이 미국과 현정부의 대조선 적대시 관점과 정책을 반대 배격하고 그 철회를 요구하는 실천투쟁을 강도높이 조직 전개해야 할 것입니다.

▶ 다음 대학원생들이 역할을 높여 수련생들을 잘 준비시키는데 힘을 집중하도록 하였으면 합니다. ㅇㅎㅂ(C○○)와 ㄱㅊㄱ(B○○)이 담당한 핵심들을 책임적으로 교양하고 장악지도하여 될수록 빠른 기간 안에 그들을 대학원에 받아들일수 있게 준비시키는 것을 당면 과업을 틀어쥐고 내밀었으면 합니다.

❷ 제주 이적단체의 결성모임과 방법에 대한 지침 하달('22. 8. 19.)

▶ <상략> 원장님(A○○)의 헌신으로 이루어진 노, 여농부문의 회사결성사업을 성과적으로 **결속하기 위한 지침을** 보내드립니다.

▶ 먼저 결성모임 형식과 방법을 알려드립니다. ① 결성모임을 정치적 의의가 있게 진행해야 합니다. 노부문의 결성모임은 ㅇㅎㅂ(C○○)에게, 여농부문의 결성모임은 ㄱㅊㄱ(B○○)에게 과업을 주어 그들이 직접 책임지고 서로 다른 날자와 장소에서 진행하게 해야 합니다.

▶ 다음은 ㅇㅎㅂ(C○○)와 ㄱㅊㄱ(B○○)이 각각 결성모임에서 회사명칭을 알려주어야 합니다. **강령과 규약을 채택해야 합니다.** ※ 강령과 규약을 아래부문에 **첨부**하였습니다. 강령과 규약은 연구원에서 보내준 안을 제기하고 거수가결하는 방법으로 채택하면 됩니다.

▶ 이어 혈서를 쓰거나 맹세문을 발표하는 방법으로 결의를 다져야 합니다. 끝으로 선거된 책임자들이 폐회를 선언해야 합니다.

❸ 제주 이적단체의 노동 부문 결의 모임 등 보고('22. 10. 22.)

▶ 1. ㅎㄱㅎ (중략), 2. 노 부문 결의

1) 일시: 2022.9.24. 오후 9시

2) 장소: 호텔

3) 모임명칭(조국통일의 한길을 가겠다는 의미: 한길회로 정함) 및 모임의 성격을 밝히고

4) 정세와 활동방향에 대해 발표함

5) 강령을 전체 강독함

6) 향후 역할에 대해 위임 분공함 (중략)

7) 결의문 낭독 : 조직과 민중에 복무하겠습니다[ㄷㅅㄱ(D○○)]. 이 한목숨 다바쳐 조국통일 민족해방 만세[ㅇㅎㅂ(C○○)], 조국통일과 민족해방의 밑거름이 되겠습니다[ㅅㅇㄱ(E○○)].

8) 결의서 작성 <이하 생략>

나. '○○당' 제주도당 장악 및 제주지역 진보운동 세력 통합 추진

❹ 지방선거 대비 각계 진보운동 단체 활용 지지선언 운동 지시('22. 3. 29.)

▶ 지방자치제 선거(2022. 6. 1. 제8회 전국 동시지방선거)를 계기로 ○○○ 패거리들의 지방권력 장악 책동을 저지 파탄시키고 ○○당의 지지세력을 확대하기 위한 당면활동 방향을 제시합니다.

▶ 우수한 핵심들과 군중적 지반이 좋은 진보운동가들로 선거운동본부를 구성하며 대학원에서 장악하였거나 영향하에 있는 <△△△△ △△△△△△△>(중략)를 비롯한 노조단체들과 <△△ △△△△△>(중략)와 같은 각계층 진보운동 단체들을 발동해 ○○당 후보들을 밀어주기 위한 다양한 형태의 지지선언운동을 벌여나가는 것이 좋을 것입니다.

※ 「민노총」제주본부는 '22. 5. 17. 제8회 전국동시지방선거 출마자 중 진보진영 후보들을 지지한다는 기자회견 개최

❺ ○○당 제주도당의 정치적 구심체 역할 강조 및 역할 지시('22. 6. 19.)

▶ ○○당 ㅈㅈ(제주)도당의 사업방향 : 대학원에서는 이번 지자체 선거에서 ○○당이 거둔 성과와 경험에 토대해 ㅈㅈ(제주)도당을 지역내 진보세력의 구심체로 확고히 내세우고 그 지위를 공고히 하기 위한 사업을 잘 해야 한다고 봅니다.

▶ 이번 선거를 계기로 ○○당의 사회적 영향력이 어느 정도 높아진 것 만큼 보수 집권 세력이 이에 불안을 느끼고 통진당 사건때와 같이 공안 탄압을 가해올 수 있음으로 각성을 높여야 합니다.

▶ ○○당 ㅈㅈ(제주)도당이 탄압의 구실로 될 수 있는 문제들이 없는가를 따져보고 사소한 실마리도 놓치지 말고 대책하며 특히 대학원생들과 수련생들이 비밀을 엄수하고 연락사업 원칙과 단선연계 원칙을 반드시 지켜 대학원의 피해가 없게 하였으면 합니다.

  ※ 총책인 A○○는 '20. 6.~'22. 7. 「○○당」 제주도당 위원장으로 활동하였고, '22. 8.부터 노동 부문 책임자인 C○○가 「○○당」 제주도당 위원장에 임명

❻ ○○당 제주도당의 당원 수와 진성당원 수 등 보고('22. 3. 31. / '22. 6. 26.)

▶ ○○당 ㅈㅈ(제주) 도당 역량 강화 사업 – 2019년 11월 24일 창당/ ＊＊＊명의 당원 중 ＊＊＊여명의 진성당원으로 출발 – 2022년 3월 현재/＊＊＊명의 당원 중 ＊＊＊명의 진성당원

▶ 2. ○○당 ㅈㅈ(제주)도당(당권자수/당원수)

  - 가○○ : ＊＊＊/＊＊＊, - 나○○ : ＊＊/＊＊＊, - 다○○ : ＊＊/＊＊,

  - 라○○ : ＊＊/＊＊,   - 마○○ : ＊＊/＊＊＊,

  - 바○○ : ＊＊/＊＊

❼ △△당과 연대 및 지역 진보 통합사업 추진 지시('22. 10. 30. / '22. 10. 31.)

▶ △△당 ㅈㅈ(제주)도당 대표로 당선된 ⓑⓑⓑ과의 통진당 시기 연고관계를 이용하여 정책적 제휴, 연대 투쟁을 활발히 벌리면서 △△당과의 연대연합을 실현하는데 유리한 조건을 마련하고 지역 내 진보 통합문제를 추진해보도록 하며 △△당의 반미자주적인 경향을 가진 일반당원들을 포섭전취하기 위한 사업도 꾸준히 진행하였으면 합니다.

▶ 대학원에서는 ○○○ 역도의 퇴진을 요구하는 지역 내 각계 운동단체들과의 촛불연대투쟁이 전개되는 유리한 조건과 환경을 이용하여 대학원생들과 후비대상, 핵심들을 실천 투쟁속에서 단련시키는 한편 후원회 역량 확대사업, ○○당의 사회적 영향력을 확대 강화하기 위한 사업, △△당과의 연대 및 지역 진보 통합사업도 적극 추진하도록 하였으면 합니다.

다. 노동 · 농민 생존권 및 지역현안 문제로 진보세력 연대 추진

❽ 생존권 사수 농민운동 활성화하고 반보수 투쟁 전개 지시('22. 5. 30.)

▶ 6월 지역에서 CPTPP저지를 위한 농어민상경투쟁이 본격적으로 진행되는 계기를 이용해 광범위한 농민대중을 전농에 묶어 세우고 그들을 민족자주, 조국통일 운동에로 힘있게 견인해나가기 위한 조직사업과 실천활동을 잘 조직진행해야 하겠습니다.

※ CPTPP(Comprehensive and Progressive agreement for Trans-Pacific Partnership)는 '포괄적-점진적 환태평양 경제동반협정'으로 일본 주도의 초대형 자유무역협정

▶ 도연맹을 강화하고 핵심들의 역할을 높이기 위한 사업을 잘해나가야 하겠습니다. 이를 위해 **전농 사무총장으로 활동하고 있는 ㄱㅊㄱ(B○○)의 역할을 높여 ㅈㅈ(제주)농민운동을** 활성화하기 위한 사업을 짜고드는것과 함께 후원회성원들인 도연맹 의장과 사무처장에 대한 교양과 장악지도사업을 짜고들어 지역농부문에 대한 지휘체계를 정연하게 세우는데 힘을 넣어야 하겠습니다.

※ 농민 부문 책임자인 B○○는 '22. 2.부터 「전국농민회총연맹」 사무총장으로 활동하며, '22. 12. '전국민중대회' 등을 통해 반정부 활동 선동

❾ 정권퇴진, 노조법 개정 등 현안에 대해 촛불집회 추진 지시('22. 10. 31.)

▶ 지역내 각계층 진보 운동단체들을 적극 발동하여 미국과 괴뢰군부것들의 북침전쟁 연습중단을 요구하는 반전평화옹호투쟁들과 ○○○역도의 퇴진을 위한 계급계층별 투쟁을 촛불시위와 기자회견, 성명발표 등 여러가지 형식과 방법으로 조직전개하는 한편 **노조법개정과 쌀값안정, 여성가족부폐지를 반대하는 현안투쟁현장**들에서도 **촛불집회형식을 적극 도입**하게 하여 촛불시위가 투쟁의 주류로 확고히 자리잡도록 하여야 하겠습니다.

※ 노동 부문 책임자인 C○○는 '18. 8.부터 민노총 제주본부 4·3통일위원회 위원장, '21.부터 민노총 공공연대노조 제주본부장으로 활동

라. 반정부·반미 투쟁을 선동하면서 활동 방향과 투쟁 계획 수립

⑩ 보수 후보들의 안보공약의 대결적 성격을 폭로하는 선거활동 전개 지시 ('21. 10. 19.)

▶ 지역 시민사회단체들을 내세워 《△△△△》을 비롯한 보수야당 소속《대통령》선거 후보 것들이 들고나온 《안보》공약들의 대결적인 성격을 폭로하는 공개질의서와 항의문들을 대량 발송하면서 놈들을 낙선시키기 위한 선거활동들을 다양하게 벌여 나가야 할 것입니다.

⑪ 반미 집중행동 월간으로 정하여 반전평화시위 전개 지시('22. 6. 9.)

▶ 대학원생들에게 수련생들, 후원회성원들에게 먼저 **포괄적전략동맹**이라는것은 미국에 **손발을 얽매인 치욕스러운 예속동맹**이고 대북고립압살을 위한 **침략동맹**이라는 것을 깊이 인식시키고 그들이 대중교양망들과 대중운동단체들속에서 이에 대한 해설선전과 여론전을 들이대여 광범위한 군중을 부단히 각성분발 시키는것입니다.

▶ 특히 6월 한달을 반미집중행동월간으로 정하고 △△단체들과 연대해 △△항쟁탄압에 대한 미군의 진상규명과 사죄보상을 요구하는 투쟁을 벌이는 한편 6.15와 6.25 전쟁발발 72주년과 같은 계기들에 반전평화시위, 시민추모제와 같은 항의투쟁들을 지역실정에 맞게 강도높이 전개해 지역 안에 추종해나선 ○○○패거리들에 대한 민심의 규탄 분위기를 지속적으로 높여내야 합니다.

  ※ ○○당 제주도당은 '22. 6.' 제주에서의 다국적 해상훈련 환태평양 훈련 림팩 중단과 제주해군기지 폐쇄' 관련 기자회견 실시

  ※ ○○당 제주도당은 '22. 8. '한미연합군사훈련 중단 촉구' 성명 발표

⑫ 대통령 퇴진을 요구하는 촛불국민대항쟁을 전개하라고 지시('22. 10. 31.)

▶ 최근 ○○○ 역적패당에 대한 각계민중의 불신과 배척 기운이 날로 높아가고 있는 속에 《촛불승리전환행동》의 주도하에 역도의 퇴진을 요구하는 대규모 촛불시위가 진행된 것과 관련하여 《제2의 촛불국민대항쟁》을 일으키는데 목표를 두고 촛불 시위를 확대해나가기 위한 활동을 힘있게 조직 진행하도록 하여야 하겠습니다.

▶ 대학원에서는 ○○○ 역도의 퇴진을 요구하는 지역 내 각계 운동단체들과의 초불연대투쟁이 전개되는 유리한 조건과 환경을 이용하여 대학원생들과 후비대상, 핵심들을 실천 투쟁속에서 단련시키는 한편 후원회 역량 확대사업, ○○당의 사회적 영향력을 확대 강화하기 위한 사업, △△당과의 연대 및 지역 진보 통합사업도 적극 추진하도록 하였으면 합니다.

※ 피고인 C○○는 '22. 11. 제주촛불문화제 등 정권퇴진 촛불행동 실시

마. 주체사상·선군정치 등 선전 및 교양 사업 추진

❸ 지하 조직원들에 대한 사상교양 사업 및 보안 유의 지시('22. 7. 19.)

▶ ㅇㅎㅂ(C○○)를 ㅈㅈ(제주)도당위원장으로 내세우는 문제, ㅎㅅㅇ(G○○)와 청년 핵심 ㅇㅇㅎ(M○○)를 직접 틀어쥐고 후원회의 차원에서 교양사업을 진행해 **차후 대학원생으로 받아들이려는 원장님의 의견에 전적인 지지를 보내면서** 차후 활동 방향과 관련한 몇가지 문제들을 강조하려고 합니다

▶ 사상교양사업을 잘해야 합니다. 사상교양사업은 원장님이 직접 나서지 말고 반드시 ㅇㅎㅂ(C○○)와 ㄱㅊㄱ(B○○)이 책임지고 따로따로 진행하게 해야 합니다.

❹ 김정은에 대한 흠모심을 높여주기 위한 교양사업 지시('22. 8. 19.)

▶ 올해말까지 전농부문에 회사를 내오기 위한 사업을 완료하겠다는 원장님의 의견에 전적인 지지를 보냅니다. 그러자면 ㅎㅅㅇ(G○○)와 ㅇㅅㅎ(F○○)를 비소조에 망라시키고 **총회장님에 대한 흠모심과 조직관을 높여주기 위한 교양사업에 선차적인 힘을 넣으며 실천투쟁을 통해 대중지도능력을 높여주기 위한 사업을 실속있게** 진행하는것이 중요하다고 봅니다.

※ 피고인들은 제주시에 '아지트'를 두고 월별 총화를 실시하고, 하부조직원들을 상대로 이적표현물을 학습 중임이 확인됨

부록 3 간첩단(민노총사건-수원지검)

이 보도자료는 2023. 5. 10.(수) 11:00부터 보도하여 주시고, 공개되는 범죄사실은 재판에 의하여 확정된 사실이 아님을 유의하여 주시기 바랍니다.

검찰
PROSECUTION SERVICE

수원지방검찰청
전문공보관 박광현
전화 031-5182-4290 / 팩스 031-5182-4555

보 도 자 료
2023. 5. 10.(수)

「노동단체 침투 지하조직」 국가보안법위반 사건 중간 수사결과
- 합법적 노조활동으로 위장, 북한 지령에 따라 국가안보 위협 -

┌─── 공소제기 후 공개의 요건 및 범위 ───┐
☑ 피고인, 죄명, 공소사실 요지, 공소제기 일시, 공소제기 방식, 수사경위, 수사상황, 범행경과 및 수사의 의의 등(제11조 제1항)
☑ 제9조 제1항 제1호 내지 제6호의 어느 하나에 해당하고 미리 공개가 필요한 상당한 이유가 있다고 인정되어 소속 검찰청의 장의 승인이 있는 경우(제11조 제2항 제2호)

❑ 수원지검 공공수사부(부장검사 정원두)는 국가정보원, 경찰청과

- 北 문화교류국 공작원에 포섭된 ○○노총 전·현직 핵심간부들이 ○○노총에 침투하여 지하조직을 구축하고, 北 공작원과 해외접선·비밀교신 등을 통해 간첩행위를 하고, 합법적 노조활동을 빙자하여 북한의 지령을 수행한 사건을 수사하여 오늘(5. 10.) 그 중 4명을 국가보안법위반(간첩, 특수잠입·탈출, 회합·통신, 편의제공 등)으로 각 구속기소하였음

❑ ○○노총 사무실, 피고인들의 주거지 등에 대한 압수수색을 통해 역대 국가보안법위반 사건 중 최다 규모(총 90건)의 북한 지령문과 보고문 24건, 암호해독키 등을 확보·분석하여,

- 피고인들이 북한과 수시로 교신하면서 ○○노총 중앙·산별·지역별 노조에 지하조직을 구축하고, ○○노총 지휘부와 핵심부서를 장악한 후 국가기간산업에 종사하는 노조원을 포섭하는 임무를 수행하여왔고,

- 북한은 피고인들에게 △ ○○노총 내 계파별 움직임과 지도부 선거동향 탐지 △ 특정 세력의 ○○노총 집행부 장악 △ 주요 기관에 인맥 형성 △ ○○노총 주도의 반정부투쟁, 반미·반일감정 조장 등을 지시하고,

- 이에 피고인들은 △ ○○노총 위원장 선거결과 예상 보고, 내부 통신망 ID 및 비밀번호 등 정보 보고 △ 지하조직 외연 확대를 위한 새 인물 포섭과 하부조직 구축 △ 군사정보 등 국가기밀 탐지·수집 △ ○○노총 집행부·선전기구를 내세운 반정부활동을 실행·추진하면서 그 결과를 北에 수시로 보고하여온 사실을 규명하였음

1 피고인 및 공소사실 요지

순번	피고인	지위	공소사실 요지
1	A○○ (남, 52세) ※「지사」총책	前○○노총 조직쟁의국장 ('21.~'23. 3.)	'17. 9. 캄보디아에서 북한 공작원 **甲, 乙, 丁**과 접선 **[회합]**
			'18. 9. 중국에서 북한 공작원 **戊** 접선, 국내 활동 등 지령 수수 **[특수잠입·탈출, 회합]**
			'18. 10.~'22. 12. 총102회에 걸쳐 北 지령문 수신, ○○노총 내부통신망 ID 및 비밀번호 등이 기재된 대북 보고문 발신 등 **[통신, 편의제공]**
			'19. 8. 베트남에서 북한 공작원 **乙, 丙** 접선, 국내활동 등 지령 수수 **[특수잠입·탈출, 회합]**
			'20. 5.~'21. 6. ▲○○노총 위원장 선거 후보별 계파 및 성향, ▲평택 미군기지, 오산 공군기지 시설, ▲군사장비 등 탐지·수집 **[간첩]**
			'20. 6.~'22. 9. B○○와 3회 회합·통신 및 北 지령에 따라 B○○에게 대북통신용 이메일 계정, 공작원과의 신호방법 등 전달 **[회합·통신, 편의제공]**
2	B○○ (남, 48세) ※「강원지사」총책 (前「지사」3팀장)	前△△△△노조 조직실장 ('21.~'23. 3.)	'17. 9. 캄보디아에서 북한 공작원 **甲, 乙, 丁**과 접선, 국내 활동 등 지령 수수 **[특수잠입·탈출, 회합]**
			'18. 4. '강원지역 조직결성' 등에 대한 지령 수수 **[통신]**
			'20. 6.~'22. 9. A○○와 3회 회합·통신, A○○에게 대북 보고문 등 전달 **[회합·통신, 편의제공]**
3	C○○ (남, 54세) ※「지사」2팀장	前□□노조 부위원장 ('17.~'21.)	'19. 8. 베트남에서 북한 공작원 **乙, 丙**과 접선, 국내 활동 등 지령 수수 **[특수잠입·탈출, 회합]**
4	D○○ (남, 51세)	前□□연맹 조직부장 ('04.)	'17. 9. 캄보디아에서 북한 공작원 **甲, 乙, 丁**과 접선 **[회합]**

※ 甲, 乙, 丙은 기존 사건에서 확인된 북한 공작원, 丁, 戊는 새로운 북한공작원

2. 주요 수사 경과

○ '23. 1. 18. 피고인 4명 주거지 및 ○○노총 사무실 등 압수수색

○ '23. 3. 27. 피고인 4명 구속

○ '23. 4. 13. 검찰 송치

○ '23. 5. 10. 각 구속 기소

3. 수사 결과

○ 검찰·국정원·경찰은 이번 수사에서 북한 지령문 90건(국가보안법위반 사건 중 역대 최다)과 보고문 24건을 확보하고, 암호를 해독하여 북한 문화교류국과 연계하여 ○○노총에 침투한 안보위해 조직을 적발하였음

○ 적법절차에 따라 ○○노총 본부 사무실 등을 압수수색하여 암호화된 대북 통신문 등 주요 증거를 다량 발견하였는바, 안보사범 수사에서 신속·정확한 압수수색을 통한 객관적 증거확보의 중요성이 다시 확인되었음

○ 이하 내용은 피고인들과 북한 문화교류국 사이에 수수된 통신문건을 해독하여 확인한 사실을 기반으로 함

① 북한의 지령에 따라 ○○노총 조종, 장악 시도

- ○○노총과 그 산하 조직에서 전·현직 주요 간부로 활동한 피고인들은 북한 지령에 따라 위원장 등 ○○노총 주요 간부 인선과 정책노선 수립에 개입하고, 중앙본부·산별·지역별 연맹의 주요 인물을 조직원으로 포섭 시도

- 특히, A○○는 20여년 동안 北 공작원과 접선·교류하여왔고, 北 공작원이 '따뜻한 동지'로서 '혈육의 정'을 나누었다고 표현할 만큼 긴밀한 관계 유지

- A○○는 '04.~'23. 약 20년간 ○○노총 핵심부서의 책임자(대외협력실 국장, 조직실장, 기획국장, 교육국장, 조직쟁의국장 등)로서 ○○노총의 정책·조직·인사·교육 전반에 막강한 영향력을 행사하며 북한의 지령을 수행

관련 북한 지령문·보고문 일부

· (A○○의 장기간에 걸친 북한 공작원 접촉 이력) 우리는 지사장(A○○)이 총회장님(김정은)을 받들어 통일변혁운동의 한길을 변함없이 끝까지 걸어가리라고 굳게 확신하고 있으며 20여년 동안 우리 서로 만나 굳게 손잡고 뜨겁게 포옹하며 밤새도록 따뜻한 동지, 혈육의 정을 나누면서 진지하게 이야기를 주고받던 나날들을 잊지 않고 있음

('22. 12. 17.자 지령문)

· (A○○의 사무총국 내 지위를 이용한 북한의 ○○노총 인사 관여) 영업1부(○○노총) 인사권을 가진 위원장과 사무총장은 지사장의 추천이면 모두 받아들여 인사에 반영하고 있음 지사장은 당면하여서 사무총국에 소조를 하루빨리 무어내어 사무총국에서의 안정적인 사업계획과 집행을 담보하는 것이 1차적 목표임

('20. 6. 14.자 A○○ 작성 보고문)

· (A○○의 교육국장 지위를 이용한 의식화 교육 진행) 지사장이 교육원에로 자리를 옮긴 것과 관련하여 지난해 제시한 영업1부 회원들을 자주의식화하기 위한 활동방향을 다시 내보냄

('21. 2. 2.자 지령문)

【 ○○노총 조종·장악을 위한 북한 지령 및 대북보고 요지 】

○○노총 내부동향 파악	• [A○○] ○○노총 내부 통신망(대외협력실, 정치위원회, 사회연대위원회) ID 및 비밀번호 北에 제공('18. 10.) → [北] ○○노총 내부통신망을 잘 이용하여 많은 참고가 되었다는 취지 전달('19. 4.) • [北] ○○노총 지도부 선거 동향 수집 지시('20. 5.) → [A○○] ○○노총 각 계파별 동향과 후보자별 신원·성향 등 보고('20. 9.)
중앙 집행부 장악 시도	• [北] ○○노총 제10기 중앙집행부 선거에서 자주계열 후보가 당선되기 위한 유리한 환경 조성 지시('20. 11.) • [A○○] 4개조 후보 중 1번 후보조와 비공식적으로 결합해 있고, 1번 후보조는 '투쟁을 주선으로, 교섭을 보조축으로 ○○노총을 혁신하겠다는 선거본부'라는 내용 전달('20. 11.)
○○노총 산별노조 장악	• [北] 조합원 수가 10만명이 넘는 □□노조를 확고히 걷어쥐는 것을 당면 목표로 삼으라는 지령('19. 10.) • [北] ○○노총 □□노조 조직원들이 다수 근무중인 ▽▽지역 자동차 공장 등을 '노동계 전민항쟁의 보루'로 다져나가라고 지령('21. 2.)
핵심 부서 등 배후 조종	• [北] '촛불민심을 반미, 반보수투쟁으로 적극 견인하기 위한 실천활동을 적극 벌이도록 선전홍보실과 대외협력실 관계자들을 부추겨 놈들의 기도를 노동자들을 비롯한 광범위한 대중 속에 폭로, 유포하라'는 지령('19. 6.) • [A○○] 반전평화운동과 미군기지철거투쟁 등 통일사업은 대외협력실의 통일국과 매번 협의하고 있으며, 교육사업은 교육원과 기획실의 부서장들과 공식, 비공식 협의를 진행한다고 보고('22. 9.)

- 조직원 포섭 과정에서는 북한이 지령한 '대남혁명을 위한 지하조직 구성원 인입의 단계별 절차'를 그대로 실행

  ※ 대북 보고문에서 A○○가 지하조직에 인입하기 위한 인물들에 관한 정보(노조 내 지위, 역할, 경향 등)를 북한에 보고한 내용 다수 확인

【 지하조직 조직원 인입 과정 】

《 1단계 》	《 2단계 》	《 3단계 》	《 4단계 》	《 5단계 》
소극분자	동반자	열성분자	적극분자	임무 부여
· 주 1회 이상 친교관계 형성 · 사회 부조리, 모순 인식	· 사회 부조리에 대한 불만 촉발 · 사회변혁운동 필요성 인식	· 반미교양, 사회주의 및 공산주의 교양 · 적극 투쟁 및 北 지지·동경	· 북한체제 교양 · 혁명소설, 방송 소감 발표 · 비밀조직 참여 제안	· 비밀조직 참여 비밀사업방법 학습 · 적극적 투쟁 임무 부여

② 조직과 핵심 조직원의 호칭을 사기업 활동 형태로 위장·은폐

- 북한 문화교류국을 「본사」, 지하조직을 「지사」(지사장 - 팀장 - 과장으로 구성)로 지칭하고, 「지사」 내 지도부 구성원들을 중심으로 「이사회」 구성

- 총책 A○○는 '지사장', C○○은 '팀장'을 담당하는 등 이사회 주요 구성원으로서 역할 수행

  ※ B○○는 「지사」 '3팀장'에서 「강원지사」의 '지사장'으로 역할 확대

- 김정은은 「본사」에서도 초월적 존재라는 의미에서 '총회장', ○○노총은 지하조직 「지사」의 지도를 받는 조직이라는 차원에서 '영업1부'로 지칭

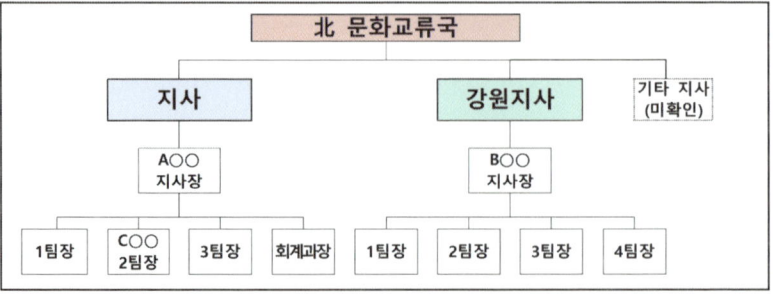

※ 북한 대남공작기구인 문화교류국의 직접 지도를 받아 ○○노총에 대한 당적 지도 완성을 목표로 한 비밀 지하조직을 결성하여 활동

③ 신규 조직원 검열과 암호자재 수령을 위한 해외 접선

- 북한 공작원이 국내에서 활동할 신규 조직원을 검열하고, 통신에 필요한 암호자재(일명 제조기 또는 포장기)의 신규 교부 또는 주기적 교환을 위해 해외 접선을 요구해온 사실 확인

    ※ 암호자재 : 스테가노그라피 프로그램과 이를 실행할 수 있는 키-파일이 저장된 매체 등을 통칭(A○○ 신체 수색에서 암호자재에 해당하는 SD카드 발견)

- 특히, 해외에서 접선할 때는 미리 약속된 상호 인식방법을 사용하고, 접선 시각·장소·비상행동요령 등 접선방식을 사전에 상세히 전달

관련 북한 지령문 일부
· 신호절차 - 지사장(A○○) : 만남 정시 5분전에 동상 우측 계단 앞에 위치를 차지하고 대기하다가 10시 정시에 "손에 들고 있던 샘물수지병을 열고 마시는 동작"을 실행 - 본사성원(북한 공작원) : 지사의 신호동작을 확인한 후 지사가 확인할 수 있는 7~8m 거리에서 "손에 들고 있던 선글라스를 손수건으로 2~3차 닦는 동작"을 실행

('19. 7. 10.)

④ 주요시설 종사 노조원 등을 통한 기밀수집, 국가기간망 마비 획책

- 청와대 등 주요 국가기관의 송전선망 마비를 위한 자료 입수, 화성·평택 2함대 사령부, 평택 화력, LNG 저장탱크 배치도 등 비밀자료 수집 지령

    ※ A○○의 사무실 PC에서 평택 미군기지·오산 공군기지 등 군사시설 및 군용 장비 동영상·사진 자료 발견

    ※ 이른바 'RO 사건(2013년)' 당시 회합 참석자들도 "혁명적 상황에서 우선적으로 유류 저장고·철도·통신시설 등 국가기간시설에 대한 파괴활동에 나서야 한다"고 논의

- 청와대·검찰·통일부 등 권력기관에 자유롭게 출입할 수 있는, 정보선으로 활용 가능한 인물과 인맥관계 형성 지령

⑤ 북한 지령에 따라 ○○노총을 정치투쟁 선동에 동원

- 북한은 ○○노총 정책부서, 선전기구 장악은 물론, ○○노총 유튜브 방송·페이스북 계정 등 새로운 홍보 수단을 제시하며 "○○노총을 반미투쟁, 보수세력 공격의 선봉으로 만들고, 개별 조직원의 SNS 이용 협박 투쟁"도 지령

- 피고인들은 ○○노총 본연의 역할인 근로조건 개선활동이 아닌 정치투쟁에 치중하도록 주도하여, 친북정서 확산, 반미·반일 감정 극대화, 특정 정치세력 재집권, 대형참사 계기로 정권퇴진운동(투쟁구호까지 제시) 등 활동 전개
- '19. 2. 북한은 '보수 세력에게 어부지리를 줄 수 있다'며 ○○노총의 과도한 대정부투쟁 자제와 보수정당 당사 물리적 타격 등 보수세력 공격, 보수세력 집권 저지 활동에 집중하도록 지령

⑥ 정당 정치와 선거에 깊이 개입하는 등 국내 정치 교란
- 북한은 '▲▲당에 대한 ○○노총의 조직적 지지'를 지시하는 한편, 'ⓘⓘ당에 대한 은밀한 와해·분열 공작'도 지령
- 북한에 <u>제21대 국회의원 당선자 전원의 개인정보(휴대전화번호 등)를 전달</u>하고, 북한은 제8회 지방선거 대비 활동 방침도 하달

⑦ 국내 정세에 맞춘 시기별 대남공작 지령과 이행 결과 보고
- 북한은 김정은 답방 논의, 前법무부장관에 대한 검찰 수사, 한일 무역분쟁, 정당 대표의 성추문, 이태원 참사 발생 등 국내 현안 발생과 정세 변화에 따라 수시로 공작 내용을 지령하고, 피고인들은 그 이행 결과를 보고

    ※ 신속한 보고체계를 강조하면서 북한 공작기관의 '주야근무체계' 태세까지 고지

- 새로운 유형의 공작 형태로 ① 공작금 전달에 사용할 대포폰 구입과 보안용 '위챗' 애플리케이션 설치를 지령하고 그 이행결과 보고, ② <u>북한 최고위층의 관심사인 선진 양마(養馬)기술 자료수집까지 지령</u>

⑧ 철저한 보안체계로 조직 운영
- 수사기관의 압수수색에 대비한 철저한 은닉을 지시하는 등 보안 강조

관련 북한 지령문 일부
·본사 지시·지사 보고, 내부 교양자료 등 비밀자료들은 철저히 소각 및 폐기 처리하고, 기억매체들은 물리적으로 파괴, 새로운 것으로 교체 사용하는 원칙을 철저히 준수   ('18. 4. 4.)

- 스테가노그라피로 암호화한 문서 이외에도 ○○노총 홈페이지 게시판, 유튜브 동영상 댓글란도 지령 수수의 도구로 활용

   ※ ○○노총 홈페이지 게시판의 특정 아이디 명의 게시글에 게시 취지와 무관한 내용을 삽입하거나, 특정 유튜브 동영상 댓글란에 사전 약속한 신호 표시 기재

관련 북한 지령문 일부
· 연락문을 주고받는 과정이 정상화되기 전까지 본사(문화교류국)에서는 신호선을 이메일과 함께 종전의 '실개천'을 병행 이용하도록 하겠음 ('19. 9. 7.) ☞ 실제 ○○노총 홈페이지 게시판에서 '실개천' 명의 게시글(암호해독 코드 등) 확인 · 현재 보안상 소식을 보낼 조건과 환경이 되지 못하여 주저하고 있다고 생각하는데 우리가 안심할 수 있게 영업1부(○○노총) 자유게시판에 "처음처럼"이라는 필명 혹은 제목에 반영한 글이라도 올려주기 바람 ('22. 8. 8.)

4 수사의 의의

① 거대 노동단체에 침투한 대남 공작활동 적발·차단

○ ○○노총 내부에 지하조직을 구성한 ○○노총 전·현직 핵심간부들이 그 영향력을 이용하여 ○○노총의 활동을 북한 공작기관이 원하는 방향으로 이끌며 동조세력을 확대하려다가 적발된 사건

○ 100만 명이 넘는 조합원이 소속된 국내 최대 노동단체를 외피로 삼아, 근로조건의 개선이 아닌 북한 지령에 따른 정치투쟁 등에 집중하도록 주도

○ ○○노총의 내밀한 정보(위원장 선거 관련 동향, 내부 통신망 ID·비밀번호 등)를 북한에 제공하고, 노동계 인사 다수에 대한 포섭 활동도 전개하는 등 ○○노총을 대한민국 자유민주주의 체제 전복을 위한 핵심도구로 이용

② 국가기간시설의 보안태세 재점검 필요성 확인

○ 북한의 지령에 따라 '눈과 귀', '팔과 다리' 역할을 한 일부 노동운동가들은 <u>포섭된 노조원들이 근무하는 어느 시설이든 접근하여 군사정보 등 기밀을 수집하고 국가기간망 파괴·마비까지 획책할 수 있음</u>을 확인

> **관련 북한 지령문 일부**
>
> · 지난 만남 시 협의된대로 건설산업연맹 전기분과의 핵심성원들을 걷어쥐고 청와대를 비롯한 주요 통치기관들에 대한 송전선망 체계자료를 입수하며 이를 마비시키기 위한 준비사업을 예견성 있게 갖추어 나갈 것 ('19. 1. 24.)
> · 지사장[A○○]이 건설산업연맹 전기분과에 핵심성원들을 장악하여 조직토대를 구축하며 그들을 통해 주요통치기관들의 송전선망 체계자료를 항시적으로 장악하고 유사시 이를 마비시키기 위한 작전 전술안을 계속 완성 ('19. 7. 10.)

○ 전국 곳곳에 산재한 군사 관련 시설 공사현장, 주요 국가기관 연계 송전·통신망, 발전소, 가스저장소 등 국가기간시설들의 보안 태세를 신속하게 점검해야 할 엄중한 안보상황 확인

③ 해외 정보활동과 전문수사인력 양성의 중요성 확인

○ 국가정보원이 축적된 안보수사기법과 역량을 활용하여 북한 공작원과의 해외접선 관련 증거를 수집하고, 수십 개 문자열(영문·숫자 혼합)로 구성되어 은폐된 암호키까지 추출하는 등 대북통신문을 해독하여 실체 규명

○ 국가안보 위해범죄는 중대한 사안일수록 해외에서 장기간에 걸쳐 은밀하게 진행되므로 해외 정보수집 활동이 필수적이고, 오랜 경험을 쌓은 전문수사인력의 양성이 절실하다는 사실 재확인

5 향후 계획

○ 피고인들은 진술거부로 일관하였으나, 공판과정에서 객관적 증거를 토대로 책임에 상응하는 형이 선고되도록 엄정하게 대응하고,

○ 피고인들의 공범에 대한 수사도 증거와 법리에 따라 계속 진행하여 ○○노총에 침투한 지하조직이 저지른 반국가적 범죄의 전모를 철저히 규명

별첨

지령문 및 보고문 주요 내용

【대북통신문 약정 음어】

총회장님 → 김정은	본사 → 북 문화교류국	지사 → 지하조직	영업1부 → ○○노총
지사장 → A○○	2팀장 → C○○		

※ 피고인들 외에 지령문, 보고문에 등장하는 인물은 가○○, 나○○ 등으로 표시함
※ 이하 지령문 중 일부 한글 맞춤법에 어긋나는 표현은 북한 지령문을 그대로 옮긴 것임

■ 최대 노동단체 '○○노총'에 침투, 영향력을 행사하기 위한 공작

① ○○노총 내부통신망 ID/비밀번호 수집 후 보고

('18. 10. 2.자 A○○ 작성 보고문)
영업1부 내부통신망 관련 대외협력실(ID:kctu04, PS:XXXX), 정치위원회(ID:kctu23, PS:XXXX), 사회연대위원회(ID:kctu19, PS:XXXX)

☞ 北 지령문에서 '18. 10. '○○노총 관련 ID와 비밀번호를 반갑게 받았다'는 내용, '19. 4. '지난해 보내준 ID를 통해 ○○노총 내부통신망을 잘 이용하였다'는 내용 확인

② ○○노총 내 각 계파의 움직임, 지도부 선거 등 내부 동향 탐지·수집 지시

('20. 5. 7.자 지령문) ○○노총 하반기 사업계획과 3기 직선제 선거와 관련한 자료들을 빠른 시일 안에 보고할 것. 선거 관련 자료는 선거를 둘러싼 각 계파들의 움직임들과 전망, 선거의 성과적 보장을 위한 대처방안들, 1총 발전을 위한 지사장의 의견 등을 포함하면 될 것

('20. 6. 9.자 지령문) 앞으로 선거를 둘러싼 ○○노총 내 각 계파들의 움직임과 동향 등을 제때에 수집하여 지사장의 의견과 함께 보고할 것

('20. 9. 29.자 보고문)
이번 선거를 맞이하는 각 정파의 동향 관련하여 전국회의는 9월 21일 전국회의 13기 2020년 7차 중앙운영위원회에서 경기동부 출신의 가○○를 만장일치 위원장 후보로 결정하였으며 후보조 구성은 의장단에 위임하고 ○○노총 선거 전국회의 필승 결의대회를 10월 18일 전국지부 동시다발로 진행할 예정임

目目당, ㎜㎜당, 노동전선_이른바 좌파 그룹은 나○○과 다○○가 거론되고 있는 상황이며 라○○ 전 위원장은 불출마 할 것으로 보여지나 통합후보로 모두가 추인하면 출마 가능성도 배제 할 수 없는 상황임

☞ '20.11.28.~12.4. ○○노총 10기 임원 선거(위원장 등 주요임원 선출, 직선제 3기)를 위한 투표가 예정되어 있던 상황

③ 양대 노동단체에 침투하기 위하여 ○○노총의 자주세력이 제10기 중앙 집행부를 장악하여 ◎◎노총 내 주요 조직원을 포섭하도록 지시

('20.6.9.자 지령문) 이번 ○○노총 제10기 중앙 집행부를 자주세력이 장악하지 못하는 경우 ○○노총을 문화교류국의 의도에 맞게 이끌어 나가는데 커다란 난관이 조성될 수 있음

('20.10.8.자 지령문) 지사에서는 중앙 집행부 장악이 단순한 실무적 문제가 아니라 노동운동의 전망과 직결되는 중대한 문제의 하나라는 것을 명심하고 ○○노총 안의 자주세력이 제10기 중앙집행부를 장악하도록 하기 위한 사업을 목적 지향성 있게 조직 전개

('22.10.3.자 지령문)
○○노총의 대외협상기구인 사회연대위원회와 대외협력실에 수준과 능력이 있는 핵심성원들을 파견하여 그들이 ◎◎노총 중앙집행부와의 사업을 보다 노숙하게 벌여 반◆◆◆ 투쟁대오를 부단히 확대해 나갈 것

지난 시기 ○○노총에서 조직한 통일선봉대의 반미자주화투쟁에 적극 참가한 ◎◎노총 소속 노간부들을 내적으로 포섭전취하여 ◎◎노총 안에 조직선을 들이 박는 사업에도 깊은 관심을 돌이였으면 함

④ ○○노총 교양선전 단위들을 장악하여 노조원들에 대한 사상교양사업 추진 지시

('20.7.7.자 지령문) ○○노총의 교양선전단위들에 대한 장악지도력을 강화하는 데 깊은 관심을 돌이었으면 함 전망적으로 능력있는 사원들과 핵심성원들을 ○○노총 중앙과 산별 및 지역단위들의 교육선전기관들에 계획적으로, 집중적 으로 포치하여 ○○노총의 사상교양사업에 대한 장악지도체계를 갖추어 나갈 것

⑤ ○○노총 세대교체에 따른 청년사업 활동방향 지시

('21. 3. 12.자 지령문)

○○노총에서 기본토대, 주력이라고 말할 수 있는 1987년 투쟁세대와 96~97년 투쟁세력들이 5년 이내에 퇴직하게 되므로 ○○노총의 세대교체 문제는 불가피한 과제로 제기됨

앞으로 ○○노총의 새로운 주력으로 등장할 20~30대의 젊은층들은 IMF를 거치면서 극단한 신자유주의, 개인주의 문화의 사회풍조 속에서 성장하여 계급의식, 단결의식이 부족하고 정치투쟁보다는 일자리, 임금인상과 같은 생존권 해결에만 집착하고 있음

○○노총 안에 청년학교, 청년연석회의를 비롯한 다양한 교양시스템들을 많이 구축하는 동시에 사원들과 사상적으로 견실한 핵심들을 교양마당들에 적극 출연시켜 젊은 조합원들의 계급성과 정치의식, 집단주의 의식을 높여 주기 위한 사상교양사업을 실속있게 벌여 나가게 하였으면 함

☞ 최근 기소된 「자통민중전위」 사건에도 문구가 동일한 지령문이 발견되었는바, 北 문화교류국이 다수 국내 안보위해조직을 동시에 장악·지휘하는 양상 확인

■ 지하조직 외연확대를 위한 새 인물 포섭 및 하부조직 구축 추진

⑥ ○○노총 중앙집행부에 지하조직 구성원을 포진시키는 사업에 주력하면서 □□, 경기지역 노조단체들에 핵심진지 구축 지시

('19. 1. 24.자 지령문)

지사장이 책임지고 올해 중으로 ○○노총 중앙에 2명으로 구성된 당소조*나 비합법 소조를 내올 목표를 가지고 점찍고 있는 예비사원 ○○○에 대한 공작에 힘쓸 것

지사장이 관여하고 있는 노동활동가모임에 각급 노조단체들의 투쟁력 있는 핵심들을 더 많이 망라시켜 부단히 세를 확대하며 이를 통하여 ○○노총에 대한 당적지도를 보장하고 영향력을 확대해 나갈 것

또한, 2팀장은 금속 집행부의 정책 참모진들을 걷어쥐기 위한 공작을 목적지향성 있게 진행해 나갈 것

2팀장에게 분공하여 ◇◇차 광주공장에서 장악관리하는 노동자회 성원들과 문예패 성원들에 대한 사업을 짜고들어 ◇◇차 광주공장과 □□로공 ◇◇차지부 광주지회에 조직역량을 박아넣기 위한 사업을 적극 벌여 나갈 것

☞ 당소조[북한어] : 시, 군의 당 위원회가 추천하는 당원을 당원이 3명 미만인 단위에 책임자로 세워 조직한 북한 노동당의 조직

('21. 4. 2.자 A○○ 작성 보고문) 1팀장은 ◇◇차 화성공장에 마○○을 중심으로 전략거점소조 조직화, 안양군포의왕과천에 지역거점 소조 조직화, 경기지역을 아우르는 소조 조직화를 목표로 사업을 조직화하며, 2팀장은 금속 본조 내에 2-3명의 소조 조직화와 ◇◇차 광주공장에 현장거점 소조 조직화, 광주전남을 아우르는 지역거점 소조 조직화를 목표로, 회계과장은 △△△△△△ 바○○, 사○○을 중심으로 이전 사장의 조직소조를 복원하는 것과 아○○재단 내에 교육위원회를 내오고 소조로 조직화할 것을 결의하였음

⑦ ○○노총의 핵심간부 지위를 이용한 조직원 포섭 및 인입 시도 지속

('20. 6. 14.자 A○○ 작성 보고문) 7월이 지나면 영업1부 사무총국에 젊은 친구들을 인입하는 계기가 마련될 수 있을 것 같음. 이때를 틈타, 지사장이 추천하는 형식의 30대 후반, 40대 초반의 젊은 친구들이 들어올 수 있도록 본사에서도 찾아봐주시면 좋겠음. 이후 사무총국 안에 소조를 묶어 나갈 수 있는 인적 토대가 마련될 수 있었으면 함. <u>영업1부 인사권을 가진 위원장과 사무총장은 지사장의 추천이면 모두 받아들여 인사에 반영하고 있음</u>. 지사장은 당면하여서 사무총국에 소조를 하루빨리 무어내어 사무총국에서의 안정적인 사업계획과 집행을 담보하는 것이 1차적 목표임

('20. 7. 7.자 지령문) 우선, 영업1부의 교양선전 단위들에 대한 장악 지도력을 강화하는데 깊은 관심을 돌이었으면 함 전망적으로 능력있는 사원들과 핵심성원들을 영업1부 중앙과 산별 및 지역단위들의 교육선전기관들에 계획적으로, 집중적으로 포치하여 영업1부의 사상교양사업에 대한 장악지도체계를 갖추어 나가도록 하며, 지사의 영향 하에서 활동하는 경향성이 좋고 전문지식과 교양자적 능력을 겸비한 학자들과 교원들을 적극 인입하여 '노동과 세계'를 비롯한 교양수단들과 내부 교양망들의 담당역량을 강화해 나갔으면 함

('22. 9. 11.자 A○○ 작성 보고문)
지사도 총회장님의 큰 은덕으로 지사경영활동에 매진하고 있음 지사장은 영업1부 총국에 소모임인 독서모임을 묶어서 매달 책을 매개로 모임을 진행하고 있음
독서모임은 사원을 받아들이기 이전에 검토하는 단계로 기능하게 될 것임. 독서모임의 성원이라고 하여 모두 사원으로 검토하는 것은 아님 일부는 현장조직 활동가모임으로 역할을 주게 될 것이고 모임에서 '김-김주의'사상으로 무장되고 성원으로 받아들여도 될 것으로 보이는 성원들을 적극 검토하는 사전단계임
현재는 자○○, 차○○, 카○○, 타○○이 지사장과 함께 모임을 지속하고 있음 주요하게는 월 단위 총화와 과제이행정도를 보면서 토론을 진행함

- 자○○는 XXX 남측본부 XX연합 출신으로 영업1부에서는 9.1일부로 부서장인 XX실장으로 역할을 하고 있습니다. 사람과 사업을 대하는 태도와 자세, 과제를 이행하고 토론함에 있어 관점과 입장이 일정하게 편향된 것으로 파악됨 지사장의 판단으로는 사상적으로는 일정하게 곧은 흐름을 견지하고 있지만 사건과 현상을 파악함에 있어 주체적 입장이기보다는 개인적 판단, 또는 다른 사람의 그릇된 판단을 일반화 시키는 경향성이 있음
- 차○○은 XXXX연맹 부위원장이면서 연맹 교육원장을 겸하고 있음 성격으로 매우 낙관적이며 사람관계가 원만하고 일을 맡겨보면 6하원칙에 따라 결론을 짓는 깔끔한 성격임 다만, 대중사업에 대한 자의적 판단이 많고 대중추수적 경향성이 있음 노동조합활동은 적극적이고 진취적이지만 변혁운동을 위한 조직활동에서는 소극적인 자세로 임하는 경향이 있음
- 카○○은 XX대 XX과 출신으로 전도사로 활동을 하기도 했음 전도사 활동시기에도 집회와 사회문제에 대한 관심이 많았음 (중략) 카○○은 지사장이 영업1부 경기본부에 근무하던 시기 XX대학교에 다니던 학생회 간부였고 지역통일선봉대를 꾸릴 때 학생회 간부로 노학연대차원으로 결합하다 2019년 영업1부 정책연구원이 설립되면서 연구원 총무담당으로 다시 만나게 되었음
- 타○○은 학생운동시기 풍물패출신으로 영업1부 2기 직선제때 선거업무를 위해 기간제로 채용되었다가 정식성원이 된 경우임 일을 맡겨보면 섬세하고 군더더기 없이 일을 처리하는 경향성이 있음 마음이 무른 경향성이 있음 이후 성원들을 더 많이 묶어나갈 계획임

■ **친북정서를 조장하고, 국내 정세를 이용한 대중 선전·선동**

⑧ 김정은 숭배 열풍을 고조시키는 등 친북 분위기 형성 지시

('18. 10. 16.자 지령문)

뜨거운 동지적 인사를 보내면서 사회 전반에 김정은 숭배 열풍을 최대로 고조시키기 위한 당면활동방향을 보낼 것

최근 '1천만서울시민 환영위원회', '평양공동선언실천 대전본부'와 같은 새로운 단체들을 내오고 광범한 대중을 망라시키기 위한 움직임들이 진행되고 있는데 맞게 각 지역, 부문들에서 김정은 숭배 열풍을 더욱 승화시키며 평양공동선언 이행을 위한 대중적인 변혁운동역량의 폭을 최대한 확대하는데 중심을 두고 활동을 전개하였으면 함

이를 위하여 절세위인을 흠모하는 사회적 열기가 민심의 주류로 확고히 자리잡게 하기 위한 대중적인 변혁운동역량 편성사업에 주되는 힘을 넣었으면 합니다. (중략) 김정은 숭배 열풍, 남북공동선언 이행 분위기를 최대로 고조시키기 위한 실천 활동들을 집중과 분산의 원칙에서 공세적으로 벌여 나갔으면 함

☞ 2018년 제3차 남북정상회담(9. 18.~20.) 직후로, '19. 하노이 북-미 정상회담 결렬 이전까지 남북관계가 가장 우호적이었던 상황

⑨ 국내 정치 이슈와 관련된 여론 조작 지시

('19. 10. 26.자 지령문)
"촛불민심은 장외집회에 응답하라!", "촛불이여, 바다가 되자!", "주권자힘으로 검찰개혁 완수하자!"와 같은 기백있는 선동 구호들을 많이 내두는 동시에 보수패당을 풍자조롱하는 퍼포먼스, 노래패, 춤패들의 활동을 활발히 벌이는 것을 통해 각계층의 참가를 이끌어낼 것

서울지역에서의 대규모 맞불집회를 위주로 하는 상경투쟁, 집중투쟁과 함께 전 지역적인 동시다발투쟁을 조직전개하는 한편 노동자결의대회, 노조별 사전집회, 시위행진을 통하여 전반민심을 검찰개혁에로 최대한 견인해 나갈 것

☞ 당시 前법무부장관에 대한 검찰수사가 진행되자, 검찰수사에 대한 비판과 검찰개혁을 주장하는 촛불시위가 개최되고 있던 상황

('19. 11. 15.자 지령문) '사법적폐청산 범국민시민연대'가 '검찰개혁안'의 입법화를 당면과제로 내세우고 여기에 총력을 다하도록 각방으로 힘을 실어 주며 투쟁동력을 확대해 나가며 '공수처설치'와 '선거법 개정'을 반대하며 의회권력 찬탈에 미쳐 날뛰는 보수패당에 대한 광범위한 대중의 분노를 폭발시키고 그들의 투쟁의지를 높여주는데 ○○노총의 선전홍보역량과 수단들을 동원할 것

☞ 당시 일부 시민단체를 중심으로 매주 토요일마다 여의도에서 촛불시위를 개최하면서 '검찰개혁', '공수처 설치' 등을 요구하고 있던 상황

⑩ 이태원 참사 이후 여론 선동활동 전개 지시

('22. 11. 15.자 지령문)
이번 특대형 참사를 계기로 사회 내부에 2014년의 세월호참사 진상규명 투쟁과 같은 정세국면을 조성하는데 중심을 두고 각계각층의 분노를 최대로 분출시키기 위한 조직사업을 적극적으로 전개할 것

지난 시기와 마찬가지로 앞으로도 ○○노총을 비롯한 노동운동단체들의 11~12월 투쟁을 촛불시위와 적극 결합시켜 촛불대오를 보다 확대해 나가며, "국민이 죽어간다", "이게 나라냐", "퇴진이 추모이다"의 구호들을 전면에 내걸고 역적놈의 퇴진을 요구하는 서명운동, 촛불시위, 추모문화제와 같은 다양한 항의투쟁들을 집중과 분산의 원칙에서 지속적으로 전개하여 전반민심을 힘 있게 견인해 나갈 것

☞ 최근 기소된 「자통민중전위」 사건, 제주 이적단체 「ㅎㄱㅎ」 사건에서도 이와 동일하게 정부 퇴진을 요구하는 촛불집회를 적극 전개하라는 지령문 다수 확인

⑪ 화물연대 파업 이후 여론공세 방향 지시

('22. 12. 17.자 지령문)
이와 관련하여 지사 앞에는 이번 화물연대의 총파업 투쟁에서 심각한 교훈을 찾고 총파업 실패로 인한 부정적 후과들을 최대한 빨리 해소시킬 것 (중략)
이를 위하여 우선 영업1부의 내부 교양 선전망들을 동원해 화물연대의 총파업을 탄압 말살하는 ◆◆◆ 역적패당의 악랄성과 부당성을 까밝히며 회원들 속에 파업투쟁의 중요성을 깊이 인식시키기 위한 여론공세를 집중적으로 들이대도록 하였으면 함

☞ ○○노총 공공운수노조 화물연대본부는 '22. 11. 24.부터 총파업에 돌입하였고, 조합원 투표(파업 종료 찬성 의견이 다수)를 통해 '22. 12. 9. 파업 종료

■ **군사정보 등 국가기밀 탐지·수집 및 주요 국가기관 인물 포섭 공작**

⑫ 군사시설 및 국가 주요시설(평택화력, LNG탱크 저장시설 등) 관련 자료 수집 지시

('19. 1. 24.자 지령문) 경기도 화성, 평택지역의 **해군2함대사령부, 평택화력, LNG저장탱크시설, 평택부두의 배치도**와 같은 비밀자료들을 정상적으로 수집장악하여 유사 시에 대비한 준비를 갖추어 나갈 것

⑬ 청와대, 검찰, 통일부 등 정부기관에 자유롭게 출입할 수 있는 인물들과 인맥관계 구축 지시

('19. 1. 24.자 지령문) 비록 지사성원이 아니라도 **청와대와 검찰, 통일부를** 비롯한 적통치기관들에 자유롭게 드나들 수 있는 인물들과의 인맥관계를 두터이 하는 방향에서 **정보선을 늘이기 위한 사업**도 장기적인 안목에서 지속적으로 밀고 나갈 것

■ 청와대 등 주요 국가기간망 마비를 목적으로 국가 주요시설에 대한 간첩활동 및 점거·장악 모의

⑭ 청와대 등 주요 기관들에 대한 송전선망 체계자료를 입수하고 유사시 이를 마비시킬 수 있게 준비 지시

('19. 1. 24.자 지령문) 지난 만남 시 협의된 대로 건설산업연맹 전기분과의 핵심성원들을 걷어쥐고 청와대를 비롯한 주요 통치기관들에 대한 송전선망 체계자료를 입수하며 이를 마비시키기 위한 준비사업을 예견성 있게 갖추어 나갈 것

('19. 7. 10.자 지령문) 지사장이 건설산업연맹 전기분과에 핵심성원들을 장악하여 조직토대를 구축하며 그들을 통해 주요통치기관들의 송전선망 체계자료를 항시적으로 장악하고 유사 시 이를 마비시키기 위한 작전 전술안을 계속 완성

■ 대한민국 체제를 전복시킬 목적으로 노동계 전민항쟁 준비를 위한 실행방안 모의

⑮ 사회주의 건설을 위한 정면돌파전 추진을 보고하고, 전략적으로 중요한 지역과 요충지들을 장악하여 전민항쟁의 보루로 다져나가도록 지도

('20. 9. 30.자 A○○ 작성 보고문) 경애하는 최고영도자 김정은 동지께서는 올해 전당과 전체 인민이 《우리의 전진을 저해하는 모든 난관을 정면 돌파전으로 뚫고 나가자!》라는 구호를 높이 들고 우리 혁명을 계속 상승시키기 위한 투쟁에 매진할 데 대한 호소로 충심의 정면돌파전으로 불러 일으켰음. 정면 돌파전은 조국의 드높은 전략적 지위, 뚜렷한 장성추세를 불가역적인 것으로 만들고 사회주의 건설의 일대 앙양기를 펼치기 위한 유일무이한 방도임을 확신함

('21. 2. 11.자 지령문) 전략적으로 중요한 지역과 요충지들을 파악 있게 장악하여 전민항쟁의 보루로 다져나가는데 깊은 주의를 돌여야 함. 우선, ◇◇차 화성공장, 광주공장을 확고히 장악할 수 있는 조직적 토대를 마련하여야 할 것

■ ○○노총을 내세운 반미·반일·반보수투쟁 전개

⑯ ○○노총을 내세운 반미·반일·반보수 투쟁 시, 물리적·폭력적 수단을 동원하여 격렬히 전개할 것을 지시

('19. 2. 17.자 지령문) 현재 ◆◆◆◆당의 5·18 망언을 계기로 고조되는 민심의 분노를 잘 활용하여 기자회견 발표, 규탄집회, 당사 앞 롱성투쟁, 촛불시위 등 현지 실정에 맞는 다양한 반◆◆◆◆당 투쟁을 지속적으로 전개해 보수패당을 최대로 압박하는 것이 중요함
민중의 분노를 폭발시켜 ◆◆◆◆당 당사와 보수집결처들에 대한 기습점거, 가장물 파괴, 망발자들과 ◆◆◆◆당 당기 불사르기와 같은 물리적 타격투쟁으로 유도하는 방안들도 실정에 맞게 잘 탐구, 적용해 보았으면 함

('19. 4. 26.자 지령문) 특히 트럼프를 비롯하여 대북강경분자들이 방한하는 경우 집중행동기간을 설정하고 회담장소와 숙소주변, 이동경로들에서 계란투척, 화형식, 성조기 찢기, 포위행진과 같은 투쟁들도 격렬하게 벌여 나가는 방법도 연구하여 실천해 나갈 수 있을 것임

('19. 7. 13.자 지령문) 일장기 화형식, 일본인 퇴출운동, 대사관 및 영사관에 대한 기습시위 등을 비롯하여 파격적인 반일투쟁들도 적극 벌여 일본것들을 공포에 몰아넣을 데 대한 문제 등 다양한 방법들로 반일감정을 고조시키기 위한 활동들을 실정에 맞게 조직전개하였으면 함
☞ 일본이 '19. 7. 4.부터 반도체·디스플레이 생산에 필수적인 품목의 한국 수출규제를 강화하는 조치를 시행하여 일본제품 불매운동이 일어나기 시작한 상황

('21. 5. 3.자 지령문) 일본당국의 후쿠시마원전 오염수방류결정과 관련한 당면활동방향을 제안함. 최근 미국것들이 반공화국정책공조를 노린 '한미일동맹'을 적극 추진하고 있는 가운데 일본당국이 후쿠시마원전의 오염수를 방류하기로 결정한 것과 관련하여 각계층속에서 반일기운이 급격히 높아가고 있는 것이 주목됨. 이를 기회로 이남당국과 일본 사이의 대립과 갈등을 더욱 격화시키기 위한 전술안을 책략있게 세워 적극 실천해 나간다면 적들의 공조책동을 짓부셔 버리는데 효과적일 것이라고 보아짐
☞ 최근 기소된 「자통민중전위」 사건에서도 이와 동일하게 후쿠시마 원전 오염수 방류 결정을 계기로 반일감정을 부추기라는 지령문 확인

⑰ ○○노총이 전개하는 대정부투쟁의 강도, 방향성 등을 설정하여 보수세력에 유리하게 작용할 가능성 차단

('21. 7. 19.자 지령문) 최근 ○○노총이 대정부공세를 강도높게 들이대고 있는 기회를 이용하여 ▨▨▨을 비롯한 보수패거리들이 어부지리를 얻으려고 교묘하게 책동하고 있는 것만큼 투쟁시기와 사회적 분위기를 심중히 고려하며 투쟁형식과 방법을 실정에 맞게 잘 적용하는데도 깊은 주의를 돌일데 대하여 강조드림

('18. 11. 28.자 지령문)
최근 ■■■정부의 노동정책을 반대하여 ○○노총이 총파업투쟁을 비롯한 총력투쟁들을 계속 벌이고 있는 가운데 ◎◎노총까지 정부의 탄력근로제확대 및 노동개악강행에 반발해 나서면서 ■■■ 집권 후 노동계에서 가장 큰 규모의 반정부집회들이 진행되고 있는 것으로 하여 노동계와 ■■■ 것들 사이 대결구도가 형성되는 것처럼 보여지고 있음 이렇게 되면 노동계의 총파업투쟁을 반■■■연대 형성을 위한 저들의 음흉한 정치적 목적달성에 이용해 보려는 ◆◆◆당을 비롯한 보수세력들에게 어부지리를 줄 수 있다고 보아짐

지사에서는 보수세력이 노동계와 ■■■ 패들사이에 서로 쐐기를 쳐 이간시켜 놓으려고 책동하고 있는 조건에서 반정부투쟁을 지속적으로 전개하는 것과 함께 보수세력의 음흉한 기도를 사전에 방지하기 위한 실천적인 대책을 면밀하게 세워 나갔으면 함

⑱ 반정부, 반보수투쟁으로 정치권에 대한 반감을 분출시키고 사회혼란 유도

('21. 10. 19.자 지령문) 이번 10월 총파업 뿐 아니라 앞으로의 11월 전노대, 다음해 1월 전국민중대회와 같은 집중투쟁계기들에 외세배격, 사회대개혁, 적폐청산완수 등의 구호들을 내들고 반정부, 반보수투쟁을 공세적으로 전개하여 정치권에 대한 민심의 반감을 최대로 분출시키고 사회를 일대 혼란 속에 몰아넣는데 이바지할 것

('22. 3. 21.자 지령문) ◆◆◆패당의 반북대결책동을 단호히 규탄배격하고 사회내부를 극도의 혼란상태에 몰아넣기 위한 대중투쟁의 불길을 세차게 지펴 올릴 것. 이와 함께 ◆◆◆놈과 일가족속, 측근들의 정치추문과 부정부패행위들을 집요하게 물고 늘어지면서 법적 처벌을 요구하는 압박공세를 지속적으로 강화하여 ◆◆◆ 탄핵투쟁의 불씨를 지펴 올리는데도 관심을 돌이였으면 함
☞ '22. 3. 9. 실시된 제20대 대통령선거 직후 상황

⑲ 보수 언론매체 구독거부 및 시청거부 운동, 보수일간지 폐간 요구 투쟁 전개 지시

('21. 5. 16.자 지령문) ○○노총 소속 언론노조와 주요언론사 노조들에게 영향을 주어 그들이 "언론적폐청산"의 구호를 내 들고 ▷▷일보, ▶▶일보와 같은 보수 언론매체들을 매문집단, 가짜뉴스의 전파소굴로 낙인하는 서명운동, 구독거부 및 시청거부운동을 적극 벌여 사회적으로 고립위축시키는데 기여할 것

('21. 7. 13.자 지령문) ▷▷일보 폐간을 요구하는 청와대 국민청원운동에 ○○노총 회원들을 광범위하게 참가시켜 청원자 수를 100만명 이상으로 끌어 올리며 ○○노총, 전국민중행동이 ▷▷일보의 반민족적이며 반통일적인 죄행을 폭로단죄하는 항의시위들을 현실적 조건에 맞게 다양하고 참신하게 조직전개하는 것과 함께 '▷▷일보 폐간 운동본부'와의 연대활동, 공동투쟁을 활발히 벌여 ▷▷일보 폐간을 요구하는 사회적 분위기를 지속적으로 고조시켜 나가는데 적극 이바지 하였으면 함

☞ '21. 7. 3. ○○노총이 주최한 전국노동자대회 참가자 3명이 코로나19에 확진되자, 일부 언론이 '정부가 ○○노총 집회 관련 방역대책을 세우지 않았다', '노골적인 정치방역'이라고 지적하자, ○○노총은 '집회 개최와 집회 참가자 코로나19 확진은 무관하다'며 반발하던 상황

■ ○○노총을 이용한 특정 정치세력 집권 저지 및 비리 수집·폭로, 낙선운동 전개 등 국내 선거 개입

⑳ ○○노총을 내세워 특정 정당 집권 저지를 목표로 소속 인사의 비리를 폭로하거나 조직적 낙선운동 전개 지시

('19. 4. 2.자 지령문) ◆◆◆◆당 상층부 것들의 부정비리내막들을 낱낱이 발가 놓아 사회적 분노를 집중시키게 하는데 이바지할 것. ◆◆◆◆당 상층부것들을 사회적으로 고립배척하기 위한 투쟁들을 공세적으로 전개하여 반보수기운이 민심의 주류로 확고히 자리 잡게 하는데 기여할 것

('19. 8. 24.자 지령문) ○○노총이 시민사회단체들과 연대하여 '부정선거감시단', '후보검증단'과 같은 선거 관련 단체들을 많이 내오는 것과 함께 **반노동, 반민중 후보 부적격자 발표** 등 우익보수적인 후보들을 낙천, 낙선시키기 위한 다양한 **실천활동**들을 방법있게 벌이는 동시에 진보민주개혁세력과 보수세력간의 최대 접전지역들에서 선거연대와 **후보단일화**를 실현하기 위한 사업을 주동적으로 내밀 것

('19. 11. 5.자 지령문)
2. 보수패당의 재집권기도를 분쇄하기 위한 단계별 투쟁방향

최근 ◆◆◆◆당을 비롯한 보수패당이 다음해 4월에 진행되는 총선에서 어떻게 하나 과반수의석을 확보함으로써 저들의 재집권실현에 절대적으로 유리한 국면을 조성하는 것을 절체절명의 목표로 내세우고 최후발악하고 있음

보수패당은 ■■■의 실정으로 하여 반사이익을 얻고 있는데 기고만장하여 올해 말까지 '개혁법안'들의 국회통과를 저지시켜 정국주도권을 장악한 다음 '보수대통합'을 실현하여 의회권력을 차지해 보려고 획책하고 있음

조성된 정세에 대처하여 ◆◆◆◆당을 비롯한 보수패당의 재집권기도를 분쇄하기 위한 단계별 투쟁목표를 바로 설정하고 반보수투쟁을 전술적으로 올바로 전개해 나가야 할 문제가 제기되고 있음

11월 중순부터 12월말까지를 1단계로 정하고 진보민주개혁세력이 '검찰개혁안'을 비롯한 '개혁법안'들의 국회통과를 저지시켜 보려는 보수패당의 책동을 분쇄하며 정국주도권을 확고히 장악하는 것을 당면목표로 내세워 투쟁하였으면 함

☞ 제21대 국회의원선거(선거일 '20. 4. 15.)를 약 5개월 앞두고 있던 상황

㉑ 특정 정당에 대한 노골적 지지 주문

('19. 10. 15.자 지령문) ○○노총이 ▼▼당과의 정치적 제휴와 연대연합을 실현하기 위한 사업을 능숙하게 벌여 당의 군중적 지반을 확대 강화해 나가는데 기여하였으면 함. 이를 위하여 지난 1월에 '노동존중사회건설'이라는 대의 밑에 ○○노총 집행부와 ▼▼당과의 정책연대, 정책협약을 실현시키기 위한 사업을 추진하여 ○○노총 안에 ▼▼당 지지 분위기를 높이며, ▼▼당 주도의 투쟁들에 각급 조합원들을 적극 참가시키고 ▼▼당에 대한 홍보활동을 지속적으로 전개하여 광범위한 조합원들 속에 ▼▼당에 대한 위상을 높여 나갈데 대한 방향적 문제들을 제시하였음

('20. 7. 12.자 지령문) ▲▲당의 대중적 지지기반을 확대강화하기 위한 사업에 가능한 역량을 집중해 주었으면 함. 사원들과 영업1부가 회원들속에 ▲▲당의 자주노선과 진보정책들을 적극 해설해 주어 ▲▲당에 대한 부정적 인식을 해소하며 ▲▲당 정책연대, 정책협약을 맺고 ▲▲당을 지지하는 활동을 주동적으로 벌여 사회적으로 ▲▲당에 대한 긍정적 분위기를 확산시키도록 했으면 함

㉒ 특정 정당에 대한 공격 요구 등을 통한 악의적 여론몰이 지시

('20. 6. 9.자 지령문) ⓜⓜ당 지지 세력 안에서 커지고 있는 집권여당에 대한 배신감을 이용하여 ■■■을 지지하는 우경투항주의세력들과의 대립과 갈등을 심화시킴으로써 그들의 선거연대를 철저히 차단시키기 위한 내적 공작을 적극 추진하였으면 함

('21. 2. 22.자 지령문) ⓜⓜ당에 대한 분열와해공작을 방법있게 들이대어 자주파* 세력을 비롯한 일장 당원대중을 떼내어 ▲▲당에 포섭시키고 지역별, 산별 노조 단체들에 형성된 ⓜⓜ당의 지지발판을 허물어 버릴 것. 이와 같은 활동 방향은 지사장만 혼자 알고 전개해 나가며 자주세력이 ⓜⓜ당을 '몰락'시키려 한다는 적들의 모략선전, 시비에 말려들지 않도록 깊은 주의를 기울일 것
  ☞ 자주파 : 민족해방파(NL)라고도 하고, '민족주의'와 '반미주의'를 내세우며, 모든 투쟁에서 '반미자주화, 반제반파쇼'를 핵심으로 설정

㉓ 제8회 동시지방선거 활동방향 제시

('22. 3. 28.자 지령문) 지방선거와 관련한 활동방향을 제안함 (중략) 이번 지방 선거를 계기로 자주, 민주, 통일을 지향하는 진보세력이 지방행정단위들에 자기의 역량을 들이박으며 ◆◆◆ 패거리들의 지방권력 장악책동을 저지파탄시키기 위한 실천투쟁을 적극 조직전개하는 것이 필요하다고 봄 이를 위하여 지방선거를 계기로 진보세력이 군중적 토대가 좋은 지역들을 장악하도록 하는데 적극 이바지 하였으면 함 (중략) 지방권력까지 장악해 보려고 미쳐 날뛰는 ◆◆◆패거리들의 책동을 저지 파탄시키기 위한 실천투쟁을 공세적으로 벌여 나갔으면 함
  ☞ '22. 6. 1. 제8회 동시지방선거를 앞두고 '22. 3. 10.부터 예비후보자 등록 시작

㉔ ○○노총 선전홍보실 등을 동원하여 진보민주개혁세력을 대변하는 유튜브 채널을 대량 개설하는 등 편향적 여론 형성 지시

('19.6.8.자 지령문)
○○노총의 각급 소속단체들에서 유튜브공간에 진보민주개혁세력을 대변하는 TV 방송들을 대량적으로 개설하게 할 것
○○노총의 조합원들을 발동해 집단적으로 단체 유트브는 물론 진보민주개혁세력의 유튜브들을 적극 시청하게 해 구독율을 끌어 올리고 개별적인 TV 방송들 사이의 협력과 교류활동도 활발히 벌여 역량상 압도적 우세를 차지

■ 북 공작원과의 은밀한 해외접선 방법 제시

㉕ 해외 회합을 위한 일정, 장소 등 사전조율 지시

('19.5.3.자 지령문) 2팀장의 7월 말 8월 초 하남으로의 등반계획을 예견하고 준비사업을 진행하였으면 함 가능한 구체적인 면담날자를 5월 중에 사전통보를 바라며 주말을 이용하는 것이 보안상 유리하다고 생각함

('19.6.8.자 지령문) 2팀장의 지방출장과 관련한 문제를 다시 보냄. 2팀장의 7월 말 8월 초 하남으로의 등반계획을 예견하고 준비사업을 진행하였으면 함 가능한 구체적인 면담날자를 가급적 시일 안에 최소한 6월 20일까지 사전통보를 바라며 주말을 이용하는 것이 보안상 유리하다고 생각함

('19.7.1.자 지령문)
2팀장의 등반을 조직한 지사장의 수고에 감사를 보내면서 지사의 등반일정 (8.6-10)에 대해 동의함 앞으로 상호 세부적인 일정토의와 만남날자와 장소를 비롯한 구체적인 절차방법을 본사에서 알려주기 위해 만남 전까지 매일 체크하면서 대기바람 그리고 이번에 지사장도 함께 대동하는지 즉시 약속된 자유게시판을 통해 알려주었으면 함
이번 2팀장과의 만남시 다음과 같은 문제를 사전에 준비시켰으면 함
 - 본인의 경력(언제부터 언제까지 직장 및 직위, 직장소재지
 - 가족친척관계(이름, 성별, 생년월일, 출생지, 현 직장직위 등)
 - 장악관리하고 있는 예비사원들에 대한 신상자료와 그들을 사원으로 받아들이기 위한 사업정형

- 신상자료(이름, 성별, 생년월일, 출생지, 현 직장직위 등)
- 무슨 내용을 가지고 어떤 형식과 방법으로 교육교양사업을 진행하며 총화를 어떻게 하는가, 실천을 통해 어떻게 단련시키는가 등
- 예비사원들을 사원으로 받아들이기 위한 사업이 잘 진척되지 않는 원인과 극복방도
- 이전에 관계하였거나 현재 망라되어 활동하는 현장○○○○, ○○노동자회, 자주의 길, 선우산악회, 녹두, 실천하는 문학회, 참세상으로 전진하는 노동자회 등의 실태, 성향(자민통계, 범좌파계 등)과 그에 망라된 대표적인 인물들의 자료
- 소속단체(□□)에 소속되여 무슨 활동을 벌이고 있는가, 임기가 끝난 후의 전망
- 향후 영업1부 중앙에 들어갈 가능성, 이에 대한 계획과 전망
- 여러 계기들에 소속단체를 내세워 대중투쟁을 조직지도한 정형

㉖ 해외 회합시 준수해야 할 보안수칙 등을 구체적으로 지시

('19. 7. 10.자 지령문)
본사에서는 이번 지사와의 면담을 8.8~10일 하남지사에서 진행하려고 함
(중략)

② 만남절차방법
- 날자: 8월 8일(목요일)
- 시간: 오전 10시(현지시간)
- 장소:
  • 1차장소(기본): 호안 끼엠(Hoan Kiem)호수가의 리타이토(Ly Thai To)동상 우측계단(동상을 정면으로 마주할 때 좌우측에 9개짜리 계단이 있음) 동상은 중앙 우체국옆에 위치하고 현지지도에 표시되어 있으며 구글 위성지도에서도 쉽게 검색되며 "호안 끼엠"이라고 하면 어느 택시든 다 갈 수 있음
  • 2차장소(예비): BigC Thang Long 대형슈터마케트 정문 앞
- 절차방법:
  • 신호절차
  지사장 : 만남 정시 5분전에 동상 우측계단앞에 위치를 차지하고 대기하다가 10시 정시에 "손에 들고 있던 샘물수지병을 열고 마시는 동작"을 실행
  본사성원 : 지사의 신호동작을 확인한 후 지사가 확인할 수 있는 7~8m 거리에서 "손에 들고 있던 선글라스를 손수건으로 2~3차 닦는 동작"을 실행
  • 안내절차
  핸드폰에 의한 안착신호통화가 계획대로 진행되면 만남은 상호 접근이 없이 핸드폰으로 연계하면서 안내할 것임

핸드폰에 의한 도착신호통화가 이루어지지 못하는 경우, 상호 신호확인 후 본사 성원이 도보로 움직이면 지사장은 20~30m정도의 거리를 유지하면서 천천히 본사성원의 안내를 따르며, 안내하던 본사성원이 안전한 곳에서 핸드폰과 다음 만남장소 명함장을 속히 넘겨주고 헤어지면 지사장도 천천히 그 곳을 이탈한 후 안전상태를 점검하면서 명함장에 지적된 장소에 도착하여야 할 것임 지사장이 명함장에 지적된 장소에 도착하면 본사성원이 핸드폰으로 차후 지시를 줄 것이며 그에 따라 행동하면 됨

※ 본사성원이 핸드폰과 장소명함장을 넘겨주지 않고 그냥 사업장소로 안내할 수도 있으니 본사성원을 따르면 될 것임

그리고 본사성원이 실내건물에 들어가는 경우에도 무조건 따라 들어가야 할 것임

③ 비상시 행동질서

- 1차장소에 대한 보수공사 혹은 불가피한 상황으로 접근할 수 없는 경우, 1시간 후 오전 11시에 2차장소(BigC)에서 만나며 신호 및 안내절차는 동일함
- 어느 일방이 불가피한 사정으로 8일 오전 10시 1차장소앞에서 만나지 못하는 경우, 1시간후인 11시에 1차장소에서 다시 만나며, 역시 실패하면 12시에 같은 장소에서 만나면 될 것임. 12시 만남도 실패하면 지사성원은 현지용 씸카드를 구입하여(호텔을 통하여 구입가능) 핸드폰으로 본사성원과 연계한후 차후방향을 받도록 하여야 함-미행감시가 포착되는 경우

7일 사전 핸드폰통화가 진행되였을 경우 핸드폰을 리용해 "두통"이라는 은어로 미행여부를 통지할 것임. 핸드폰으로 "서장님! 두통이 오는데 병원에 가겠습니다." 라고 알려주면 해당 지역을 이탈해서 1시간 후에 2차장소에 도착해야 할 것임

전 핸드폰통화가 안된 경우, 본사성원이 안내도중 담배를 피워 물면 지사성원은 자기의 뒤에 미행이 달렸다는 신호로 알고 본사성원과 갈라져 자연스럽게 해당 장소를 이탈한 후 미행자를 색출차단하고 1시간후 2차장소에 도착하여야 할 것임

(중략)

⑤ 강조할 문제
- 지사에서는 출국명분을 타당하게 세우고 출국, 현지도착, 만남까지의 전 과정에서 미행감시여부를 정확히 확인하며 현지도착 후 반드시 만남장소들을 사전 답사해야 할 것임

■ 국가정보원 해체 및 국가보안법 폐지 투쟁 지시

㉗ 국가정보원 해체 실천투쟁들을 공세적·지속적으로 벌여 국정원 해체 여론을 형성해 나갈 것을 지시

('19. 9. 22.자 지령문)
지사 앞에는 적들의 변혁운동조직 색출책동에 맞서 지사보위사업에 각별한 주목을 돌이는 한편 이번 사건을 걸고 사회에 국정원 해체 분위기를 확산시키기 위한 투쟁을 공세적으로 조직전개해 나가야 할 과업이 제기됨

'민중공동행동'을 비롯한 대중운동단체들에서 '전국진상조사위원회'를 구성하고 진상규명, 관련자처벌, '이석기 내란음모사건'의 재조사를 요구하는 피해자 증언대회, 민간인사찰 규탄집회, **촛불시위**와 같은 **실천투쟁들을** 각지에서 지속적으로 벌여 국정원 해체 여론을 형성해 나갈 것

㉘ ○○노총을 통해 '국가보안법은 반민주, 반인권, 반통일적 파쇼 악법'이라고 강력히 주장하고, '악법폐지' 여론선동 지시

('22. 12. 6.자 지령문)
최근 ○○노총이 국가보안법이 폐지되는 날까지 투쟁을 계속하겠다고 선언한 조건에서 지사에서는 ○○노총을 적극 내세워 세계인권의 날인 12월 10일까지를 집중행동기간으로 정하고 ◆◆◆ 역적패당의 통일애국세력에 대한 탄압책동을 규탄하며 파쇼악법 폐지를 위한 실천투쟁을 강도 높게 조직전개 할 것

○○노총의 선전수단들을 발동하여 74년 동안이나 존재해 온 **국가보안법은 국민기본권을 침해하고 민주주의발전을 저해하며 동족사이의 이념대결만을 극대화한 반민주, 반인권, 반통일적인 파쇼악법**이라는 것을 강력히 주장하여 악법폐지에 대한 사회적 이목을 집중시킬 것

■ 지하조직 내 지휘통솔체계 확립 및 조직보위 수칙 엄수

㉙ 보고체계 및 강한 규율과 질서에 따른 지휘통솔체계 확립

('19. 4. 26.자 지령문) 정상적인 보고체계를 세우는 것은 지사 안에 총회장님의 유일적 영도체계를 수립하는 중요한 문제이므로 매월 23일 지사의 월 활동정형을 정상적으로 보고하는 원칙을 반드시 준수할데 대하여 다시 한 번 강조함

('19. 8. 31.자 지령문) 최근 중요한 것은 우선 지사장이 본사지침서를 접수하면 즉시 사원들과 집행방도를 협의하고 개별분공을 조직하며 그 집행을 위한 매개 사원들의 활동정형과 결과를 정상적으로 총화대책하고 그 정형을 종합하여 제때에 본사에 보고하는 정연한 장악보고체계를 철저히 세울 것

('19. 9. 22.자 지령문) 지사장이 직접 책임지고 지사 성원들과 장악 관리하고 있는 산하 핵심들에 대한 전면적인 요해검열과 재평가사업을 실천투쟁과 결부해 내적으로 심도있게 진행하여야 할 것

('21. 3. 26.자 A○○ 작성 보고문)
<2021_1차 이사회, 안건 1 사원 기강해이에 대한 경과>
■ 처분
 - 지사장[A○○]을 본사에 징계를 의뢰한다
 - 2팀장[C○○]을 지사 이사회 성원에서 제외한다
 - 조직의 운영을 정상화한다
■ 결정
 - 지사장[A○○], 본사에 징계를 의뢰한다 본사의 의견이 통보되는 기간 동안 금주한다 본사의 결정에 따른다
 - 2팀장[C○○], 지사 이사회 성원에서 제외한다. 대중조직 직책을 수행하는 기간 술을 금지한다 성인지감수성을 높이기 위해 인증하는 대중기관에서 10시간 이상의 성평등 교육을 이수한다
 - 이사회는 이사회 회의를 정상화하고 2021년 말 회의정형을 평가한다

㉚ 비밀엄수지침에 따른 조직보위 수칙 준수

('19. 9. 22.자 지령문) 본사와 지사 사이, 지사 성원들 사이에 비밀적으로 사용하고 있는 통신연락기재들에 대한 보관과 이용실태를 철저하게 재점검하며 모든 지사 성원들에게 그 어느 때보다도 비합법태세를 철저히 견지하도록 강조할 것

('21. 6. 6.자 지령문) 지사에서는 이번 기회에 조직보안실태를 전반적으로 점검해 보고 미비점들을 찾아 대책해 나가며 그 정형을 본사에 빠른 시일 안에 보고할 것

('19. 11. 23.자 B○○ 작성 보고문) 지사의 열쇠가 불안정하여 변환이 제대로 이루어지지 않고 있음. 여러가지 컴퓨터를 통해 시험을 통해 작동이 가능한 컴퓨터를 구하느라 10월 보고가 되지 않았음. 이와 관련하여 컴퓨터를 구입 등을 통해 문제 해결을 하도록 하겠음. 다시 열쇠가 정상적으로 작동하지 않는다면 비상 연락망을 통해 해결 방안을 논의하도록 할 것임

㉛ 유튜브 동영상과 댓글을 대북 연락수단으로 활용

('22. 8. 30.자 지령문)
소식을 받는 즉시 유튜브 동영상 댓글에 문자 '토미홀'을 포함시킨 필명이나 글을 올리면 출장 나올 수 있는 것으로 알고 준비하겠음. 9~10월이 불가능하다면 문자 '오르막길'을 포함시킨 글을 매달 18~20일에 올리다가 출장이 가능한 두 달 전에 '토미홀'로 해주기 바람. 이 방법을 이사장과의 정상선으로 약속함. 유튜브 동영상 홈페이지의 주소를 보냄
동영상 링크 주소 : https://youtu.be/kbGgkjfPqAE
동영상 제목 : Tutorial: How to open Yamaha NVX 155 without key

■ 북한의 주의·주장을 추종하고 그에 따라 조직원 사상학습

㉜ 김일성 생일, 노동당 창건일 등 북한 주요 행사일정에 맞추어 김정은을 찬양하는 충성 맹세 문건 송부 지시

('18. 12. 3.자 지령문) 새해와 1월 8일을 맞으며 총회장님께 드리는 축전을 15일 전까지 보내 주었으면 함

('22. 2. 3.자 지령문) 광명성절을 맞으며 총회장님께 드리는 축전을 2월 6일 전까지 보내주기 바람

('22. 3. 21.자 지령문) 태양절을 맞으며 총회장님께 드리는 축전을 3월 말까지 보내주기 바람

☞ 1. 8.(김정은 생일), 광명성절(2. 16. 김정일 생일), 태양절(4. 15. 김일성 생일)
☞ 압수수색 결과, A○○는 총 5건의 충성맹세 문건을 작성·보관

㉝ 김정은의 유일 영도체계 수립에 중점을 두고 사원들을 이남변혁운동의 전위투사들로 육성할 것을 지시

('19. 1. 24.자 지령문) 김일성-김정일주의가 밝혀준 통일변혁운동에 관한 사상과 지하당건설이론으로 확고히 무장하기 위한 사업을 정세발전의 요구에 맞게 더욱 심화시켜 나갈 것

('19. 8. 31.자 지령문) 지사 안에 총회장님의 유일적 영도체계를 확고히 세우는데 중심을 두고 지사실정에 맞게 내부교양망체계를 정연하게 세우며 사원들을 이남변혁운동의 참다운 전위투사들로 교양육성하는데 선차적 힘을 돌여 나갈 것

('21. 1. 11.자 A○○ 작성 보고문) 경애하는 영도자 김정은 동지께서 호소하신 위대한 김일성-김정일주의 기치를 높이 들고 당 중앙의 두리에 굳게 단결하여 사회주의건설에서의 새로운 비약과 승리를 위하여, 위대한 우리 국가를 위하여, 위대한 우리 인민을 위하여, 조국통일을 위하여 힘차게 싸워 나가겠음

㉞ 직접 사상학습 자료를 보내주어 이에 따라 사상학습을 진행하도록 한 후, 사상학습 피드백 보고 요구

('18. 4. 4.자 지령문) 지사에서는 우선 성원들에 대한 개별교양체계를 정상적으로 운영하여 그들 속에 총회장님을 높이 모시여 민족의 앞길은 창창하며 조국통일 위업의 최후 승리는 확정적이라는 신념 교양을 실속 있게 진행하며 또한 절세위인들의 조국 통일 사상과 노선, 불멸의 업적에 대한 해설과 토론을 통하여 모든 성원들이 이남변혁운동에 나서려는 각오와 의지를 더욱 굳게 하도록 교양사업의 화력을 집중하였으면 함 지사에서 지난번 보고에서 요청한 한반도의 비핵화 문제와 관련한 학습자료를 보내니 예비사원 교양을 위한 4월중 학습 제목으로 선정하여 진행한 다음 그 정형을 성원들의 반영자료와 함께 보내주었으면 함

('19. 11. 23.자 B○○ 작성 보고문)

[의식화 사업 정형] 지소미아 종료와 한미일 침략동맹과 관련한 노동조합 간부 대상 교육 진행 이사장이 공통 교육으로 11월 14일 △△△△△ 강원본부 집행위에서 진행 주요 내용으로 지소미아가 **침략동맹**이며, 이를 통해 한반도 평화를 해치는 것으로써 대중적으로 이와 관련한 투쟁을 진행하여야 함에 대하여 교육

[조직 사업 정형] 기존 1팀장, 2팀장, 3팀장, 4팀장과 공동으로 모여 대중 조직 건설 및 노동부분 활동가 조직에 대한 논의 진행 대중조직 건설과 관련하여 강원지역에서 진행하는 진보아카데미 행사를 대중 조직으로 발전시킬 것에 대한 논의를 진행하였고, 그에 앞서 강원지역 노동부분이 중심에서 대중 조직 건설할 것에 대해 논의함 이에 앞서서 고민 되는 부분으로 노동부분에서 핵심적인 역량을 구성할 것이 필요함을 공유하고 지역 내 노동부분 자민통 활동가 조직에 대한 논의 진행 우선 초벌적으로 논의하고 향후 구체적인 방향 등 계획을 설정하기로 함

부록 4 간첩단(충북동지회-청주지검)

이 보도자료는 배포 즉시 보도하여 주시고, 공개되는 범죄사실은 재판에 의하여 확정된 사실이 아님을 유의하여 주시기 바랍니다.

보도자료
2021. 9. 16.(목)
청주지방검찰청 전문공보관 김경수
전화 043-299-4381 / 팩스 0502-193-5204

제 목 '자주통일 충북동지회' 국가보안법위반 사범 구속 기소

─ 공소제기 후 공개의 요건 및 범위 ─

☑ 피고인, 죄명, 공소사실 요지, 공소제기 일시, 공소제기 방식, 수사경위, 수사상황(제11조 제1항)
※ '21. 9. 13. 형사사건공개심의위원회의 의결을 거쳐 배포되는 자료임

☐ **국가정보원과 국가수사본부**는 **북한 공작원의 지령**을 받아 **이적단체** **'자주통일 충북동지회'**를 결성한 후, 4년간 충북지역에서 암약하며 북한으로부터 **공작금을 수수**하고, **국가기밀 탐지, 국내정세 수집** 등 각종 **안보 위해 행위**를 한 국가보안법위반 사범 **3명을 구속**, 2021. 8. 20. 검찰에 송치하였습니다.

☐ 청주지방검찰청 형사3부(부장검사 김용식)는 보완수사를 거쳐 2021. 9. 16. 피고인들을 **국가보안법위반**(간첩, 특수잠입·탈출, 이적단체의구성, 회합·통신, 금품수수, 편의제공)**죄** 등으로 **구속기소**하였습니다.

1 피고인 및 공소사실 요지

1. A○○(57세, 협동조합 이사, '자주통일 충북동지회' 고문)

① '17. 5. 중국 북경에서 북한 문화교류국 공작원 일명 조○○과 회합하면서 충북지역 비밀 지하조직 결성 및 운용에 관한 지령을 받고 대한민국으로 입국 (특수잠입·탈출, 회합·통신등)

② B○○, C○○, D○○와 공모하여 '17. 8. 북한 문화교류국 공작원의 지령에 따라 '조선노동당 충북지역당'으로서 이적단체인 '자주통일 충북동지회'를 결성 (이적단체의구성등)

③ '18. 5.~7. '자주통일 충북동지회' 조직원들과 함께 북한의 '대남혁명전략'과 동일한 내용의 사상학습 실시(찬양·고무등)

④ C○○, D○○와 공모하여 '20. 3. □□□□□당 충북도당 정책실장으로부터 F-35A 전투기 도입 반대 관련하여 '피고인들과 정책연대는 할 수 없다'는 취지의 □□□□□당 입장을 탐지하여 북에 보고(편의제공)

2. B○○(여, 50세, 간호사, '자주통일 충북동지회' 연락담당)

① 북한 공작원과 연락업무를 담당하면서 '18. 1.~'21. 1. 총 35회에 걸쳐 암호자재인 스테가노그라피 프로그램을 이용하여 북한 지령문을 수신하고 대북 보고문을 발송(회합·통신등)

② C○○와 공모하여 '19. 11. 19. 중국 심양에 있는 월마트 무인함에서 북한 공작원이 보관하여 둔 공작금 미화 2만 달러를 수수(금품수수)

③ C○○, D○○와 공모하여 '19. 8.~'20. 2. '청주공항 F-35A 도입 반대 투쟁 전개' 지령을 수수하고, F-35A 도입 반대 취지의 1인 시위, 기자회견 개최 및 기사 게재(찬양·고무등)

3. C○○(여, 50세, 협동조합 이사, '자주통일 충북동지회' 부위원장)

① B○○와 공모하여 '18. 4. 캄보디아 프놈펜에서 북한 문화교류국 공작원 일명 이○○, 조○○를 회합하면서 ◇◇당 입당 등 '자주통일 충북동지회'의 조직역량 강화, 조직원들의 구체적인 임무 등에 관한 지령을 받고 대한민국으로 입국(특수잠입·탈출, 회합·통신등)

② '19. 7.~8. 북한 문화교류국 공작원의 지령을 받아 '자주통일 충북동지회' 하위 조직원 영입을 위해 ◇◇당 충북도당 간부의 신원자료, 사상동향 등을 탐지(간첩)

③ D○○와 공모하여, '19. 10. 피고인들이 조직한 ◇◇당 분회에서 독자적으로 21대 총선 예비후보로 출마한 것을 계기로 ◇◇당 윤리위에 제소되자, 외부에 공개되지 아니한 윤리위의 진행상황, 심의내용 등을 탐지(간첩)

④ '20. 5. 북한 공작원의 지령을 받아 '충북지역 농민운동은 학생운동 출신이 주도하고 있다'는 취지의 '충북지역 농민운동 실태 및 전망' 자료를 북에 보고(편의제공)

⑤ '17. 6.~'21. 5. 총 65회에 걸쳐 암호자재인 스테가노그라피 프로그램을 이용하여 북한 지령문을 수신하고 대북 보고문을 발송(회합·통신등)

⑥ '21. 5. 27. '주체의 한국사회변혁운동론' 등 이적표현물 1,395건 소지(찬양·고무등)

2 주요 수사 경과

○ '17. 7.~'19. 4.   국가정보원 이메일 등 압수수색 영장 집행

○ '21. 5. 12. 및 14.   체포영장, 주거지 압수수색 영장 각 2회 기각

○ '21. 5. 27.   주거지 등 압수수색 영장 집행

○ '21. 8. 2.   A○○, B○○, C○○ 구속 / D○○ 구속영장 기각

○ '21. 8. 18.   D○○ 구속영장 재청구 기각

○ '21. 8. 20.   A○○, B○○, C○○ 검찰 송치

○ '21. 8. 26. ~ 9. 1.   계좌추적 및 주거지 추가 압수수색 영장 집행

○ '21. 9. 16.   각 구속 기소

3 참고 사항

○ 불구속 피의자 D○○의 국가보안법위반 범죄 등에 대하여는 현재 검찰과 긴밀한 협력 하에 국가정보원 및 경찰청에서 수사 중에 있음

○ 구속 기소된 피고인들에 대한 재판 과정에서 빈틈없는 공소유지로 범죄에 상응한 형이 선고되도록 최선을 다하겠음

○ 향후에도 검찰은 국가정보원, 경찰과 유기적인 협조관계를 유지하고, 안보위해 사범에 대해 법과 원칙에 따라 엄정 대응하겠음

우리가 몰랐던 간첩 잡는 이야기

발행일 | 2024. 8.12(초판 2쇄)
저 자 | 하동환

펴낸곳 | 에스엠디자인
표지디자인 및 편집 | 김다혜
삽 화 | 하동환
일러스트 | 하연석

출판등록 | 2023-000103호
주소 | 서울시 중구 을지로16길 5-25
이메일 | andreada@naver.com
전화 | 02-2273-9938

ISBN | 979-11-984468-1-7
가격 | 표지 뒷면

· 이 책의 내용과 삽화 등은 저작권에 보호받는 저작물로서 무단 전재와 복제를 금합니다.
· 책의 일부 또는 전부를 인용하려면 저작권자와 에스엠디자인의 동의를 받아야 합니다.